ÁFRICA BANTU

Coleção África e os Africanos

Coordenadores:
Álvaro Pereira do Nascimento – Universidade Federal Rural do Rio de Janeiro (UFRRJ)
José Costa D'Assunção Barros – Universidade Federal Rural do Rio de Janeiro (UFRRJ)
José Jorge Siqueira – Universidade Federal do Maranhão (UFMA)

Conselho consultivo:
Alexsander Gebara – Universidade Federal Fluminense (UFF)
Kabengele Munanga – Universidade de São Paulo (USP)
Mariza Soares – Universidade Federal Fluminense (UFF)
Mônica Lima – Universidade Federal do Rio de Janeiro (UFRJ)
Nei Lopes – Universidade Federal Rural do Rio de Janeiro (UFRRJ)
Robert Wayne Slenes – Universidade Estadual de Campinas (Unicamp)
Selma Pantoja – Universidade de Brasília (UnB)

Dados Internacionais de Catalogação na Publicação (CIP)
(Câmara Brasileira do Livro, SP, Brasil)

Fourshey, Catherine Cymone
  África Bantu : de 3500 a.C. até o presente / Catherine Cymone Fourshey, Rhonda M. Gonzales, Christine Saidi; prefácio de Patrick Manning ; tradução de Beatriz Silveira Castro Filgueiras. – Petrópolis, RJ : Vozes, 2019. – (Coleção África e os Africanos)

  Título original: Bantu Africa : 3500 BCE to presente
  Bibliografia.

  3ª reimpressão, 2025.

  ISBN 978-85-326-6163-0

  1. África, Sub-Saara – Civilização 2. África, Sub-Saara – História 3. Povos de língua Bantu – História I. Gonzalez, Rhonda M. II. Saidi, Christine. III. Manning, Patrick. IV. Título. V. Série.

19-26322   CDD-967.0049369

Índices para catálogo sistemático:
1. Povos de língua Bantu : História   967.0049369

Cibele Maria Dias – Bibliotecária – CRB-8/9427

ÁFRICA BANTU
De 3500 a.C. até o presente

**CATHERINE CYMONE FOURSHEY
RHONDA M. GONZALES
CHRISTINE SAIDI**

Prefácio de Patrick Manning
Tradução de Beatriz Silveira Castro Filgueiras

EDITORA VOZES

Petrópolis

© 2018 by Oxford University Press

Tradução do original em inglês intitulado
Bantu Africa – 3500 BCE to Present
Tradução publicada mediante acordo com Oxford University Press.
A Editora Vozes é a única responsável por esta tradução da obra original e a
Oxford University Press não tem nenhuma responsabilidade por eventuais erros,
omissões, imprecisões ou ambiguidades presentes na tradução ou por qualquer
perda decorrente dela.

Direitos de publicação em língua portuguesa – Brasil:
2019, Editora Vozes Ltda.
Rua Frei Luís, 100
25689-900 Petrópolis, RJ
www.vozes.com.br
Brasil

Todos os direitos reservados. Nenhuma parte desta obra poderá ser reproduzida
ou transmitida por qualquer forma e/ou quaisquer meios (eletrônico ou mecânico,
incluindo fotocópia e gravação) ou arquivada em qualquer sistema
ou banco de dados sem permissão escrita da editora.

CONSELHO EDITORIAL

Diretor
Volney J. Berkenbrock

Editores
Aline dos Santos Carneiro
Edrian Josué Pasini
Marilac Loraine Oleniki
Welder Lancieri Marchini

Conselheiros
Elói Dionísio Piva
Francisco Morás
Teobaldo Heidemann
Thiago Alexandre Hayakawa

Secretário executivo
Leonardo A.R.T. dos Santos

PRODUÇÃO EDITORIAL

Anna Catharina Miranda
Eric Parrot
Jailson Scota
Marcelo Telles
Mirela de Oliveira
Natália França
Priscilla A.F. Alves
Rafael de Oliveira
Samuel Rezende
Verônica M. Guedes

Editoração: Fernando Sergio Olivetti da Rocha
Diagramação: Sheilandre Desenv. Gráfico
Revisão gráfica: Nilton Braz da Rocha / Nivaldo S. Menezes
Capa: Editora Vozes
Ilustração: © Catalin Arcu | Shutterstock

ISBN 978-85-326-6163-0 (Brasil)
ISBN 978-01-993-4245-7 (Reino Unido)

Este livro foi composto e impresso pela Editora Vozes Ltda.

SUMÁRIO

Mapas, figuras e tabelas, 7

Nota sobre grafias, 9

Agradecimentos, 11

Prefácio, 15

Introdução, 21

1 Reconstruindo as expansões Bantu, 35

2 Historicizando a linhagem, o pertencimento e a heterarquia, 89

3 Educando as gerações, 151

4 Criando tecnologia e arte, 185

5 Negociando a hospitalidade, 225

Sobre as autoras, 255

Índice analítico, 257

Índice geral, 277

MAPAS, FIGURAS E TABELAS

Mapas

1 Mapa político da África, 24

2 Grupos etnolinguísticos Bantu, 26

3 Famílias de línguas africanas, cerca de 1500 d.C., 27

4 Expansões Bantu: primeira fase, 3500 a.C. a 3000 a.C., 42

5 Expansões Bantu: segunda fase, 3000 a.C. a 2000 a.C., 46

6 Expansões Bantu: terceira fase, 2000 a.C. a 1000 a.C., 49

7 Expansões Bantu: quarta fase, 1000 a.C. a 500 d.C., 52

8 Expansões Bantu: quinta fase, 500 d.C. a 1800 d.C., 62

Figuras

1.1 Árvore esquemática parcial da família de línguas Nigero-congolesas, 28

3.1 Tecido de ráfia Kuba, 172

4.1 Vaso Luangwa, 202

4.2 Escultura Tabwa, 217

5.1 Banco antropomórfico de três pés, 234

Tabelas

1.1 Estimativas de datação baseadas na glotocronologia, 71

2.1 Transformando conceitos ancestrais e de linhagem em dados linguísticos, 146

NOTA SOBRE GRAFIAS

Prefixos

As línguas Bantu classificam todos os substantivos em classes marcadas por prefixos. Os prefixos são separados das raízes das palavras por um hífen (-), por exemplo, *mu-lungu*. As línguas Bantu são marcadas pelos prefixos ki-, isi-, ci-. Por exemplo, *kiSwahili* é a língua Swahili. Nas línguas Bantu, as pessoas são marcadas pelos prefixos M-, para o singular, e Ba- ou Wa-, para o plural. Por exemplo, *mtwa* é uma pessoa Twa (s.), enquanto *Batwa* é o povo Twa (pl.).

Símbolos

* Indica uma raiz reconstruída em uma protolíngua.

Diacríticos

Diversas línguas Bantu têm sete vogais ao invés de cinco. Estas vogais adicionais incluem uma vogal alta superfechada /i/, representada em várias fontes como /i̧/ e, em outras, como /I/. Este texto emprega /I/. A segunda é uma vogal média superfechada /u/ representada, em várias fontes, como /u̧/ ou /U/. Este texto emprega /u̧/.

Tonicidade

Algumas línguas Bantu têm tons altos e baixos representados por sinais diacríticos sobre as vogais. O tom alto é representado pelo acento *aigu* /´/. O tom baixo é representado pelo acento *igrec* /`/.

Agradecimentos

Escrever uma história dos povos de língua Bantu, abrangendo mais de 5.500 anos em menos de duzentas páginas e tornando-a acessível a estudantes de graduação, exigiu o apoio de muitas pessoas. E, como a pesquisa deste livro se baseia no conhecimento que muitas pessoas ajudaram a produzir, ao longo de mais de vinte e cinco anos, pedimos desculpas antecipadamente a todos os pesquisadores e intelectuais públicos cujas obras moldaram este trabalho, mas cujos nomes eventualmente não aparecem aqui.

África Bantu foi uma ideia original de Trevor Getz. Como editor de uma série sobre a história mundial africana, ele reconheceu a necessidade crítica de um texto focado na história antiga Bantu, uma história que tem relevância não apenas para o continente. Ele nos abordou com a oportunidade de escrever este livro e conduziu este projeto com sagacidade, do início ao fim. Somos gratas pelo empenho do editor Charles Cavaliere e da Oxford University Press para com este projeto.

Muitos colegas e instituições africanistas contribuíram para o nosso pensamento e a nossa capacidade de realizar este trabalho para nomear todos eles. Para citar os óbvios, agradecemos imensamente a Edmond Keller e Muadi Mukenge por seu apoio e liderança no Centro de Estudos Africanos James S. Coleman, da Ucla, quando desenvolvíamos nossas primeiras pesquisas na década de 1990. Agradecemos também ao Departamento de História da Ucla, a Ned Alpers, Karen Brodkin, Christopher Ehret, Afaf Marsot, Boniface Obichere, Merrick Posnansky e Brenda

Stevenson por nos armar com as habilidades, métodos e tipos de perguntas necessários para concluir o tipo de estudo interdisciplinar refletido neste livro. Somos gratas a Ruby Bell-Gam, da Biblioteca de pesquisa Charles E. Young, da Ucla, por reunir uma impressionante coleção de fontes africanas que reforçaram positivamente o nosso trabalho em geral, e este livro em particular. Nossos agradecimentos também devem ser estendidos aos bibliotecários e arquivistas – na África, Europa, nos Estados Unidos e no México – por suas parcerias intelectuais em nossa pesquisa individual e coletiva ao longo dos anos.

Agradecemos aos pesquisadores cujo trabalho nos inspirou e nos desafiou a escrever este livro. Entre eles, Nwando Achebe, Jean-Pierre Chrétien, Edda Fields-Black, J. Desmond Clark, Steve Feierman, Karen Flint, Blandina Giblin, James Giblin, Joseph Greenburg, Malcolm Guthrie, Sondra Hale, Hillary Jones, Nicholas Katenekwa, Kairn Klieman, Neil Kodesh, Bertram Mapunda, James McCann, Joseph Miller, Deogratis Ngonyani, Onaiwu Ogbomo, Akin Ogundiran, Oyèrónké Oyěwùmí, Victoria Phiri, David Lee Schoenbrun, Lorelle Semley, Rhiannon Stevens, Jan Vansina, Adria LaViolette e Pamela Willoughby. Embora este livro se baseie no trabalho de um conjunto de pesquisadores africanistas que, no último meio século, concentrou suas investigações nas populações Bantu de toda a África, dois estudiosos eminentes, em particular, devem ser reconhecidos. Agradecemos a Christopher Ehret por compartilhar seu conhecimento vasto, sua coragem intelectual e sua orientação solícita, que continuam a inspirar nossa pesquisa em áreas pouco estudadas da história antiga da África. Agradecemos também a Patrick Manning por seu apoio enfático e incentivo fervoroso sobre a importância de se fazer a grande história, bem como por gentilmente escrever o prefácio. Somos gratas a Esperanza Brizuela-Garcia, Tyler Fleming, Dennis Laumann, Patrick Malloy e Troy D. Spier por lerem os rascunhos dos capítulos, e aos pareceristas anônimos que forneceram uma visão crítica e sugestões para melhorar o texto em geral.

Aos nossos alunos e amigos, que nos escutaram falar sobre os povos Bantu e sua história, tanto de forma ampla como específica, esperamos que vocês apreciem a leitura deste texto. Nossas famílias foram incrivelmente compreensivas e incentivadoras na medida em que ficamos muito tempo longe delas colaborando e escrevendo este livro. Elas toleraram pacientemente as vozes de duas outras pessoas na casa durante as nossas chamadas semanais pelo Skype. Finalmente, gostaríamos de agradecer aos povos de língua Bantu – vivos e antepassados – por produzirem as histórias que inspiram nossa pesquisa.

Prefácio

Esta introdução concisa e abrangente à história da África Bantu é inovadora de diversas maneiras. Trata-se de uma história breve, porém rica, de uma região tão grande quanto os Estados Unidos, abrangendo vários milhares de anos. O livro fornece informações detalhadas e valiosas sobre as sociedades africanas, abordando diversas áreas de sua cultura em uma narrativa coerente. Ele aborda um período excepcionalmente longo para um livro de história – ele narra essa história não só pela habilidade das autoras, mas também por causa da longa história de desenvolvimento e interação nos territórios Bantu. Além da força do livro ao retratar o espaço, o tempo e a sociedade, ele também apresenta, de forma útil e compreensível, os métodos utilizados para reconstruir a história Bantu, incluindo a linguística, a arqueologia, a antropologia e os outros campos.

Embora ele cubra uma região vasta e um período longo de tempo, o trabalho é factualmente preciso e sua apresentação é estimulante. Ele se dirige a um público amplo ao apresentar uma explicação clara das interações entre diversas regiões e grupos étnicos; ele mostra a evolução da sociedade ao longo do tempo. Fornece alguns elos bem datados entre esses africanos e povos de outras partes do mundo, como os navegantes austronésios que trouxeram as bananas para a África Oriental, e os navegadores portugueses que introduziram o catolicismo no Congo.

Após uma introdução breve, mas abrangente, para a qual os leitores irão querer retornar, o capítulo 1 apresenta a estrutura detalhada do livro. Aqui, os leitores precisarão estudar o conceito de cosmovisão e a geografia da região Bantu. Os mapas (cf. capítulo 1, mapas 4-8) destacam os vales fluviais como marcadores geográficos e os autores retornarão aos vales e lagos como marcadores de lugar ao longo de todo o livro, uma decisão sábia, dado que as fronteiras nacionais foram estabelecidas só muito recentemente (cf. p. 24, Mapa 1). Os leitores também estudarão as fases da migração Bantu e aprenderão sobre cinco tipos importantes de evidência histórica: palavras, genética, arqueologia, tradição oral e etnografia. A recompensa por aprender essa estrutura é que os leitores serão capazes de ver o passado através dos olhos Bantu.

Os dois capítulos seguintes se concentram nos valores sociais e no conhecimento. Os valores sociais incluem as concepções religiosas Bantu ancestrais e a demonstração de como essas ideias mudavam na medida em que os migrantes Bantu encontravam comunidades com religiões diferentes. Além disso, este capítulo oferece uma boa visão geral da matrilinhagem como a base de um sistema social adotado por muitos falantes Bantu. O capítulo sobre o conhecimento é muito eficiente em mostrar o curso de vida das pessoas nas sociedades Bantu e os tipos de coisas que elas aprendiam em cada idade.

Os dois capítulos finais enfocam as invenções (em tecnologia e na arte) e a prática Bantu da hospitalidade. As invenções revelam o domínio preciso que os povos Bantu tinham sobre o fogo, levando à excelência suas ferramentas de cerâmica e ferro, assim como as relações sociais que sustentavam o trabalho. Outras habilidades notáveis se desenvolveram na produção de têxteis e na arquitetura. As inovações agrícolas incluíram modificações na agricultura original Bantu, baseada no inhame; as culturas agrícolas mudaram consideravelmente conforme os grupos foram gradualmente introduzindo bananas, milho e sorgo. O último capítulo mostra como o sistema de hospitalidade serviu como elemento de coesão social permitindo às comunidades se dedicarem à troca pacífica, ao invés da dominação, pelo menos até tempos recentes.

Muitas lições históricas instigadoras são apresentadas neste livro. Embora já existam, hoje, muitos livros bons sobre aspectos da história da África de um modo geral, este tem a vantagem da coerência ao narrar a história dos desdobramentos da sociedade Bantu através da expansão de um único grupo que imprimiu a sua marca em uma área enorme da África. Particularmente, o livro apresenta detalhes úteis e interessantes sobre épocas e lugares muitas vezes negligenciados ou evitados nos cursos de história mundial. As autoras são experientes no ensino da história, com ênfase sobre o que é possível aprender com a linguagem, e elas transmitem suas lições com maestria.

A importância dos povos de língua Bantu e de sua história pouco a pouco passou a ser compreendida. Havia impérios no mundo Bantu, mas eles eram pequenos em uma escala global e receberam pouca atenção de historiadores. Foi a notável similaridade entre as línguas Bantu que, progressivamente, revelou a importância dos falantes Bantu na história mundial. Os primeiros navegadores portugueses a visitar a costa africana reconheceram a grande semelhança entre línguas, de Camarões até a Somália. No século XIX, os linguistas alemães Wilhelm Bleek e Carl Meinhof cunharam o termo "Bantu" em seus estudos linguísticos. Em 1932, o pesquisador britânico Malcolm Guthrie começou seus estudos das línguas Bantu com o Lingala, no que era então o Congo Belga, e, posteriormente, realizou pesquisas na África Britânica Oriental e Central. Ele publicou dois livros abrangentes sobre as línguas Bantu, em 1948 e 1967, sugerindo as origens Bantu no médio Vale do Congo. Mas o linguista norte-americano Joseph Greenberg, trabalhando por conta própria no norte da Nigéria, publicou em 1963 uma classificação de todas as línguas africanas cujos traços gerais são aceitos desde então; uma parte importante de seu argumento era que as línguas Bantu teriam se formado e se expandido de um lugar de origem na fronteira entre

Nigéria e Camarões. Em artigo de 1972, Greenberg confirmou o seu ponto sobre as origens Bantu – e passou, então, a classificar outros grupos linguísticos em todo o mundo. Depois disso, Jan Vansina e Christopher Ehret se destacaram entre os analistas das línguas Bantu – Vansina baseando-se em pesquisa de campo em Ruanda, Kuba e no Vale do Congo, Ehret baseando-se em pesquisa de campo na África Oriental. Embora eles discordassem, seus debates levaram à compreensão contemporânea do processo das expansões Bantu. Inúmeros pesquisadores, especialmente alunos de Ehret (entre os quais se incluem as autoras deste livro), expandiram de modo impressionante o conhecimento especializado sobre as línguas Bantu, a vida social e a história desses povos. Mas a elucidação da história Bantu para o público mais amplo avançou lentamente. Os autores dos manuais de história mundial puderam preencher o interior dos seus mapas da África Central e Oriental, anteriormente em branco, com setas rotuladas "Bantu". Mas isso não era o bastante.

O grande avanço trazido por este livro é a apresentação da história Bantu para não especialistas, em clara conexão com outras tendências da história mundial. As autoras deste livro são analistas inovadoras na história social das expansões Bantu; elas também são professoras experientes no campo da história mundial, comparando experiências humanas ao longo do tempo e ao redor do mundo. Christine Saidi, Catherine Cymone Fourshey e Rhonda M. Gonzales têm, individualmente, publicações sobre várias questões abrangendo períodos longos da história Bantu, centradas em diferentes regiões da África Oriental e Central. Elas têm clareza a respeito de como a documentação linguística da expansão Bantu, ao longo de mais de cinco mil anos, oferece uma perspectiva extraordinária e (até então) única sobre o desenvolvimento e a transformação de uma tradição ancestral – aquela do extremo norte das florestas de Camarões. O resultado foi o surgimento de tradições diferenciadas, em muitas ecologias diversas, à medida que os migrantes de língua Bantu se expandiam persistentemente através do espaço, encontravam novos povos e outras tradições, e os incorporavam aos modos de vida Bantu.

No período compreendido entre cinco mil até mil anos atrás, esta é a narrativa mais coerente e prolongada de mudança social que conhecemos no planeta. Apenas a história bem conhecida das tradições do Rio Amarelo, na China, pode ser comparada a ela no que se refere à consistência e aos detalhes de sua história social.

Patrick Manning
Andrew W. Mellon
Professor de História Mundial, emérito
Universidade de Pitsburgo

Introdução

A história humana começou no continente africano e, desde os tempos mais remotos, a migração humana foi fundamental, dentro e fora da África. *África Bantu* cobre uma parte dessa história que é significativa para a história mundial devido às influências que os falantes Bantu tiveram em todo o mundo. Sua história nos ensina a variedade de maneiras em que os povos criaram instituições sociais e materiais duradouras, porém flexíveis, nas quais a hierarquia, a heterarquia, as relações com forasteiros e as dinâmicas de poder estavam presentes e eram contestadas. Ao estudar a educação, a família, a hospitalidade e o gênero Bantu, entre outros aspectos, os leitores podem questionar o que significa nomear e ser uma civilização. Ao longo de mais de cinco mil anos, os falantes das línguas descendentes do Bantu estabeleceram comunidades na maior parte da África Subsaariana. Este é um dos maiores conjuntos de migrações – em escala e duração no tempo – conhecido em todo o mundo. Atravessando paisagens vastas e variadas, povos linguisticamente relacionados, descendentes do Bantu, desenvolveram economias, sistemas políticos, ideologias religiosas e práticas culturais únicas. Contudo, eles mantiveram também uma série de continuidades culturais. Através da linguagem, bem como de suas expansões geográficas, o conhecimento e as práticas, diversos e compartilhados, foram transmitidos através das gerações e do espaço. Essas migrações ajudaram a transformar práticas econômicas, políticas e a organização social por meio de interações interculturais, de um conjunto de valores fundados na hospitalidade e da incorporação de ideias de outras sociedades. Nesse sentido, as populações de língua Bantu foram incrivelmente importantes na história africana e global justamente porque as implicações de suas contribuições são tão instrutivas e esclarecedoras a respeito da natureza contingente e processual da história. Em outras palavras, as contingências históricas das circunstâncias, ambientes, recursos e interações fazem a diferença; porém, a história não se constitui apenas de eventos, ela é o próprio desenrolar dos processos. Escrever a história Bantu é uma tarefa formidável devido a sua escala, escopo e duração temporal. Além disso, este tema tem um histórico de debate saudável entre pesquisadores com perspectivas diferentes sobre o que significa "Bantu" e sobre como as línguas classificadas como Bantu se dispersaram por uma região tão vasta do continente africano, uma história comumente chamada de as expansões Bantu. Nos últimos 125 anos, linguistas, arqueólogos e historiadores têm opinado a respeito de como, quando e por que os povos de língua Bantu conseguiram povoar uma parte tão grande do continente, especialmente considerando que falantes de línguas não-Bantu já habitavam boa parte da paisagem. Em parte, os debates se concentram nas metodologias empregadas para reconstruir o passado Bantu, mas eles também surgem dos estudos especializados e regionais que pesquisadores africanistas individuais conduzem. Os historiadores africanistas geralmente adotam uma abordagem regional e periodizada para reconstruir as histórias dos grupos de sociedades Bantu intimamente relacionados, linguística e geograficamente. Não obstante, embora pesquisem, aprendam e ensinem sobre as histórias Bantu locais, os pesquisadores estão sempre cientes de que os seus estudos regionais contribuem para a composição de um quadro muito mais amplo do passado Bantu. Discussões sobre os detalhes das muitas reviravoltas da história Bantu na *longue durée* são constantes. Atualmente, ainda existem oportunidades para o desenvolvimento de estudos regionais e localizados que contribuirão para a compreensão abrangente de toda a extensão da história Bantu. No que tange às teorias divergentes acerca das expansões Bantu, o linguista botsuano H.M. Batibo observa, com eloquência: "Na verdade, em sua maioria, essas perspectivas não são contraditórias, mas complementares na abordagem dos complexos padrões dos eventos históricos, como na analogia das três pessoas cegas que pensavam que um elefante parecia um tronco, uma folha grande de bananeira e uma grande rocha suspensa. Todos eles tinham razão na medida em que se tratavam de suas experiências"[1]. A história Bantu é complexa e as diferenças de opinião e os debates entre pesquisadores persistirão com a descoberta de novas evidências.

Dado o corpo crescente de histórias locais e regionais sobre comunidades Bantu específicas, escritas nas duas últimas décadas, esta perspectiva geral da história Bantu é importante e oportuna[2]. Este projeto apresenta o conhecimento produzido sobre os Bantu para um público mais amplo de jovens estudantes, que estarão na vanguarda da próxima etapa de estudos sobre a África. Este livro narra uma história de fluidez migratória que não se reflete nas fronteiras estáticas do mapa político atual (cf. Mapa 1), incluído para oferecer aos leitores uma noção das localidades discutidas em épocas anteriores. Este mapa político será útil aos leitores, como referência, para localizar os lugares e eventos históricos discutidos ao longo do texto. Em muitos aspectos, esta é uma história similar a outras histórias conhecidas; repleta de migrações, excepcionalidade, inovação, espírito empreendedor e dos fracassos correspondentes.

---

1. BATIBO, H.M. "Comments on Christopher Ehret, 'Bantu History: Re--Envisioning the Evidence of Language'". *The International Journal of African Historical Studies*, 34, n. 1, 2001, p. 68.
2. SCHOENBRUN, D. "Representing the Bantu Expansions: What's at Stake?" *The International Journal of African Historical Studies*, 34, n. 1, 2001, p. 1-4.

Mapa 1

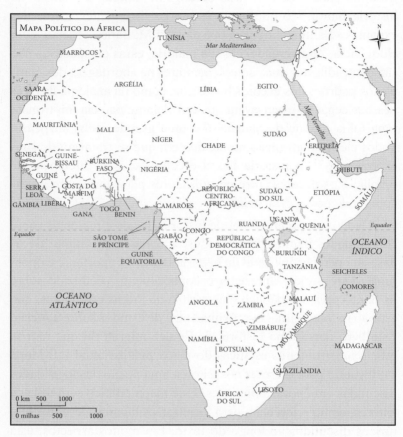

O desafio diante de nós era o de escrever uma história de mais de cinco mil anos, de povos que ocupam metade da África, o segundo maior continente do mundo, e fazê-lo em tão poucas páginas é uma tarefa fenomenal. Ao planejar a elaboração deste texto, havia questões importantes a serem consideradas: O que deve ser incluído? E, mais importante, o que deve ser deixado de fora? Tivemos que decidir como registrar os debates no campo, apresentar temas importantes, explicar a cronologia e fornecer detalhes dos microestudos regionais, fornecendo aos leitores, ao mesmo tempo, um relato abrangente da história Bantu. Para isso, este livro se apoia nos principais estudos e pesquisadores para apresentar uma narrativa geral, o contexto e o exame de temas relevantes.

Em particular, os leitores de *África Bantu* serão introduzidos às histórias da tecnologia, da epistemologia, da educação e da cultura, e às experiências vividas dos povos de língua Bantu, de 3500 a.c. até o presente. O livro começa em 3500 a.c., período em que os falantes da língua proto-Bantu viviam em uma região da África Ocidental adjacente às florestas entre os rios Níger e Congo. Atualmente, há cerca de quinhentos dialetos e línguas Bantu, alguns dos quais serão discutidos em detalhe e estão destacados no Mapa 2 (cf. p. 26). Todos eles descendem do proto-Bantu, um subgrupo das línguas Nigero-congolesas (cf. p. 28, Figura 1.1[3]), uma família de línguas cuja história remonta a 10.000 a.c. A amplitude e a profundidade da história linguística do continente africano é extraordinária. Na África, existem aproximadamente duas mil línguas e dialetos nativos falados. Cada idioma pertence a uma das quatro principais famílias de línguas da África. São elas: Nilo-saariana, Afro-asiática, Khoisan e Nigero-congolesa (cf. p. 27, Mapa 3). O foco principal é o povo Bantu e as suas interações com povos de outras origens linguísticas, que moldaram a diversidade do continente.

Dadas as limitações deste trabalho, tivemos que deixar de fora muito sobre os antepassados Bantu, que incluem as famílias de línguas Nigero-congolesa (também conhecida como Nigero-cordofaniana), Oeste-atlântica, Atlântico-congolesa e Benue-Kwa (Benue-congolesa). Entretanto, é importante reconhecer que os falantes Bantu são parte de uma tradição maior e mais antiga ligada aos povos da África Ocidental propriamente dita.

---

3. EHRET, C. *The Civilizations of Africa*: A History to 1800. Charlottesville, VA: University of Virginia Press, 2002. • KLIEMAN, K.A. *"The Pygmies Were Our Compass"*: Bantu and Batwa in the History of West Central Africa, Early Times to C. 1900 C.E. Portsmouth, NH: Heinemann, 2003. • WILLIAMSON, K. "Niger-Congo Overview". In: BENDOR-SAMUEL, J. (ed.). *The Niger-Congo* Languages. Lanham, MD: University Press of America, 1989, p. 3-45.

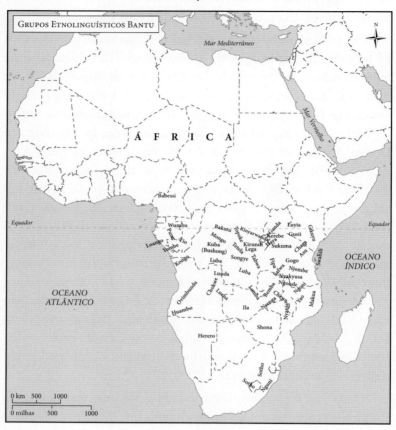

Mapa 2

No princípio, o Bantu era apenas um pequeno sub-ramo secundário* das línguas Nigero-congolesas. Outros ramos das línguas Nigero-congolesas, Mandê, Cordofaniana e Volta-congolesa, Kru, Kwa e Volta Norte se espalharam por regiões mais compactas ao norte, noroeste e nordeste do Rio Níger. No fim, suas terras se estendiam da floresta equatorial da África, atravessando o sul e o sudeste da Bacia do Congo até as pradarias da África Central, assim como a região dos Grandes Lagos, os planaltos, as savanas

---

* No original, *sub-subbranch*, literalmente "sub-sub-ramo" [N.T.].

26

e a costa da África Oriental, e as estepes, pradarias, savanas e matas da África Austral. Em outras palavras, este pequeno ramo das línguas Nigero-congolesas migrou dos territórios adjacentes para grandes extensões de matas e florestas geograficamente abertas, embora ocupadas, ainda mais ao leste, adentrando a savana.

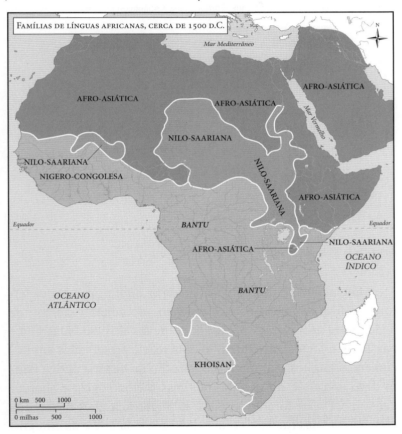

Mapa 3

No século XIX, surgiram os debates acadêmicos acerca da história Bantu e da natureza de suas expansões, com os estudos linguísticos de Meinhoff, Johnston, Guthrie e Greenberg. No final do século XX, o debate sobre os povos Bantu e sua história incluía as perspectivas dos arqueólogos De Maret, Denbow, Huffman e Phillipson; dos historiadores Ehret, Klieman, Schoenburg e Vansina; e dos linguistas, Bastin, Bostoen, Nurse e Philippson. Esses pesquisadores lançaram uma base sobre a qual os futuros estudiosos poderão se apoiar.

Figura 1.1 Árvore esquemática da família de línguas Nigero-congolesas, com três ramos bem estudados: Mandê, Cordofaniana e Atlântico-congolesa.

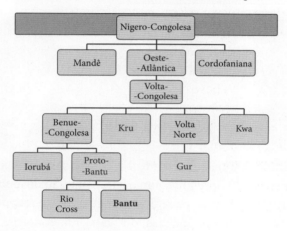

Adaptado de Williamson, 1989; Ehret, 2002; Klieman, 2003.

Em cinco capítulos temáticos, *África Bantu* introduz os leitores a diversos métodos e abordagens de coleta e análise de dados para escrever as histórias de povos e sociedades cujos passados remotos não foram, muitas vezes, preservados em documentos escritos. Assim, a reconstrução da história antiga Bantu deve apoiar-se no uso de múltiplas metodologias e abordagens. Evidências foram retiradas da linguística, da genética, da arqueologia, das tradições orais, da história da arte e da etnografia comparada.

O capítulo 1 apresenta os elementos distintivos das cinco fases das expansões Bantu. Além disso, ele delineia as diversas metodologias utilizadas para reconstruir as fases e os detalhes das histórias Bantu elaboradas neste texto. O objetivo desse capítulo é fornecer um marco para a compreensão da ideia e das hipóteses sobre as origens e expansões Bantu. Eles migraram seguindo as margens dos rios, atravessando e deixando as áreas de floresta do oeste e centro-oeste da África em direção às matas, savanas e territórios áridos da África Oriental, e ao longo da costa dos oceanos Atlântico e Índico.

O capítulo 2 discute os pressupostos epistemológicos e as visões de mundo dos povos descendentes do Bantu. Esse capítulo narra a dinâmica e a fluidez do parentesco e da linearidade, centrais para muitas comunidades de língua Bantu. Ele investiga as relações e as redes que os Bantu estabeleceram com povos não--Bantu e com outros povos de língua Bantu. Ele também introduz os leitores aos conceitos de heterarquia, pertencimento e linhagem – ideologias que informaram as decisões do povo Bantu e o desenvolvimento de suas práticas sociais, políticas e econômicas.

O capítulo 3 introduz os leitores às abordagens Bantu com relação ao ensino, à aprendizagem e à transmissão de ideias, práticas e conceitos. O conhecimento era transmitido e reconstituído através de *performances* públicas, do teatro, da contação de histórias, de iniciações e aprendizagens. Eles preparavam as pessoas para as atividades práticas, profissionais e intelectuais importantes em suas comunidades. Os modelos educativos revelam como as comunidades de língua Bantu valorizavam a produção, a reprodução e a preservação da história.

O capítulo 4 examina a produção, a inovação e a invenção Bantu da ciência, da tecnologia e da arte, em um contexto histórico. Na perspectiva mais ampla das cosmovisões Bantu, a ciência, a tecnologia e a arte eram atividades humanas necessariamente interligadas e complementares que mesclavam o mundo material e expressões humanísticas das dimensões espiritual e emocional. Esse capítulo aborda uma variedade de ciências, indústrias e estéticas que incluem a agricultura, a cerâmica, a metalurgia, têxteis, técnicas de embelezamento e arquitetura.

O capítulo 5 reúne diversas perspectivas e práticas Bantu sob o tema da hospitalidade. Argumenta-se que, no seio das sociedades Bantu, a hospitalidade foi um princípio dialético antigo. Ele moldou e foi moldado por realidades sociais, econômicas e políticas. A hospitalidade era uma ideologia importante e um sistema ético que informava as decisões e escolhas em relação a forasteiros e convidados. Ela se baseava nos princípios de circulação da reciprocidade que regulavam as relações sociais, geravam segurança social e facilitavam os esforços no desenvolvimento de suas sociedades. Muitas comunidades de língua Bantu reconheciam o valor de acolher os forasteiros e de saudar os pioneiros.

Os cinco capítulos do livro são baseados em exemplos regionais de toda a África de língua Bantu. Ele apresenta evidências históricas usando categorias alinhadas com as visões de mundo Bantu, no tempo e no espaço. *África Bantu* ressalta a interseccionalidade e a maleabilidade das categorias históricas refletidas nas culturas e línguas Bantu. Ao fazê-lo, ele desafia as categorias políticas, econômicas, religiosas e sociais, discretas e muitas vezes rígidas, comuns às tradições ocidentais. Este livro incentiva os leitores a estarem atentos às nuanças antigas e modernas da tradição Bantu. Por fim, este livro destaca os papéis decisivos que os falantes Bantu desempenharam nas histórias da África e do mundo.

Nosso objetivo é oferecer aos alunos uma compreensão da história do mundo Bantu, no longo prazo, em áreas que os leitores podem identificar como cultural, política, religiosa, econômica e social. No entanto, neste texto, raramente usamos essas categorias específicas, pois argumentamos que as epistemologias Bantu (visões de mundo) não eram divididas em categorias tão rígidas. As populações de língua Bantu estão localizadas em países desde Camarões até a África do Sul, a mais de 6.000 milhas* de distância. Seus 300 milhões de falantes se localizam principalmente nos atuais países de Angola, Botsuana, Burundi, Camarões,

---

* O que equivale a mais de 9.600km [N.T.].

República Centro-africana, Comores, República Democrática do Congo, Gabão, Quênia, Lesoto, Malauí, Moçambique, Namíbia, República do Congo, Ruanda, Seicheles, África do Sul, Suazilândia, Tanzânia, Uganda, Zâmbia e Zimbábue, e há um pequeno número deles tão ao norte quanto a Somália. Acompanhando os temas principais da série, *África Bantu* é particularmente oportuno porque contextualiza e fornece detalhes sobre um tema e uma era essenciais para muitos currículos universitários, mas ainda insuficientemente tratados em textos até agora. Professores da primeira metade da História da África e da História Mundial (e talvez, inclusive, de Cursos Avançados* em História Mundial) podem achá-lo útil ao fornecer conhecimento fundamental para estudantes e professores sobre a história da África, com ênfase especial em eras antigas.

Leituras complementares

ASOMBANG, R. & MARET, P. "Reinvestigating Shuma Laka: The December 1991-March 1992 Campaign". *NSI:* Bulletin De Liaison Des Archéologues Du Monde Bantu, n. 10-11, 1992, p. 13-16.

BASTIN, Y.; COUPEZ, A. & MANN, M. "Articles – Comments on Ehret, 'Bantu Expansions'". *The International Journal of African Historical Studies*, 34, n. 1, 2001, p. 64.

_____. *Continuity and Divergence in the Bantu Languages*: Perspectives from a Lexicostatistic Study. Tervuren/Belgium: Musée Royal de l'Afrique Centrale, 1999.

BOSTOEN, K.A.G. & BASTIN, Y. *Bantu Lexical Reconstruction*. Oxford: Oxford University Press, 2016.

BOSTOEN, K.A.G. & MANIACKY, J. *Studies in African Comparative Linguistics*: With Special Focus on Bantu and Mande. Tervuren: Royal Museum for Central Africa, 2005.

---

* No original, "AP World History". Os "AP"s – ou "Advanced Placement", por extenso – são cursos de aprofundamento e introdução ao nível superior, em diversas áreas, destinados aos estudantes do ensino médio. Comuns nos Estados Unidos, não têm equivalentes no Brasil [N.T.].

DE LUNA, K.M. *Collecting Food, Cultivating People*: Subsistence and Society in Central Africa. New Haven, Conn.: Yale University Press, 2016.

DE MARET, P. & NSUKA, F. "History of Bantu Metallurgy: Some Linguistic Aspects". *History in Africa*, 4, 1977, p. 43-65.

DE MARET, P. & THIRY, G. "How Old Is the Iron Age in Central Africa?" In: SCHMIDT, P.R. (ed.). *Culture and Technology of African Iron Production*. Gainesville: University of Florida Press, 1996, p. 29-39.

DENBOW, J.R. *The Archaeology and Ethnography of Central Africa*. Cambridge: Cambridge University Press, 2014.

_____. "Pride, Prejudice, Plunder and Preservation: Archaeology and the Re-Envisioning of Ethnogenesis on the Loango Coast of the Republic of Congo". *Antiquity*, 86, n. 332, 2012, p. 383-408.

EHRET, C. "Bantu History: Big Advance, Although with a Chronological Contradiction". *Proceedings of the National Academy of Sciences of the United States of America*, 112, n. 44, 2015, p. 13.428-13.429.

_____. "Bantu Expansions: Re-Envisioning A Central Problem of Early African History". *International Journal of African Historical Studies*, 34, 2001, p. 5-42.

_____. *An African Classical Age*: Eastern and Southern Africa in World History, 1000 B.C. to A.D. 400. Charlottesville: University Press of Virginia, 1998.

_____. "Bantu Origins and History: Critique and Interpretation". *Transafrican Journal of History*, 2, n. 1, 1972, p. 1-9.

GONZALES, R.M. *Societies, Religion, and History*: Central East Tanzanians and the World They Created, C. 200 BCE to 1800 CE. Nova York: Columbia University Press, 2008 [Disponível em http://www.gutenberg-e.org/gonzales/].

GREENBERG, J.H. "Linguistic Evidence Regarding Bantu Origins". *The Journal of African History*, 13, n. 2, 1972, p. 189-216.

_____. "Studies in African Linguistic Classification: III. The Position of Bantu". *Southwestern Journal of Anthropology*, 5, n. 4, 1949, p. 309-317.

_____. "The Classification of African Languages". *American Anthropologist*, 50, n. 1, 1948, p. 24-30.

GUTHRIE, M. *Comparative Bantu*: an introduction to the comparative linguistics and prehistory of the Bantu Languages. 4 vols. Farnborough: Gregg, 1967-1971.

GUTHRIE, M. & INTERNATIONAL AFRICAN INSTITUTE. *The Classification of the Bantu Languages*. Londres, 1948 [Publicado para o International African Institute pela Oxford University Press].

HERBERT, R.K. & HUFFMAN, T.N. "A New Perspective on Bantu Expansion and Classification: Linguistic and Archaeological Evidence Fifty Years After Doke". *African Studies-Johannesburg*, 52, n. 2, 1994, p. 53-76.

HUFFMAN, T.N. "Ceramics, Settlements and Late Iron Age Migrations". *African Archaeological Review*, 7, n. 1, 1989, p. 155-182.

_____. "Archaeological Evidence and Conventional Explanations of Southern Bantu Settlement Patterns". *Africa*: Journal of the International African Institute, 56, n. 3, 1986, p. 280-298.

JOHNSTON, H.H. *A Comparative Study of the Bantu and Semi-Bantu Languages*: By Sir Harry H. Johnston. Vol. 2. Oxford: Clarendoess, 1922.

_____. A *Comparative Study of the Bantu and Semi-Bantu Languages*: By Sir Harry H. Johnston. Vol. 1. Oxford: Clarendoess, 1919.

KLIEMAN, K.A. *"The Pygmies Were Our Compass"*: Bantu and Batwa in the History of West Central Africa, Early Times to C. 1900 C.E. Portsmouth, NH: Heinemann, 2003.

LAMAN, K.E. & WILKANDER, E. *Grammar of the Kongo Language (Kikongo)*. Nova York: Christian Alliance, 1900.

NURSE, D. & PHILIPPSON, G. *The Bantu Languages*. Londres: Routledge, 2003.

OLIVER, R.; SPEAR, T.; KLIEMAN, K.; VANSINA, J.; MACECHERN, S.; SCHOENBRUN, D.; BASTIN, Y.; BATIBO, H.M.; HEINE, B.; MANN, M.; NURSE, D. & WANDIBA, S. "Comments on Christopher Ehret, 'Bantu History: Re-Envisioning the Evidence of Language'". *The International Journal of African Historical Studies*, 34, n. 1, 2001, p. 43-81.

PHILIPPSON, G. & BAHUCHET, S. "Cultivated Crops and Bantu Migrations in Central and Eastern Africa: A Linguistic Approach". *Azania*, n. 29-30, 1994-1995, p. 103-120.

PHILLIPSON, D.W. "The Spread of the Bantu Language". *Scientific American*, 236, n. 4, 1977, p. 106-114.

_____. "Archaeology and Bantu Linguistics". *World Archaeology*, 8, n. 1, 1976, p. 65-82.

_____. "The Chronology of the Iron Age in Bantu Africa". *The Journal of African History*, 16, n. 3, 1975, p. 321-342.

REXOVÁ, K.; BASTIN, Y. & FRYNTA, D. "Cladistic Analysis of Bantu Languages: A New Tree Based on Combined Lexical and Grammatical Data". *Die Naturwissenschaften*, 93, n. 4, 2006, p. 189-194.

SAIDI, C. *Women's Authority and Society in Early East-Central Africa*. Rochester, NY: University of Rochester Press, 2010.

SCHADEBERG, T.C. "Trees and Branches in the History of Bantu Languages". *The Journal of African History*, 45, n. 2, 2004, p. 315-316.

SCHOENBRUN, D.L. A *Green Place, a Good Place*: Agrarian Change, Gender, and Social Identity in the Great Lakes Region to the 15th Century. Portsmouth, NH: Heinemann, 1998.

STEPHENS, R. *A History of African Motherhood*: The Case of Uganda, 700-1900. Cambridge: Cambridge University Press, 2013.

VANSINA, J. *How Societies Are Born*: Governance in West Central Africa Before 1600. Charlottesville: University of Virginia Press, 2004.

_____. *Paths in the Rainforests*: Toward a History of Political Tradition in Equatorial Africa. Madison, Wis.: University of Wisconsin Press, 1990.

1

Reconstruindo as expansões Bantu

Este capítulo apresenta aos leitores uma periodização de cinco fases das expansões Bantu e os métodos históricos utilizados na recuperação das histórias Bantu. Embora pesquisadores continuem a debater os métodos para a recuperação da história Bantu e a coletar evidências para refinar o entendimento de detalhes acerca de datas e locais, as histórias localizadas sugerem, em seu conjunto, que a estrutura apresentada aqui é apropriada e instrutiva. A primeira metade do capítulo explora elementos-chave das instituições culturais e sociais Bantu ao longo das cinco fases. Nesta descrição, a expressão "cosmovisão Bantu" é usada para se referir ao modo como os falantes das línguas Bantu muitas vezes se basearam em uma herança comum para conceber e reconceber os diferentes mundos históricos nos quais viveram. O uso dessa expressão assinala que compreender as visões de mundo que moldaram as percepções, as escolhas e as ações desses povos é essencial para interpretar sua história. Em uma dialética constante, a experiência, o ambiente, a educação e as crenças influenciavam a forma como eles concebiam suas visões de mundo, ao mesmo tempo em que suas cosmovisões influenciavam seus modos de vida. A segunda metade do capítulo explica como os historiadores utilizam métodos históricos que incluem as palavras/linguística, a genética, a arqueologia, a tradição oral e a etnografia. Em seu conjunto, *África Bantu* encoraja os leitores a usar tanto o pensamento analítico quanto a imaginação histórica para entender as dinâmicas criadas pelos povos e sociedades Bantu, desde 3500 a.C. até o presente.

Quem são os Bantu?

Atualmente, falantes de cerca de quinhentas línguas e dialetos Bantu habitam ambientes ecológicos diversos do continente africano. Como essas línguas Bantu chegaram a abranger quase metade da África Subsaariana é uma questão que investigadores estudam e debatem há muito tempo. Os pesquisadores analisaram as evidências fornecidas por diferentes perspectivas disciplinares e ponderaram se os povos de línguas Bantu descendem ou não de uma mesma comunidade ancestral, "étnica" ou "cultural", de falantes Bantu. E eles investigaram se os povos de língua Bantu compartilham ou não origens genéticas e biológicas comuns. Cada posicionamento acerca de quem foram os Bantu historicamente e de quem eles são hoje carrega o seu próprio conjunto de pressupostos e implicações no entendimento dessas histórias.

Se o termo "Bantu" é caracterizado com base em aspectos linguísticos, étnicos, culturais ou biológicos depende do período, do lugar, da comunidade, das evidências e das perspectivas dos pesquisadores que investigam o passado Bantu[4]. O termo "Bantu" não pode ser reduzido a um único grupo. Em vez disso, é útil pensá-lo como um paradigma conceitual que pode ser chamado de "tradição Bantu". Algo muito parecido com a noção comum de "tradição da Europa Ocidental" ou "tradição do Leste Asiático". Elas abrangem sociedades com práticas linguísticas, culturais, artísticas, históricas, políticas e religiosas variadas que são comumente discutidas em conjunto, embora, ao mesmo tempo, entenda-se que se tratam de tradições heterogêneas. Da mesma

---

4. Os detalhes dessas diferenças serão discutidos na seção final sobre as expansões Bantu.

forma, milhões de falantes das línguas classificadas atualmente como Bantu compartilham elementos sociais importantes relacionados a ideias e práticas que, às vezes, são rastreáveis a uma sociedade e língua proto-Bantu comum. O termo "proto-Bantu" se refere a uma comunidade linguística Bantu ancestral, cuja economia era essencialmente agrícola e que habitava, há cerca de 5.500 anos, as áreas fronteiriças atuais de Nigéria e Camarões. Dada a sua longa duração no tempo, as sociedades Bantu se assemelham às sociedades da Europa Ocidental ou do Leste Asiático e são culturalmente diversas, embora compartilhem profundas raízes históricas comuns. Sua diversidade é fruto de incontáveis migrações, encontros interculturais e do surgimento de novas ideias que, conjuntamente, contribuíram para o desenvolvimento da história Bantu.

Fases das expansões Bantu

O movimento populacional e a mudança demográfica são temas recorrentes nas histórias antiga e moderna. Como observado anteriormente, a natureza dos movimentos populacionais Bantu é tema de um intenso debate entre pesquisadores. No entanto, é amplamente aceito que, por volta de 3500 a.C., os primeiros falantes Bantu constituíram diversas comunidades pequenas, em locais próximos, no extremo noroeste da floresta equatorial da África Ocidental. Pouco depois de 3500 a.C., alguns pioneiros avançaram em direção a fronteiras e territórios desconhecidos, dando início às primeiras migrações de falantes Bantu por novas paisagens. Consensualmente, os pesquisadores denominam a longa e complexa história que se seguiu por um nome enganosamente simples, "as expansões Bantu". Ao longo de mais de cinco mil anos, as sociedades Bantu se espalharam por um território de mais de 8 milhões de km², entre o sul de Camarões, a noroeste, e a costa do Quênia, a nordeste, até o leste do Cabo e Kwazu-lu-Natal, ao sul. Os movimentos populacionais que levaram os falantes Bantu a ocupar todas essas áreas promoveram transformações abrangentes na cultura, na economia e nos povos de um terço ou mais do continente africano. Assim como todos os desenvolvimentos de grande impacto na história, os investigadores têm debatido vigorosamente quem, o que, por que, onde e como essas transformações se desdobraram. Questões proeminentes na pesquisa histórica Bantu giram em torno do espaço e do tempo. Isso implica responder perguntas como qual foi o primeiro lugar de origem Bantu e há quanto tempo surgiram as primeiras comunidades de língua Bantu. Outro conjunto de questões se refere aos caminhos e rotas percorridas pelos antigos Bantu quando deixaram as áreas de floresta tropical. Muitos já se perguntaram como tão poucas pessoas – o pequeno grupo original de alguns milhares de falantes proto-Bantu, habitando uma área no extremo noroeste da floresta tropical equatorial, em um canto remoto do oeste de Camarões – puderam se expandir através de uma região de floresta tropical densa para dar origem a sociedades que, finalmente, ocupariam um território tão extenso e dominariam ambientes tão diversos. Outro ponto em debate é se a guerra e a conquista ou relações cordiais caracterizaram essas interações. Suas abordagens foram diferentes, em diferentes épocas e regiões? Este livro aborda essas questões e debates.

Além disso, é preciso considerar que essas terras, novas para os Bantu, já eram habitadas e utilizadas por povos com outras origens linguísticas, tradições culturais e economias. Evidências linguísticas, arqueológicas e orais revelam que esses encontros eram momentos de intercâmbio intercultural que incluíam o compartilhamento, o empréstimo e até mesmo a imposição de ideias, práticas e linguagem. Nesses processos, em graus variados, povos Bantu e não-Bantu incorporaram uns aos outros às suas respectivas comunidades e redes de parentesco.

É importante analisar a natureza dessas interações multilinguísticas e multiétnicas e por que os povos de origem não-Bantu adotaram as línguas e culturas Bantu. Os povos de línguas não-

-Bantu tinham suas próprias visões de mundo, com suas próprias histórias profundas, que moldavam suas práticas econômicas, instituições sociais e tradições culturais. Muito provavelmente, e em graus variados, eles também exerceram influência sobre as recém-chegadas comunidades de falantes Bantu. Embora algumas das línguas não-Bantu já estejam extintas, pesquisadores descobriram evidências linguísticas e arqueológicas úteis que apontam para a sua existência no passado. A pesquisa sobre as línguas não-Bantu é mais limitada. Alguns estudos se concentraram no fato de que aquelas comunidades adotaram as línguas Bantu. Os pesquisadores buscam, sistematicamente, elementos de divergência que possam ter derivado da inovação local ou do empréstimo de outras tradições históricas e linguísticas. A historiadora Kairn Klieman é uma pesquisadora que se aprofundou na história do povo Batwa que habita as florestas equatoriais e cujos ancestrais, muito provavelmente, eram falantes de línguas não-Bantu. O seu trabalho é um exemplo instrutivo de pesquisa sobre os Bantu, recuperando as influências religiosas e políticas de várias comunidades não-Bantu sobre os povos Bantu do centro-oeste da África. A sua pesquisa revela que as sociedades Bantu dessas regiões mantiveram uma diversidade de práticas culturais que remontam à sua origem proto-Bantu. Ao mesmo tempo, elas mesclaram ideias antigas com novos costumes e práticas que elas e seus descendentes inventaram ou se apropriaram de outros povos africanos não falantes de Bantu.

Pesquisadores como Rupp, Geschire, Klieman, Moïse e Wilmsen, cujos trabalhos se concentram na história da África Equatorial, onde povos autóctones viviam antes da expansão Bantu, lembram-nos que existem múltiplas perspectivas sobre a natureza das relações entre os povos nativos de línguas não-Bantu (pioneiros) e os recém-chegados Bantu, no passado e no presente.

Atualmente, embora a maioria dos pesquisadores argumente que a história Bantu quase nunca foi marcada pela conquista militar e pela pilhagem, ainda é preciso observar os tipos de competições, tensões, disputas e negociações que certamente surgiram sobre o uso da terra, as atividades econômicas, as práticas religiosas, a estrutura política e as tradições culturais. As próximas seções apresentam uma narrativa e um panorama do que, em alguns casos, foram desenvolvimentos fluidos e sobrepostos na longa história das expansões Bantu[5].

Primeira fase: 3500 a.c.-3000 a.c.

Por volta de 3500 a.c., o proto-Bantu emergiu como uma sociedade distinta, como mostra o Mapa 4 em extensão geográfica. Eles se originaram como uma das várias sociedades do subgrupo linguístico do Benue-Congo Oriental que vivia, naquela época, na região montanhosa onde hoje é a fronteira entre a Nigéria e os Camarões. Eles provavelmente surgiram como um grupo distinto de comunidades que migraram para o sudeste, das montanhas dos Camarões em direção aos rios Sanaga e Nyong. Esta área se localizava às margens da densa floresta tropical. Esse movimento inicial dos proto-Bantu em direção às terras baixas serve como um exemplo do tipo de pioneirismo geográfico e ecológico no qual, como os pesquisadores têm argumentado, as comunidades descendentes de língua Bantu continuaram a se engajar ao longo dos milênios seguintes. Inicialmente, os povos de língua Bantu

---

5. GESCHIERE, P. "Autochthony, Citizenship, and (In)security: New Turns in the Politics of Belonging in Africa and Elsewhere". In: GAMBETTI, Z. & GODOY-ANATIVIA, M. (eds.). *Rhetorics of Insecurity*: Belonging and Violence in the Neoliberal Era. Nova York: New York University Press, 2013, p. 40-68. • RUPP, S. "Multiangular Identities among Congo River Basin Forest Peoples". In: HEWLITT, B.S. (ed.). *Hunter Gatherers of the Congo Basin*. New Brunswick, NJ: Transaction Publishers, 2014, p. 277-298. • MOÏSE, R.E. "'Do Pygmies Have a History?' Revisited: The Autochthonous Tradition in the History of Equatorial Africa". In: HEWLITT, B.S. (ed.). *Hunter Gatherers of the Congo Basin*. New Brunswick, NJ: Transaction Publishers, 2014, p. 85-91. • KLIEMAN, K.A. *"The Pygmies Were Our Compass"*: Bantu and Batwa in the History of West Central Africa, Early Times to C. 1900 C.E. Portsmouth, NH: Heinemann, 2003.

40

não habitaram as áreas densamente cobertas da floresta tropical equatorial, onde as árvores bloqueiam a luz do sol. Em vez disso, na maioria das vezes, eles utilizaram as terras na beira dos rios, às margens da floresta. Eles atravessaram a floresta, mas o teriam feito movendo-se ao longo das margens dos rios, mais ensolaradas, onde havia grandes aberturas entre as árvores e era possível cultivar seus alimentos básicos, inhame e palmeiras oleaginosas. Eles também teriam se aproveitado das áreas dispersas e intercalares de savana no interior da floresta para cultivar essas plantações, além de feijão-frade e amendoim africano. Não se trata de migrações que se desdobraram rapidamente, cobrindo longas distâncias, nem uma única comunidade de falantes deu início a elas. Pelo contrário, ao longo de décadas e séculos, pequenos grupos de assentamentos culturais e geográficos teriam se aventurado, de tempos em tempos, das aldeias já estabelecidas em direção a novos locais, seguindo os rios, abrindo pequenas áreas de floresta e utilizando as áreas intermitentes de savana. Eles geralmente percorriam pequenas distâncias das áreas previamente estabelecidas e atravessavam trechos curtos dos rios à medida que buscavam novos territórios.

No que se refere à hereditariedade, é bastante provável que a comunidade proto-Bantu tenha sido uma população de genética relativamente homogênea e um povoamento compacto no sul de Camarões, com poucas diferenças de dialeto. Mas, à medida que as comunidades se deslocavam em direção ao Rio Sanaga e, seguindo o seu curso, mais ao sul e a sudeste adentrando a floresta, seu mundo cultural variava cada vez mais e se transformava por meio das interações com uma diversidade de povos. Em suas novas geografias e ecologias, as comunidades descendentes que compartilhavam uma língua comum começaram a falar vários dialetos diferentes de seus ancestrais e suas comunidades descendentes. Com o passar dos séculos, esses dialetos se tornaram muitos idiomas distintos. As evidências da linguagem, da genética, da tradição oral, da etnografia e da arqueologia, individual e

Mapa 4

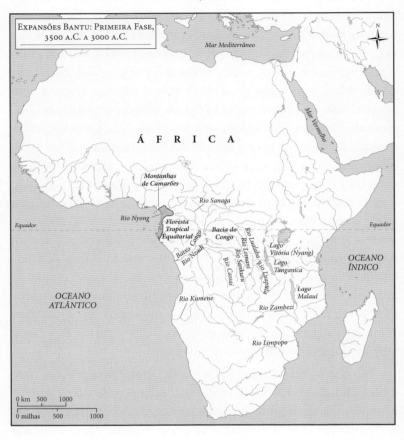

coletivamente, indicam que as comunidades Bantu encontraram e integraram novos conhecimentos, práticas e tecnologias de povos com tradições distintas. Em épocas posteriores, eles seguiram encontrando maneiras de incorporar povos de outras origens culturais e genéticas às suas comunidades de língua Bantu. Ao longo de vários milênios, eles continuaram a negociar o espaço, a linguagem e a cultura, estabelecendo muitas comunidades distintas.

As antigas sociedades Bantu se desenvolveram em áreas que, atualmente, pertencem aos países da África Central, Gabão, República do Congo e República Democrática do Congo. Imagine muitas comunidades rurais, cada uma com duzentas a trezentas pessoas, estabelecidas perto de um rio cercado de árvores ou em uma área de savana no interior da floresta. A chuva era abundante e o escoamento lixiviava o solo, deixando-o pouco fértil para a agricultura. Muitas áreas tinham solos lateríticos que, ao chover muito, endureciam, dificultando o cultivo. Não obstante, os antigos agricultores de língua Bantu inovaram as técnicas para sobreviver e prosperar nesse ambiente. Eles abriam uma pequena área da floresta para criar espaço para suas plantações. Eles faziam isso com machados de pedra polida. Quando plantavam inhames, eles deixavam toda a vegetação cortada espalhada pelo chão para proteger o solo da lixiviação e do endurecimento nocivos devido às chuvas.

Para sua subsistência, eles também faziam uso extensivo dos ambientes fluviais. Para uma fonte acessível e próxima de proteína na dieta, eles pescavam com armadilhas, anzóis e cestos de peixe. Os antigos Bantu navegavam um intrincado mosaico de vias fluviais em canoas de madeira que os artesãos esculpiam. Seu uso dos recursos ao seu redor, para os modos de produção de alimentos e de transporte, transformou suas aldeias em centros sustentáveis. Suas práticas também lançaram as bases para uma expansão maior, como sabemos em retrospecto.

Práticas como a construção de canoas; a pesca com anzóis, armadilhas e cestas; a agricultura mista; a cerâmica; e a apicultura foram tecnologias revolucionárias e inovadoras há 5.500 anos. Do ponto de vista atual, em que as tecnologias industriais e digitais comandam o dia a dia das pessoas, pode ser difícil imaginar que o desenvolvimento de melhores maneiras para cultivar inhame ou de melhores métodos para capturar peixes possam ser chamados de inovações tecnológicas. A maioria das tecnologias dos últimos 150 anos, nas eras industrial e pós-industrial, não estava disponível em nenhum lugar do mundo antes do século XIX. Muito antes da mecanização, as técnicas dos povos de língua Bantu ajudaram a garantir recursos e reservas alimentares mais abundantes na floresta tropical equatorial. Algumas das tecnologias mais eficazes e eficientes, que facilitaram a primeira fase de expansão na era antiga, especialmente aquelas relacionadas à pesca e ao cultivo de inhame, perduram até os dias de hoje.

Embora haja um debate polêmico entre os historiadores sobre a duração, as direções, os meios e a categorização da história Bantu, existe certo consenso em relação às antigas técnicas Bantu de produção de alimentos, o cultivo agrícola e até mesmo sobre as unidades de organização coesas, fundadas na família. Na primeira fase da longa história dos povos Bantu, a semelhança e a proximidade provavelmente continuaram a predominar. As comunidades se sustentavam com os recursos às margens da floresta e em áreas abertas no interior da floresta, e apenas gradualmente se deslocavam para novos territórios.

Segunda fase: 3000 a.C.-2000 a.C.

Mudanças culturais, linguísticas, agrícolas e demográficas, entre outras mudanças históricas que ocorreram entre 3000 e 2000 a.C., caracterizam a segunda fase mais longa das expansões Bantu, representada no Mapa 5 e marcada por cronologias e desenvolvimentos sobrepostos. Durante esse período de mil anos, como o trabalho de Klieman demonstrou, as comunidades de língua Bantu se dispersaram da atual costa de Camarões até o interior da República Democrática do Congo. Duas comunidades Bantu particularmente distintas surgiram nesta fase. Nós não sabemos como eles nomeavam suas línguas ou comunidades, então, para contar a história das comunidades dessa época, os pesquisadores deram a esses povos os nomes dos rios e de outros locais onde eles provavelmente residiram. Na primeira grande fase, 3500-3000 a.C., os povos Bantu se dispersaram pelas florestas equatoriais, da região do Rio Nyong, no sul de Camarões, até a confluência dos rios Congo e Lomami, ao sul e a leste. Assim, os historiadores dão o nome de Nyong-Lomami a esse período

44

e aos seus povos. Na segunda fase das antigas expansões Bantu, que Klieman identifica de modo geral como o período entre 2500 e 1500 a.c., um ramo importante dos povos Nyong-Lomami migrou para o sul, da confluência dos rios Sanaga e Congo até as áreas ao longo do baixo Rio Congo[6]. Como o baixo Rio Congo é chamado de Nzadi nas línguas faladas naquela região atualmente, nós damos o nome de Sangha-Nzadi a este importante ramo dos Nyong-Lomami. A importância dos Sangha-Nzadi é que deles descenderam todas as comunidades Bantu que se expandiram, muitos séculos depois, por toda a África Central e Oriental, bem como em grande parte do sul do continente.

Os Sangha-Nzadi se estabeleceram em um território misto de floresta tropical, matas e savana, entre o final do terceiro milênio e depois de 2000 a.c. Seus assentamentos ao longo do baixo Rio Congo e, a oeste, ao longo do Rio Sankuru eram margeados por florestas densas e zonas úmidas cobertas de argila vermelha, além de terrenos de solo arenoso. Esses solos careciam dos nutrientes necessários para a produção agrícola, embora fossem excelentes fontes de argila e, posteriormente, também tenham sido usados para coletar minério de ferro para fundição. Assim como em fases anteriores, os artesãos das comunidades Bantu esculpiam canoas de grandes árvores da floresta. Nesse ambiente, suas embarcações teriam sido ferramentas úteis para expedições de pesca, para cruzar as florestas e para transportar materiais por distâncias maiores. Remando e impulsionando as canoas ao longo dos rios e seus afluentes, os pioneiros e exploradores, nessa época de expansão do povoamento Bantu, podiam percorrer distâncias significativas.

Embora a evidência sugira que os povos do período Nyong-Lomami tenham permanecido em ambientes bastante similares àqueles estabelecidos por seus antigos ancestrais Bantu, os Sangha-Nzadi desbravaram territórios muito diferentes que

---

6. KLIEMAN. *The Pygmies.* • RUPP. *Forests of Belonging.*

Mapa 5

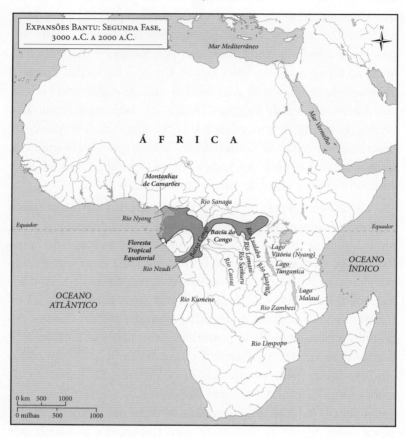

incluíam savanas. Certamente, houve uma boa dose de continuidade social e econômica, pois os Sangha-Nzadi mantiveram muitas tradições das comunidades Bantu ancestrais. A combinação dos seus conhecimentos agrícolas mais antigos com novos plantios e práticas de cultivo provavelmente levou gerações para ser aperfeiçoada. Eles teriam tido que testar novas técnicas e inovar suas práticas em uma mistura de ambientes mais secos. O fato de que os falantes Bantu povoariam as savanas nos dois milênios seguintes é prova da engenhosidade dessas comunidades antigas, bem como da sua abertura à experimentação.

Por volta de 2000 a.C., as comunidades Sangha-Nzadi da região do baixo Congo se afastaram cada vez mais das margens dos rios. Vários assentamentos migraram para o oeste até as áreas de floresta densa, entre o Congo e a costa do Atlântico. Ocupar o restante da floresta equatorial levaria muitos séculos. A última etapa do povoamento da floresta, a expansão de um povo Sangha-Nzadi Bantu específico para o coração da floresta tropical da Bacia do Congo, ocorreu apenas no início do primeiro milênio d.C. Estes são, provavelmente, os antepassados de um grupo conhecido como o povo Mongo. Lentamente, esses diversos pioneiros ocuparam as terras de floresta que gerações anteriores de falantes Bantu preteriram. Isso deu início a uma nova fase de interações intensas entre os recém-chegados Bantu e as populações de caçadores-coletores que, há muito tempo, habitavam e utilizavam os ambientes florestais.

Os Sangha-Nzadi mantiveram muitas das palavras-chave relacionadas à economia e à cultura de seus antigos ancestrais Bantu. Com base nessa evidência linguística, sabe-se que eles continuaram a cultivar inhame, palmeiras oleaginosas, cabaças, feijão-frade e amendoim africano. Eles criavam cabras e galinhas-d'angola como alimento. As evidências culturais, a etnografia comparada e as tradições orais sugerem que os falantes Bantu estrategicamente integraram as ideias religiosas locais de cura e de espíritos territoriais às suas próprias.

Sua dispersão para os ambientes em mosaico de floresta e savana, ao sul da floresta tropical propriamente dita, oferecia uma vantagem econômica e uma ameaça potencial à vida, devido à maior presença de animais de grande porte que eram uma fonte de proteína, mas também adversários no que se refere à segurança dos seres humanos, dos animais domésticos e das plantações. Por volta de 2000 a.C., as comunidades Sangha-Nzadi localizadas mais ao sul muito provavelmente tiveram que pensar estrategicamente e desenvolver novas técnicas de caça para controlar e coexistir com os animais de grande porte da savana, menos familiares, mais variados e numerosos. Caçadores bem-sucedidos podiam trazer uma grande quantidade de proteína de carne para a comunidade, mas a caça era um esforço demorado, árduo e arriscado. Em uma era anterior ao desenvolvimento das tecnologias de ferro, os Sangha-Nzadi dependiam principalmente, como o seu vocabulário de caça revela, de arcos e flechas e do uso de venenos nas flechas. Nos animais de grande porte, os venenos das flechas podiam levar bastante tempo para agir na corrente sanguínea do animal e, assim, os caçadores provavelmente tinham que seguir um animal ferido por horas. Além disso, devido ao ambiente tropical, a carne dos animais caçados tinha de ser conservada no campo ou consumida pelos caçadores no local. Em função disso, essas antigas comunidades de língua Bantu que habitavam as zonas de savana raramente dependiam da caça como fonte primária de alimento. Embora a agricultura e a pesca produzissem uma fonte de alimentos consistente, a caça podia ocasionalmente suplementar as dietas.

À medida que os falantes Bantu migraram para as savanas, progressivamente eles conseguiram adaptar as estratégias de produção de alimentos a esse novo nicho ecológico. Eles puseram em marcha novas oportunidades econômicas e culturais que emergiriam na fase histórica seguinte. Esses desenvolvimentos latentes e potenciais vieram de várias direções, como os leitores verão na terceira fase. Evidências desses desenvolvimentos estão presentes no vocabulário novo e na cultura material datáveis do segundo milênio a.C.

Terceira fase: 2000 a.C.-1000 a.C.

O Mapa 6 mostra como, no milênio entre 2000 e 1000 a.C., uma divisão importante das comunidades Sangha-Nzadi de língua Bantu migrou para áreas muito diferentes das gerações anteriores. Eles começaram a se espalhar na direção leste cruzando uma grande variedade de áreas, dos mosaicos de floresta e savana até as áreas de mata da savana, imediatamente ao sul das zonas de floresta tropical equatorial. Nessa fase posterior, os Sangha-Nzadi foram uma ponte entre os povos que compuseram a segunda fase e aqueles que comporiam a terceira. Os historiadores denominam esse conjunto de novas sociedades Bantu de os Bantu da Savana. Embora poucas pesquisas arqueológicas tenham sido realizadas até o momento nessa região, as evidências disponíveis revelam que a vanguarda da sua expansão para o leste já havia alcançado o extremo norte do Lago Tanganica há cerca de três mil anos.

Mapa 6

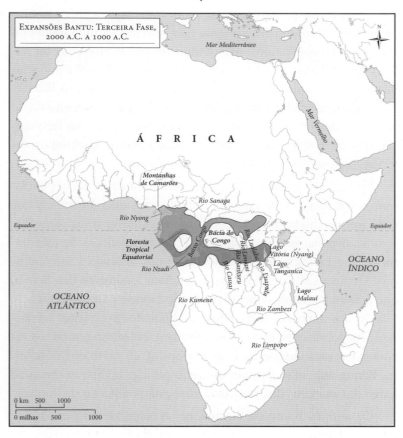

Nessa nova era do movimento populacional, os falantes Bantu continuaram a encontrar diversas comunidades pequenas de povos caçadores-coletores com origens culturais e linguísticas bastante diferentes, estabelecidas há muito tempo nas terras da Bacia do Congo. Embora não se saiba como essas comunidades chamavam a si mesmas, os Bantu se referiam a elas como *Batwa*, nome que deriva de uma raiz Bantu bastante difundida, *-tua*. Esse etnônimo para caçadores-coletores remonta aos primórdios da era das expansões Sangha-Nzadi. O fato de tantas línguas Bantu terem mantido esse termo, em diferentes regiões, revela que os falantes Bantu continuaram a encontrar populações residindo nas terras para as quais se mudavam. Mas também significa que esse termo provavelmente não se referia a uma língua ou grupo étnico-específicos, mas à ideia de povos pioneiros ou nativos que habitavam a terra anteriormente. Há fortes evidências nas tradições orais de que, em um primeiro momento, os falantes Bantu dependeram dessas populações e do seu conhecimento do ambiente nas novas áreas de assentamento e que, com frequência, eles eram respeitados por seu conhecimento espiritual dessas terras, em parte devido à sua condição nativa.

Entre 2000 e 1000 a.C., os falantes Bantu e os *Batwa* iniciaram novas relações de comércio regular dos diferentes itens que cada um produzia. Essa terceira fase engendrou transformações significativas na produção de alimentos, nos padrões de assentamento, no crescimento populacional e nas interações interculturais. De fato, os falantes Bantu dependiam totalmente dos *Batwa*, que tinham um conhecimento profundo e extenso dessas zonas em relação aos animais, medicamentos, alimentos e espíritos territoriais. As populações *Batwa* já conheciam, há muito tempo, os recursos nas profundezas da floresta tropical, ao passo que os falantes Bantu, até então, haviam utilizado principalmente as terras ao longo das margens dos principais rios e não o interior da floresta.

Os antigos Bantu da Savana, ao se dispersarem para o leste atravessando as franjas de savana ao sul da floresta tropical, deram origem a cinco sub-ramos importantes dos Bantu, há cerca de três mil anos – do oeste para o leste, os Njila (ou Bantus da Savana Ocidental), os Bantu da Savana Central (ou Luba), os Botatwe (Ila, Tonga, Lenje), os Sabi (Bemba e grupos relacionados) e os Mashariki (Bantu Oriental). A maioria das línguas Bantu faladas atualmente na África Subsaariana pertence a um desses cinco sub-ramos. Este dado sugere que línguas de outros subgrupos foram extintas enquanto esses cinco sobreviveram.

Quarta fase: 1000 a.c.-500 d.c.

Por volta de 1000 a.c., no extremo leste das florestas do atual Congo, nas margens ocidentais da região dos Grandes Lagos, na África Oriental, um grupo de falantes Bantu, foco desta seção, pôs em marcha uma nova era de transformações e expansões, como ilustra o Mapa 7. Alguns pesquisadores os denominaram de Mashariki Bantu, que significa "Oriente" em Swahili moderno, uma das línguas descendentes dos Mashariki mais conhecidas e mais faladas. Nesta fase histórica, seus descendentes migraram para o leste e para o sul, chegando até o Oceano Índico e o extremo sul do continente. Um novo conjunto de interações se desenvolveu entre os agricultores Bantu e as populações Nilo-saarianas, Afro-asiáticas e Khoisan que eles encontraram, dos Grandes Lagos até o Cabo da Boa Esperança (cf. p. 26, Mapa 2).

As comunidades de língua proto-Mashariki surgiram daqueles Bantu da Savana localizados mais ao leste. Em um primeiro momento, entre 1000 a.C. e 500 d.C., os primeiros Mashariki e suas comunidades de línguas descendentes conservaram as tradições e as ideias que levaram consigo das florestas originárias de seus ancestrais Bantu da Savana. Após 500 a.C., quando eles começaram a se deslocar adentrando as savanas de baobá – e acácias – que se estendiam do leste até o sul da África, os falantes Bantu encontrariam povos com práticas e ideias que eles provavelmente consideraram exóticas, como o cultivo de grãos,

Mapa 7

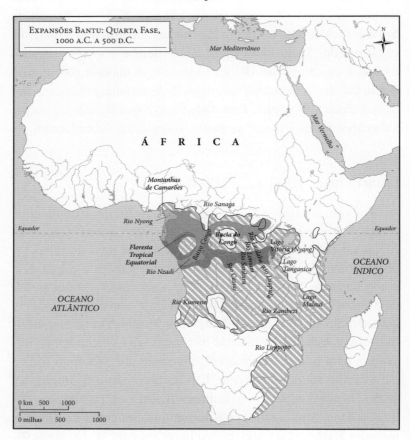

a fundição de ferro e a pecuária, para citar alguns. Nesses locais, as diversas sociedades Mashariki Bantu desenvolveram suas sínteses culturais próprias e singulares, apropriando-se de muitos aspectos novos e "exóticos", que lhes pareceram úteis, da cultura material e não material das populações de falantes Nilo-saarianas, Afro-asiáticas, Batwa e Khoisan com os quais se encontraram. Os contatos interétnicos contribuíram para a diversidade encontrada nas histórias, línguas e culturas Bantu.

No início desta fase, as comunidades de língua Bantu se encontraram com os povos do Sudão Central que falavam línguas descendentes da família Nilo-saariana. Os povos do Sudão Central muito provavelmente habitaram as áreas no extremo oeste da região dos Grandes Lagos. Evidências no vocabulário reconstruído do Sudão Central e nas palavras emprestadas dele, presentes nas línguas Mashariki Bantu, indicam que eles criavam gado e cultivavam grãos.

Na região dos Grandes Lagos, os sudaneses centrais introduziram os falantes Bantu em seu complexo econômico baseado em gado e grãos. Os Bantu incorporaram esses elementos ao seu conhecimento econômico do cultivo de tubérculos e do pastoreio de cabras. A pecuária e o cultivo de grãos exigiam técnicas, habilidades, ferramentas e métodos de processamento diferentes daqueles que os produtores Bantu anteriormente empregavam para a subsistência e o comércio. No decorrer dos séculos seguintes, algumas comunidades de língua Mashariki Bantu parecem ter adotado com bastante sucesso aspectos da estratégia econômica e do estilo de vida do Sudão Central. A evidência linguística também revela que eles mesclaram a sua herança agrícola da África Ocidental com os cultivos do Sudão Central, notavelmente o sorgo e o milheto-pérola. Ao longo dos séculos, eles continuaram a desenvolver técnicas para o cultivo de inhame em muitos tipos de ambientes, bem diferentes daqueles ocupados em eras anteriores.

Dos sudaneses centrais veio também uma tecnologia nova, a fundição e a forja do ferro, uma arte de fabricação que certamente foi revolucionária e culturalmente transformadora. Os povos falantes de línguas Mashariki obtiveram acesso a um conhecimento suficiente desse processo altamente técnico há cerca de três mil anos, quando começaram a produzir ferro. A adoção direta, no proto-Mashariki, de palavras-chave das línguas do Sudão Central para designar o fole usado na fundição e na forja, o martelo de ferreiro e várias outras ferramentas de ferro, revela que alguns indivíduos das comunidades Mashariki mais antigas devem ter estabelecido relações estreitas com os sudaneses centrais para aprender as habilidades de fundição do ferro e suas exigências tecnicamente tão precisas. Além da linguística, todas as áreas de evidência comparada, da arqueologia à tradição oral, revelam que os falantes Bantu realmente acumularam esse conhecimento e que os artesãos das línguas Mashariki Bantu dominaram a arte e a ciência da fundição e da metalurgia.

Alguns dos antigos termos Mashariki para a metalurgia se difundiram pelo oeste, atravessando a savana e a floresta tropical em direção à costa do Atlântico, por meio do empréstimo de palavras. A análise minuciosa dos dados linguísticos revela que essa difusão do ferro, do leste para o oeste, de fato ocorreu. A adoção da tecnologia do ferro ocorreu primeiro entre os proto-Mashariki Bantu e, a partir deles, se difundiu em direção ao oeste para outras sociedades Bantu. Embora os falantes Bantu tenham se originado na porção ocidental do continente, foi apenas a partir do contato com povos não-Bantu, na África Oriental, que os falantes Bantu tiveram acesso a essa tecnologia[7]. Mais tarde, quando as comunidades Mashariki Bantu se dispersaram para o restante da África Oriental e Austral, nos séculos seguintes, eles levaram o conhecimento e as habilidades práticas da metalurgia junto com eles.

Assim como muitas comunidades de língua Bantu antes deles, os proto-Mashariki se dispersaram, no início do primeiro milênio a.C., em dois grupos de comunidades filhas. Alguns pesquisadores se referem ao conjunto de comunidades ao norte como Kaskazi, que significa "norte" na língua Swahili. Inicialmente, os Kaskazi se dispersaram na direção leste, para as áreas ao longo das margens leste e sul do Lago Vitória. O segundo grupo de comunidades filhas, os Kusi, que significa "sul" em Swahili, migrou para áreas ainda mais ao sul, às margens do Lago Tanganica.

No final do primeiro milênio a.C. (entre 500 e 100 a.C.), os ramos Kaskazi e Kusi dos Mashariki Bantu começaram a migrar

---

7. Embora tenha havido uma invenção independente do ferro na África Ocidental pelos descendentes nigero-congoleses, no coração das origens proto--Bantu, essa invenção só ocorreu cerca de dois milênios após os Bantu terem começado a migrar das terras entre a Nigéria e os Camarões. O acesso Bantu ao ferro proveio, principalmente, da tradição metalúrgica do leste africano.

das regiões do Lago Tanganica e as suas comunidades descendentes, no decorrer dos séculos seguintes, se estabeleceriam em partes distantes do leste e do sudeste da África. Essas expansões em direção a terras novas aceleraram a escala e a frequência das influências interculturais e aumentaram a necessidade de adaptação aos novos nichos ambientais nas regiões mais orientais. Isso moldou, em grande medida, a singularidade dos elementos presentes em suas culturas. Ao mesmo tempo em que esses grupos se expandiam, eles também assimilavam povos de origens bem diferentes, que já viviam nesses territórios. Os falantes Kusi migraram para as áreas dos atuais Malauí, Moçambique e África do Sul, entre 300 a.C. e 200 d.C. Nesse mesmo período, vários grupos Kaskazi se afastaram da região oeste dos Grandes Lagos africanos e se estabeleceram nas planícies costeiras do extremo oriente, enquanto outros povos Kaskazi migraram para as zonas de floresta alta no Quênia e no norte da Tanzânia, e para o sul da Tanzânia.

Os falantes Kaskazi encontraram povos que falavam as línguas Cuchitas do sul, da família Afro-asiática. De modo semelhante às populações Nilo-saarianas dos Grandes Lagos, os Cuchitas do sul operavam economias centradas na criação de gado e na riqueza pecuária, que eles combinavam com o cultivo de grãos para subsistência. As comunidades de língua Kaskazi aprenderam com seus vizinhos Cuchitas outras técnicas de criação de gado, que eles apropriaram e mesclaram com suas outras atividades econômicas em desenvolvimento. Nas regiões montanhosas do sul da Tanzânia, os povos de línguas Kaskazi migraram para terras que já eram habitadas, em parte, por caçadores-coletores e, em parte, por Cuchitas do sul criadores de gado e também por pecuaristas de língua Nilo-saariana. Essas interações produziram um conjunto altamente diversificado de influências econômicas e uma história multifacetada.

Os falantes Kusi que se estabeleceram mais ao sul encontraram povos de uma outra grande família de línguas africanas,

Khoisan. As comunidades Kusi ao sul, nas regiões ao norte e a leste da África do Sul moderna, tiveram experiências históricas marcadamente diferentes das comunidades Kaskazi da África Oriental. Embora ambos os grupos tenham estabelecido relações econômicas complexas com povos de diferentes origens linguísticas, os falantes Kusi se envolveram com diversos bandos pequenos de caçadores-coletores Khoisan e também com os Khoikhoi, que falavam uma língua Khoisan, mas eram criadores de gado e ovelhas. Os falantes Kaskazi e Kusi do início do primeiro milênio d.C. mantiveram relações com grupos de caçadores-coletores e de criadores de gado, embora eles tenham adotado elementos muito diferentes dessas comunidades. Isso se traduziu nos equilíbrios singulares de práticas econômicas resultantes desses encontros, pautados por escolhas individuais e pelos fatores ambientais em jogo.

No primeiro milênio a.c., nas savanas ao sul da floresta tropical equatorial, a oeste das comunidades de língua Mashariki, várias sociedades distintas de Bantu da Savana se desenvolveram. Duas sociedades importantes foram os falantes das línguas Sabi e Botatwe. Naquele tempo, eles habitavam a região da África Central conhecida hoje como a Província de Catanga, na República Democrática do Congo (RDC). Mais a oeste dos Sabi e Botatwe, outro subgrupo Bantu da Savana Central, de língua Bantu, se instalou e se desenvolveu. Estas comunidades foram os ancestrais dos Luba e povos relacionados, nos séculos posteriores. Elas se estabeleceram nas terras entre os rios Cassai e Lomami.

Cabe aqui ressaltar que os movimentos Bantu não foram unidirecionais. Os falantes Bantu não abandonaram suas terras de origem mais antiga com o propósito único de sair de onde vieram. Assim, nem todos os movimentos das expansões Bantu foram do norte para o sul ou do oeste para o leste. Além disso, embora o foco aqui tenha sido refletir sobre a história das migrações Bantu de suas terras originárias, inovações, invenções e interações interculturais significativas ocorreram nas florestas ocidentais durante todo esse período.

No leste da África Central, as populações de língua Sabi, Botatwe e da Savana Central, discutidas anteriormente, fornecem um bom exemplo das interações interculturais Bantu-Bantu. No primeiro milênio d.c., elas se deslocaram de uma maneira que parece ter provocado encontros entre falantes Bantu cujos ancestrais haviam se separado, uns dos outros, muitos séculos antes. Esses encontros podem ser considerados como interações interculturais Bantu-Bantu. Há cerca de 1.500 anos, as populações Luba embarcaram em novos movimentos importantes em direção ao leste e ao sudeste, através dos rios Lomami e Lualaba. Eles provavelmente migraram para regiões da atual Província de Catanga anteriormente ocupadas por falantes Sabi, como os exemplos arqueológicos e linguísticos apresentados em seções posteriores demonstrarão. Alguns falantes Sabi permaneceram ao lado dos Luba. Por volta da mesma época, 500 a.c., outros falantes Sabi e muitos falantes Botatwe migraram nas direções sul e leste, para áreas da atual Zâmbia, nas quais os falantes Mashariki Bantu haviam se estabelecido no final do primeiro milênio d.c. Esses processos migratórios foram complexos, multifacetados e sobrepostos. Essencialmente, subgrupos descendentes dos Bantu da Savana estavam migrando para áreas já habitadas, um milênio antes, por outros grupos de línguas Bantu da Savana vagamente relacionadas.

No extremo oeste, as comunidades Bantu da Savana pertencentes ao subgrupo Njila começaram, nos últimos séculos a.c., a se espalhar por regiões do que hoje é Angola e as porções ocidentais da Zâmbia. Inicialmente, é possível que eles tenham se estabelecido em estreitos trechos de terra nas margens dos rios, com solos mais úmidos e adequados aos seus cultivos. Entre 200 a.C. e 300 d.C., os assentamentos mais ao sul chegaram aos rios Kunene e médio-alto Zambeze, onde viviam os povos de língua Khoisan que criavam ovelhas. Dos pastores Khoisan, os grupos Njila Bantu aprenderam e começaram a adotar a criação de ovelhas. No início do primeiro milênio d.C., o conhecimento do gado, das cabras e dos grãos africanos, sorgo e milheto-pérola, foi passado para eles pelas comunidades de língua Mashariki que haviam se mudado para a região ao leste deles, no que é hoje o sul da Zâmbia. Esses alimentos, embora recém-introduzidos na região, eram bastante adequados ao clima mais seco da savana. Eles transformaram suas economias. Equipados com esses cultivos e os animais domesticados, recém-adquiridos, os povos de língua Njila se espalharam por toda Angola até o norte da Namíbia, entre 200 e 500 d.C.

O último milênio a.C. e os primeiros séculos d.C. sugerem um período de desenvolvimento através do espaço e aumento de população ao longo do tempo. A arqueologia de alguns desses séculos de fato revela o surgimento, em diversas áreas, de aldeias maiores e de novos desenvolvimentos culturais em relação a épocas anteriores. Na floresta tropical da África Equatorial, as rotas de comércio fluvial facilitaram o surgimento do transporte de longa distância de mercadorias, ao longo dos rios. Cidades e aldeias populosas, frequentemente localizadas perto da confluência de grandes rios, funcionaram em épocas posteriores como nós nos circuitos mais amplos de troca. A pouca evidência arqueológica disponível sugere que centros populacionais maiores, desse tipo, começaram a surgir ainda no primeiro milênio a.C.

A metalurgia, como revela a difusão de diversas palavras associadas a ela e às ferramentas de ferro, difundiu-se multidirecionalmente por várias rotas comerciais a oeste dos Mashariki Bantu, na região dos Grandes Lagos africanos e às margens do Lago Tanganica[8]. Sabemos, por evidências arqueológicas, que a metalurgia havia chegado até a costa do Atlântico em 400 a.C. e, a sudoeste, atravessando as savanas do sul, até os povos Njila, no início do primeiro milênio da era cristã. Essa difusão do ferro em direção ao oeste fornece fortes evidências de que, entre as

---

8. EHRET, C. "The Establishment of Iron-Working in Eastern, Central, and Southern Africa: Linguistic Inferences on Technological History". *Sprache und Geschichte in Afrika*, 16/17, 1995/1996, p. 125-175.

sociedades Bantu, os movimentos de ideias, tecnologia e pessoas não foram unidirecionais. Junto com a disseminação do cultivo de grãos para o oeste, cruzando a savana do sul, esses desenvolvimentos sugerem a possibilidade de que alguns povos Bantu mais orientais tenham mantido conexões com o Ocidente por meio do intercâmbio de tecnologia e, possivelmente, também tenham mantido vínculos com terras e redes ancestrais.

Com o entendimento retrospectivo que nosso conhecimento desses desenvolvimentos lentos e contatos variados permite, é possível compreender como, a partir de uma única e pequena comunidade ancestral de falantes proto-Bantu, concentrados no noroeste do continente, surgiu uma vasta e diversificada gama de sociedades de língua Bantu. Elas exerciam atividades econômicas diferentes e variadas, e adotaram combinações únicas de ideias e práticas culturais herdadas, emprestadas, inovadas e adaptadas. Os vários povos de língua Njila predominaram no cinturão de savana do sul, a oeste do Rio Cassai e no alto Zambeze. Os Luba e outros povos da savana central ocuparam as áreas desde o médio Rio Cassai em direção ao Rio Lualaba, ao leste, enquanto os antigos povos Botatwe e Sabi ocuparam as terras a leste do Lualaba propriamente dito. As sociedades Mashariki situadas ao norte, os povos Kaskazi, alcançaram a costa do Oceano Índico, do norte do Quênia ao norte de Moçambique, até o extremo sul da Tanzânia e o leste da Zâmbia, ainda no século III a.C. Os Mashariki do sul, os povos Kusi, migraram no mesmo período em direção ao sul, do Lago Tanganica até as áreas ao leste do cinturão de savana do sul e o extremo sudeste do continente.

Paulatinamente, ao longo de muitas gerações, os falantes Bantu levaram seus assentamentos para áreas onde a vegetação e o clima eram marcadamente diferentes das margens dos rios e florestas habitadas por seus ancestrais. Esses antigos falantes Bantu escolheram viver em áreas úmidas que recebiam chuvas torrenciais quase diariamente, durante a maior parte do ano, típicas das regiões de floresta tropical. Por outro lado, os primeiros

Mashariki Bantu e seus descendentes Kaskazi se estabeleceram em territórios com uma longa estação seca e duas estações chuvosas por ano, uma curta e amena, a outra longa com chuvas torrenciais de monção. As terras que os povos Kusi, da Savana Central, Sabi, Botatwe e Njila habitaram tinham, em geral, uma estação seca e uma chuvosa. Eles se aproveitavam dos recursos vegetais e animais. Coletavam materiais dos campos de relva, dos arbustos de acácia e das árvores de baobá. Nessas áreas de savana havia também os bolsões de matas que eles podiam explorar. Esses ambientes costumavam ser abundantes em vida selvagem nativa, como girafas, leões, javalis e elefantes, além de búfalos da floresta e da savana. Nesse ambiente, os Bantu da Savana inovaram uma variedade de tecnologias, incluindo as ferramentas de ferro. Em um ambiente tão rico, essas comunidades tiveram oportunidades de caçar e de buscar outros tipos de especialização econômica baseados nos recursos da savana.

Efeitos profundos e duradouros resultaram dos encontros entre os povoadores de língua Bantu e os povos que já utilizavam aquelas áreas. É interessante pensar em como e por que os povos Bantu foram tão experimentais e persistentes ao ampliar sua base de conhecimento, incorporando ideias, tecnologias e povos desconhecidos. Como será discutido nos capítulos seguintes, suas adaptações aos mundos econômicos e culturais para os quais eles se mudavam abriram caminho para o surgimento de uma grande variedade de novas invenções, ideologias políticas e sociais, e estruturas políticas.

Quinta fase: 500 d.C.-1800 d.C.

O continente africano, em comparação com partes da Ásia e da Europa, foi relativamente subpovoado ao longo da história humana. Com exceção dos principais centros urbanos, a terra estava disponível para assentamento na maioria das regiões. Embora as populações de língua Bantu estivessem crescendo em número nos muitos séculos de sua história, por muito tempo houve terras onde novas comunidades puderam se estabelecer. O Mapa 8 ilustra que, entre 500 e 1800 d.C., os falantes das línguas Bantu da Savana e de outros sub-ramos Bantu continuaram a ocupar ainda mais nichos, muitas vezes em lugares com ambientes mais desafiadores para os meios de subsistência que as sociedades Bantu buscavam. Talvez outros povos tenham considerado aqueles ambientes pouco adequados para assentamento, com base em seus conhecimentos e habilidades para a produção agrícola e a obtenção de recursos naturais. Seus antepassados escolheram não se estabelecer naquelas terras, em épocas anteriores, porque acharam outras oportunidades mais promissoras.

Nas fases mais recentes de expansão, os falantes Bantu que migraram para terras novas certamente teriam encontrado populações que já usavam aqueles territórios, pelo menos durante parte do ano, para o intercâmbio e o comércio de produtos, a caça, a pesca ou o pastoreio de gado. Com o aumento da densidade populacional, os indivíduos nas comunidades em crescimento podem ter sentido menos conforto e autonomia. Aqueles pioneiros que estabeleceram novas comunidades, nesta quinta fase, teriam se instalado nos nichos mais severos e teriam que desenvolver economias inovadoras, adequadas à base de recursos. Assim, esta quinta fase foi marcada pela consolidação e por novos desenvolvimentos de especialização econômica.

Esta é a única época que dispõe de um corpo substancial de documentos escritos para complementar os dados arqueológicos, linguísticos, orais e etnográficos. Por meio dessas diversas fontes, sabemos que as populações de língua Bantu encontraram novas fronteiras e optaram, em muitos casos, pelo uso de recursos transregionais e transoceânicos. Nesta fase, os falantes Bantu continuaram a incorporar ideias e práticas de povos não-Bantu. As características distintivas dessa era foram o povoamento de áreas preteridas pelas gerações anteriores, a urbanização, a ascensão de diversas entidades políticas centralizadas importantes e uma espécie de hibridismo cultural não encontrado em outras épocas. Certamente, as interações interculturais caracterizavam a história Bantu há muito tempo, mas, nessa quinta fase, os povos buscaram oportunidades muito diferentes e realizaram novos tipos de síntese cultural intensiva.

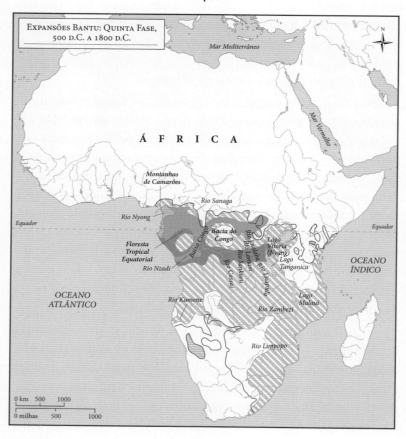

Mapa 8

Aproximadamente entre 800 e 1200 d.C., em função das oportunidades de comércio no Oceano Índico, dois grupos descendentes dos Mashariki Bantu criaram sociedades centralizadas e urbanas. Os primeiros foram os falantes Sabaki. Um grupo Sabaki que se estabeleceu no litoral do Oceano Índico, os Swahili, criou pelo menos setenta e cinco cidades-estados ao longo da costa. Eles construíram um sistema de comércio de longa distância, de um lado a outro dos recifes de corais da África Oriental e através do Oceano Índico.

Os outros povos, descendentes dos Kusi, eram os Shona, que habitavam o planalto do Zimbábue e partes das planícies entre o planalto e o Oceano Índico. O primeiro grande reino Shona surgiu nas margens do Rio Limpopo, no século XI. Um segundo império, muito maior, surgiu no planalto do Zimbábue no século XIII, com sua capital localizada na enorme estrutura de muros de pedra do Grande Zimbábue. Muitos dos reis e chefes secundários desse império construíram seus próprios "Zimbábues" menores, baseados nas estruturas exibidas na capital. O poder desse Estado e de seus reis repousava no controle do ouro e do marfim, duas das principais mercadorias do comércio de luxo em todo o mundo do Oceano Índico. No litoral, eles comercializavam esses dois produtos com os mercadores Swahili, que os transportavam para as redes comerciais mais amplas do Oceano Índico.

Os governantes do Grande Zimbábue comandavam uma poderosa ideologia religiosa com ancestrais, espíritos territoriais e *Mwari* (deus) que reforçavam e sustentavam seu poder temporário. Esse grande centro urbano, com seus edifícios monumentais, não foi algo que surgiu de forma imprevista ou repentina. Na verdade, pesquisadores acreditam que todo esse complexo político-religioso se expandiu e se retraiu no decorrer de vários séculos. Além disso, os *Mwene* (governantes) da região tiveram consistentemente que desenvolver o trabalho iniciado pelas gerações anteriores para criar as estruturas físicas que serviam como lugares de memória nesse centro urbano político-religioso mais amplo. Durante um período de duzentos anos, provavelmente a partir do final do século XII, uma sucessão de operários trabalhou construindo e reformando o Grande Zimbábue. A crescente sofisticação das técnicas de construção, nos dois séculos seguintes, refletiu os lentos processos de desenvolvimento político. Evidências sugerem que as elites políticas do Grande Zimbábue fortaleceram sua autoridade e transformaram seu Estado em um império apenas no século XIII. Isso significa que o poder e a autoridade não deveriam ser impostos, mas precisavam ser construídos. Os governantes se valeram do comércio para acumular riqueza e promover a prosperidade e o bem-estar para construir o império. O colapso da sua autoridade teve início no começo do século XV devido a uma variedade de fatores que incluíam a degradação ambiental no centro urbano e a insatisfação social com os líderes. A elite política padeceu quando comerciantes pioneiros abriram uma rota comercial alternativa e concorrente que cortou o acesso do Império do Zimbábue às reservas de ouro, no interior, e as suas conexões com o comércio do Oceano Índico, no litoral.

No mesmo período, outros estados centralizados surgiram mais ao norte e a oeste do Grande Zimbábue. Os reinos Bunyoro (século XIII) e Baganda (século XIV) surgiram, nesta fase, entre os povos Kaskazi Bantu da região dos Grandes Lagos africanos. Na África Central, os Luba, no século XVI, e os Lunda, no século XVII, criaram entidades políticas centralizadas; na África Centro-ocidental, o Reino do Congo foi fundado no século XIV. O que todos esses estados centralizados tinham em comum era o controle sobre produtos do comércio transoceânico, transcontinental ou intercontinental de longa distância e acesso privilegiado a essas redes. Além disso, esses estados disputavam o poder, mas conseguiram conquistar a lealdade de grandes grupos de pessoas, seja com base em um princípio religioso, em necessidades econômicas ou uma ideologia social. Embora vários estados tenham se tornado mais centralizados após a virada do segundo milênio d.C., os leitores não devem entender isso como uma evolução inevitável de entidades pequenas, locais para entidades grandes, globais. Em vez disso, esses exemplos devem ser considerados tendo em vista que muitas comunidades e estados escolheram permanecer entidades descentralizadas e de pequena escala, e que a centralização era um processo dinâmico que frequentemente colapsava. De fato, o Grande Zimbábue, como uma ideia concebida e implementada pelos líderes e membros da comunidade, teve sua ascensão e sua queda. Como sabemos quem eram e quem são os Bantu? Como podemos compreender seus diversos encontros e a difusão dessas línguas para povos de diferentes origens e locais? A resposta é curta, através de evidências. As seções a seguir explicam detalhadamente os métodos e as fontes utilizados para reconstruir os contornos e os detalhes dos muitos dramas históricos Bantu que se desdobraram ao longo dos milênios.

Métodos utilizados para reconstruir a história Bantu antiga

Historiadores dedicados às eras antigas são treinados a usar métodos e abordagens de pesquisa que fornecem caminhos amplos para a reconstrução de narrativas que não estão preservadas em registros escritos. Esta seção apresenta aos leitores alguns desses métodos e abordagens comparativas. Nesta discussão, o termo "comparativo" será usado. Fazer comparações, ou uma abordagem comparativa, pode ser um passo inicial útil no processo de pesquisa porque dá aos investigadores a oportunidade de identificar e comparar semelhanças (e diferenças) socioculturais entre sociedades distintas. Observações iniciais das semelhanças existentes são consideradas tipológicas.

Pesquisadores comumente utilizam a similaridade na construção de tipologias para auxiliar na categorização dos dados e, a partir dessas categorizações, para começar a formular perguntas e hipóteses de pesquisa. Entretanto, simplesmente observar que as sociedades compartilham certas características culturais, em relação à tipologia, não é prova suficiente de uma história compartilhada. As semelhanças podem ser derivadas de uma história anterior comum ou podem ser resultado de desenvolvimentos separados, mas paralelos. Essa questão leva à segunda e mais importante maneira em que os pesquisadores usam a abordagem comparativa. Primeiro, eles aplicam à sua evidência comparada as ferramentas analíticas consagradas das diversas disciplinas relevantes – entre elas, a linguística histórica, a arqueologia e a etnografia comparada – para distinguir antigas retenções culturais compartilhadas de desenvolvimentos paralelos. Por fim, eles analisam e correlacionam as evidências e descobertas das diferentes disciplinas, de modo a basear suas conclusões em um corpo crescente de evidências.

Este livro utiliza uma abordagem comparativa. A narrativa que ele apresenta é o resultado da análise, comparação e síntese das evidências e descobertas de pesquisadores africanistas nos campos da história, da arte, da linguística, da arqueologia, da biologia e da antropologia.

As palavras como evidência histórica

Cada língua tem uma história. As palavras de uma língua são as ferramentas e o meio essenciais para as pessoas expressarem e transmitirem seu conhecimento cultural e para conduzirem suas atividades cotidianas e suas relações culturais e sociais com pessoas de dentro e de fora de sua própria sociedade. A história humana e a história da linguagem estão fundamentalmente entrelaçadas. Desvendar a história de uma língua e de suas palavras, uma prática pioneira do campo acadêmico chamado linguística, é descobrir um corpo muito grande de evidências úteis para reconstruir a história de tempos e de lugares passados. Muito do que sabemos sobre o passado antigo Bantu resultou de pesquisas encabeçadas por linguistas historiadores.

Portanto, assim como todos os idiomas, as línguas Bantu carregam pistas sobre a sua história nas palavras que compõem seus vocabulários. A reconstrução da história das palavras se enquadra em uma abordagem chamada linguística histórica comparada, um campo que utiliza as evidências da linguagem para compreender as relações entre diferentes línguas. Nesse tipo de estudo, o linguista coleta conjuntos de vocabulário, bem como dados gramaticais e semânticos comparados de línguas modernas relacionadas, a fim de estabelecer sistematicamente suas relações e reconstruir a fonologia, o vocabulário e outros aspectos do idioma ancestral do qual aquelas línguas modernas descendem. Os linguistas historiadores aplicam os mesmos métodos sistemáticos, mas com outro objetivo final – obter informações sobre as mudanças promovidas pelos humanos nas sociedades do passado.

As pessoas usam as palavras para nomear e descrever o que sabem e o que fazem. Como as palavras geralmente são usadas por muitas gerações, mudanças ao longo do tempo nos significados e nos usos dessas palavras revelam mudanças históricas no modo como as pessoas realizavam determinadas atividades ou entendiam as ideias representadas por essas palavras. Nessa linha de estudo, os pesquisadores analisam especialmente as histórias daquelas partes do vocabulário que têm importância e interesse cultural tanto historicamente como para seus falantes e sociedades atuais. As histórias desses vocabulários revelam as maneiras pelas quais os povos antigos desenvolveram novas ideias e compartilharam ideias estabelecidas. Elas também esclarecem como esses idiomas mudaram, persistiram ou inovaram para se adaptar a novos contextos históricos.

Como a história se trata, fundamentalmente, da mudança ao longo do tempo e dos processos envolvidos nela, é importante que os linguistas historiadores estabeleçam uma linha do tempo, ou cronologia, para que seja possível elaborar uma periodização dos desenvolvimentos históricos. Isso fornece um marco para os historiadores interpretarem como os povos que falavam essas línguas conceituaram e transformaram seus mundos, e para estabelecerem cronologias através de métodos linguísticos históricos comparados. As cronologias de divergência são uma ferramenta para estabelecer árvores genealógicas que refletem as formas e os períodos em que essas línguas divergiram. Embora as árvores reflitam as divergências, elas não excluem a possibilidade de reconvergência ou de encontros posteriores entre comunidades linguísticas que se deslocaram em direções sociais e/ou geográficas diferentes.

O método linguístico utilizado para propor a cronologia aproximada dos períodos subsequentes na história de uma família de línguas é denominado glotocronologia. Esse método tem raízes na obra instigante do linguista Morris Swadesh (1909-1967), que desenvolveu um padrão para estimar o momento em que a divergência de idiomas ocorreu. Ele o chamou de glotocronologia lexicostatística, pois se baseava no léxico (vocabulário) para estabelecer uma cronologia. Essa se tornou a parte mais questionada de sua teoria e abordagem[9]. No entanto, o método permitiu aos pesquisadores fazer duas coisas. Por um lado, a partir da comparação estatística das taxas de substituição, em pares de línguas divergentes, de palavras antigas por palavras novas para cada significado em um conjunto central de cem palavras básicas – chamado de vocabulário básico ou nuclear – os pesquisadores podem propor estimativas acerca de quantos anos Antes do Presente (AP) a divergência entre as línguas teve início. Por outro lado, as interpretações sobre como as línguas divergiram ao longo do tempo só foram possíveis quando suas relações e datas aproximadas foram estimadas. Swadesh teorizou que a divergência de línguas ocorre gradualmente, no decorrer de décadas e séculos, à medida que as comunidades de falantes de uma mesma língua se distanciam social e, muitas vezes, geograficamente. Além disso, ele argumentou que, à medida que os falantes de uma língua

---

9. LEHMANN, W.P. *Historical Linguistics*: An Introduction. 3. ed. Nova York: Routledge, 2013, cap. 9. • FISCHER, O. "What Counts as Evidence in Historical Linguistics". *Studies in Language*, 28, n. 3, 2004, p. 710-740.

têm mais ou menos contato, após longos períodos de tempo, as influências e semelhanças seriam capturadas nas mudanças ocorridas na linguagem. Seguindo esse raciocínio, a continuidade da coesão no interior de uma comunidade de falantes resultaria na manutenção da inteligibilidade mútua e, havendo mudança em uma palavra referente a um significado do vocabulário nuclear, a mudança seria adotada por toda a comunidade.

Inversamente, o contato reduzido entre os falantes leva ao aumento da diferença entre os dialetos. A adoção de palavras novas para significados do vocabulário nuclear se difundiria principalmente pelas comunidades próximas, falantes da língua, e não para comunidades mais distantes. Comunidades em áreas diferentes tendem a desenvolver maneiras diferentes de pronunciar o que eram, originalmente, as mesmas vogais ou consoantes. Lentamente, ao longo do tempo e do espaço, essas variações lexicais e de pronúncia se acumulam e os dialetos emergentes se tornam cada vez mais distintos um do outro, deixando de ser, finalmente, mutuamente inteligíveis. Quando a inteligibilidade mútua se rompe, linguistas e historiadores linguistas consideram que esses dialetos evoluíram para línguas distintas.

Os métodos da glotocronologia lexicostatística envolvem várias etapas. Como já observado, quando dois ou mais idiomas relacionados preservam a mesma palavra-raiz antiga, que remonta à sua língua materna comum, ou protolíngua, geralmente mudanças de som terão ocorrido. Consequentemente, a palavra será pronunciada de maneira diferente em cada idioma. Assim, primeiro, o pesquisador deve identificar os componentes fonológicos das palavras cognatas atuais nas diferentes línguas e, então, determinar as correspondências sonoras sistemáticas que explicam essas diferenças. Uma característica da história da linguagem que torna esse tipo de reconstrução possível é a regularidade da mudança de som. Os linguistas denominaram essas regras regulares de leis sonoras. Geralmente, quando as pessoas mudam a maneira em que pronunciam, por exemplo, uma consoante específica em sua língua, a sua pronúncia não muda apenas em uma palavra, mas em todas as palavras nas quais essa consoante aparece. Se uma palavra pode ser rastreada até a protolíngua de uma família, as formas modernas dessa palavra, encontradas na língua filha, são o que o linguista historiador chama de "reflexos" da palavra-raiz ancestral da protolíngua. Esses reflexos revelarão correspondências sonoras inteiramente regulares em todas suas consoantes e vogais e em suas características tonais ou tônicas. No caso das línguas Bantu, há mais de cem anos, o linguista Carl Meinhof deu início à reconstrução sistemática das histórias de suas mudanças sonoras.

A etapa seguinte implica determinar a porcentagem de vocabulário nuclear que as línguas compartilham. O vocabulário nuclear é comumente registrado em uma lista de cem palavras. As listas de cem palavras abrangem termos falados em quase todos os idiomas. Os exemplos incluem as palavras: "todos/as, tudo"*, "osso", "pé", "noite", "nariz", "pessoa" e "água"[10]. Essas palavras tendem a ser partes do vocabulário mais resistentes à mudança. A ideia é que, por expressarem coisas e ações universalmente reconhecidas, as pessoas não abandonam ou substituem facilmente essas palavras por outras de uma língua distinta, a menos que seja vantajoso ou que sejam compelidas a fazê-lo. Por isso, o vocabulário nuclear é mais resistente a mudanças ao longo do tempo. Um exemplo de uma palavra do vocabulário nuclear Bantu, usada há 5.500 anos e que os falantes das centenas de línguas e dialetos Bantu praticamente não substituíram por outra palavra de uma língua distinta, é *-ntu. Essa raiz significa "pessoa". É a raiz da palavra *Bantu*, que, associada ao prefixo Ba-, forma a antiga palavra proto-Bantu que designa "povo".

Swadesh postulou que o ritmo de mudança de uma língua é relativamente constante em longos períodos de tempo. A Tabela 1.1 apresenta um quadro temporal que ilustra exatamente essa

---

* No original em inglês, *"all"* [N.T.].

10. LEHMANN. *Historical Linguistics*, p. 180-181.

mudança ao longo do tempo. Ela representa a taxa de retenção esperada para uma lista de cem palavras entre idiomas relacionados ao longo do tempo. Por exemplo, se duas línguas divergiram de um mesmo ancestral linguístico há cerca de cinco mil anos, pode-se estimar que seus descendentes compartilhem aproximadamente 22% do seu vocabulário nuclear de cem palavras[11]. Quanto maior a porcentagem de vocabulário nuclear as línguas compartilham entre elas, mais recentemente se supõe que elas divergiram de um idioma ancestral.

Tabela 1.1 Estimativas de datação baseadas na glotocronologia.

Datação média em anos Antes do Presente (AP)	Taxas médias de retenção comum entre línguas relacionadas, em %
500 AP	86%
1.000 AP	75%
1.500 AP	64%
2.000 AP	55%
3.000 AP	40%
4.000 AP	29%
5.000 AP	22%
6.000 AP	16%
7.000 AP	12%
8.000 AP	9%
9.000 AP	7%
10.000 AP	5%

Fonte: EHRET, C. "Testing the Expectations of Glottochronology against the Correlations of Language and Archaeology in Africa". In: McMAHON, C.; RENFREW, C. & TRASK, L. (eds.). *Time Depth in Historical Linguistics*. Vol. 2. Cambridge: McDonald Institute for Archaeological Research, 2000, p. 395.

Embora as datas precisas de quando as línguas divergem de uma antepassada não possam ser afirmadas definitivamente, a glotocronologia possibilita a proposição de uma ordem cronológica de divergência linguística e dos amplos intervalos de tempo em

11. Ibid., p. 175.

que uma língua diverge e se transforma em uma língua descendente[12]. Quando os historiadores compreendem as relações entre as línguas e seus prováveis movimentos e caminhos de divergência, é possível observar a distribuição geográfica das comunidades linguísticas modernas e sugerir as possíveis rotas através das quais os falantes dessas línguas teriam se expandido através da paisagem.

Embora a confiabilidade da glotocronologia continue sendo objeto de debate, os linguistas historiadores a consideram útil como uma ferramenta para estabelecer uma linha de tempo e um marco relativos para o desdobramento dos processos históricos. Contudo, eles a utilizam com uma sensibilidade aguda à sua imprecisão e dão muita atenção à importância de encontrar correlações e contrastes em outros campos de pesquisa. Por isso, para os linguistas historiadores, é importante que as suas datas sugeridas de divergência linguística sejam testadas, sempre que possível, com datas e resultados de outros campos e métodos[13]. Como será detalhado mais adiante, a arqueologia, a etnografia comparada, a biologia e a etnobotânica são particularmente úteis nesse sentido. Ao propor cronologias e datas de divergência linguística baseadas na glotocronologia, os linguistas historiadores devem então testar essas hipóteses, comparando-as às mudanças datadas na cultura

---

12. A glotocronologia não é universalmente aceita pelos linguistas. Ela é amplamente questionada porque existem idiomas que provaram ser exceções a cada um dos princípios estabelecidos por Swadesh. No entanto, os linguistas historiadores observaram que a glotocronologia lexicostatística é consistentemente efetiva no sequenciamento das mudanças nas línguas Bantu e a comparação dos resultados com as datas fornecidas pela arqueologia (incluindo a arqueobotânica) quase sempre levou à sua confirmação.

13. EHRET, C. "Testing the Expectations of glottochronology against the Correlations of Language and Archaeology in Africa". In: RENFREW, C. et al. (eds.). *Time Depth in Historical Linguistics*. Cambridge, 2000, p. 373-399. • KLIEMAN, K. *The Pygmies Were our Compass*. • SHOENBRUN, D.L. *A green Place, A good Place*, p. 46-47. • STEPHENS, R. *A History of African Motherhood*: The Case of Uganda, 700-1900. Cambridge: Cambridge University Press, 2014. Para críticas à glotocronologia, cf. LEHMANN. *Historical Linguistics*, p. 175-176. • RENFREW, C. "Introduction: The Problem of Time Depth". In: RENFREW, C. et al. (eds.). *Time Depth in Historical Linguistics*. Cambridge, 2000, p. ix-xiv.

material encontrada, de modo a validar, refinar ou revisar essas datas aproximadas.

O linguista historiador busca determinar quais palavras no vocabulário de uma língua revelam a história de seus falantes. Isso inclui determinar se as palavras são antigas e herdadas, recém-inventadas ou emprestadas por falantes de outras línguas. Chamamos esse tipo de investigação de etimologia, o estudo da história da palavra. Entender a história das palavras ajuda os pesquisadores a compreender como a estrutura e o significado de uma palavra podem ser transformados para assumir novas representações figurativas. É também uma maneira de entender como os falantes, em diferentes comunidades, adaptam o significado de uma palavra, ao longo do tempo, para adequá-la a novos contextos e para comunicar suas práticas sociais e culturais e suas visões de mundo em constante mudança.

A religião Bantu oferece um exemplo para pensarmos sobre esse tipo de história da palavra. Por volta de 500 d.C., os proto-Sabi, um povo de língua Bantu que habitava a região da atual República Democrática do Congo Oriental, começaram a usar uma nova palavra para designar deus, *Leza*. O conceito de Deus ou Criador foi um aspecto da cosmovisão Bantu desde seus primórdios, cerca de 3500 a.C. Isso nós sabemos porque a raiz proto-Bantu para deus Criador era *Nyàmbe*, do verbo *-amb-* que significa "começar". A etimologia da palavra *Leza* revela o surgimento de uma ideia nova e distinta sobre Deus. Ela era uma derivação do verbo proto-Bantu *-ded-*, "educar", no sentido do cuidado que os pais ou comunidades têm com as crianças. A transformação da antiga raiz verbal Bantu *-ded-*, em um termo para "Criador", foi o resultado de diversas etapas linguísticas. A primeira alteração, antes da cunhagem do novo substantivo, foi a mudança nos fonemas, na qual o som /d/ se tornou /l/. Então, veio a adição de um sufixo causativo *-i*, formando um verbo, *-dedi-*. Enquanto o /d/ original se tornou /l/, a segunda consoante /d/, seguida da vogal /i/, virou /z/. Por fim, um sufixo derivacional foi acrescentado ao verbo, formando um substantivo. O resultado foi *Leza*, palavra que designava a ideia de Deus como alguém que "educa" [cria, cuida].

Essa etimologia indica uma mudança na cosmovisão daqueles povos de língua Bantu. A etimologia de *Leza* sugere que, entre os proto-Sabi e os proto-Botatwe, a noção de deus como um provedor mais cuidadoso da criação suplantou a antiga ideia Bantu de deus como um Criador distante do cosmos. A estimativa glotocronológica das sociedades proto-Sabi e proto-Botatwe, por volta de 500 d.C., e a correlação daquela sociedade com uma nova cultura arqueológica datada da mesma época, nas áreas em torno do cinturão de cobre de Catanga e do centro-norte da Zâmbia, sugerem que essa mudança na cosmovisão de um povo de língua Bantu em particular, acerca da essência da natureza de Deus, ocorreu, provavelmente, não muito antes de meados do primeiro milênio d.c. na África Central.

As continuidades e as mudanças linguísticas serão um tópico recorrente ao longo de todo o livro *África Bantu*, porque elas ajudam a transmitir o conhecimento histórico. Esses aspectos da história da linguagem revelam os tempos em que os falantes continuaram a usar palavras herdadas de antepassados recentes e distantes – indicando que eles continuaram a encontrar valor e significado nos objetos e nos conceitos transmitidos por essas palavras. Por outro lado, a mudança linguística pode evidenciar a inovação ou a exclusão de conceitos mais antigos, elucidando transições históricas importantes. Em todas as centenas de línguas Bantu, retenções, subtrações e reinvenções de palavras certamente ocorreram inúmeras vezes.

A genética como evidência histórica

Estudos genéticos recentes sobre povos de línguas Bantu mapeiam uma história da dispersão Bantu congruente com o quadro histórico cumulativo que podemos extrair da linguística comparada, da etnografia comparada e dos registros arqueológicos. Essas descobertas, assim como as da linguística, localizam o início da divergência e da dispersão Bantu por volta de 3500 a.c. Elas descrevem uma história de divergência genética que seguiu praticamente os mesmos rumos geográficos e cronológicos que a evidência linguística apresenta, com as primeiras expansões Bantu saindo do extremo nordeste da floresta tropical equatorial nas direções sul e leste, através das zonas florestais. As descobertas genéticas também condizem com a evidência linguística de que os Mashariki Bantu surgiram da dispersão, da floresta em direção ao leste, dos proto-Mashariki, com os povos Kusi do sub-ramo Mashariki migrando, posteriormente, para o sul em direção ao sudeste da África.

A evidência genética também revela indícios claros da assimilação de povos não-Bantu às sociedades Bantu. Os Batwa da floresta tropical parecem ter permanecido em grande medida isolados; talvez eles tenham sido uma população escassa demais para deixar mais do que uma marca genética relativamente pequena nas populações Bantu daquela região. Mas, do outro lado da África, no leste, o quadro é bem diferente. A contribuição demográfica dos povos Khoisan para as sociedades Kusi do sudeste da África é bastante evidente na composição genética dessas sociedades. Da mesma forma, as contribuições dos Cuchitas do sul e dos Nilo-saarianos para a composição genética das sociedades Bantu da África Oriental também são patentes nesses dados. Os povos Bantu da Savana Central e Njila, das regiões ocidentais de savana, provavelmente também assimilaram às suas sociedades um grande número de populações que habitavam anteriormente essas regiões. Mas a sua genética ainda carece de uma análise em profundidade para a confirmação dessa hipótese[14].

---

14. LI, S.; SCHLEBUSCH, C. & JAKOBSSON, M. "Genetic Variation Reveals Large-Scale Population Expansion and Migration during the Expansion of Bantu-Speaking Peoples". *Proceedings of the Royal Society*, 10, set./2014.

A arqueologia como evidência histórica

Os artefatos materiais que os arqueólogos recuperam, analisam e datam são inestimáveis para a reconstrução da história antiga. Há muito tempo, os linguistas historiadores analisam as descobertas dos arqueólogos para compará-las com as conclusões independentes obtidas através de evidências linguísticas. Quando as correlações para as mudanças sociais e culturais se alinham com a arqueologia, a pesquisa em ambos os campos é fortalecida. Embora os objetos arqueológicos da África Ocidental, Central, Oriental e Meridional raramente contenham informações escritas decifráveis antes do século XIX, as camadas arqueológicas podem sugerir quem habitou uma região, não no sentido de uma etnia exata, mas certamente no que se refere à continuidade ou descontinuidade dos tipos de objetos, estética e estilo. A evidência linguística fornece palavras que os arqueólogos podem usar para interpretar a cultura material, e a cultura material fornece aos historiadores evidências físicas para apontar correlações com fontes linguísticas ou outras fontes de dados.

O arqueólogo Pierre de Maret oferece um exemplo da linguística e da arqueologia trabalhando juntas. Sua pesquisa se concentra em sítios arqueológicos na Depressão de Upemba, na região sudeste do que é hoje a República Democrática do Congo[15]. A importância histórica desses locais está nas camadas datadas de cerâmica e na correlação entre os períodos no registro arqueológico de Upemba e os períodos e a datação históricos derivados do registro linguístico.

As descobertas no sítio de Upemba fornecem aos historiadores evidências importantes para a reconstrução da história Bantu na região. O nível mais profundo e mais antigo, datado de cerca de 400 d.C., continha cerâmica semelhante àquela que o grupo

---

15. MARET, P. & CHILDS, T. "Re/constructing Luba Pasts". In: ROBERTS, M. & ROBERTS, A. (eds.). *Memory-Luba Art and the Making of History*. Nova York: Museum for African Art, 1996, p. 49-60.

de povos Sabi, de língua Bantu, produziria mais tarde e mais a leste, na Zâmbia. Sua prevalência em Upemba, por volta de 400 d.c., sugere que um povo antigo de língua Bantu, linguística e culturalmente ancestral às populações posteriores na Zâmbia, provavelmente viveu na região[16]. Os três níveis seguintes revelam, primeiro, uma ruptura com o período anterior e, então, um desenvolvimento contínuo até o povo Luba, que habitou essa área e todo o seu entorno em séculos mais recentes. A arqueologia corrobora a evidência linguística sobre o grupo Sabi dos Bantu, que sugere que eles se difundiram a partir da região atual de Catanga, no Congo, em direção ao nordeste, leste e centro da Zâmbia. A estimativa da glotocronologia para o início dessa divergência e dispersão é em torno dos séculos VI ou VII d.C., em estreita concordância com a datação arqueológica para o início da difusão dos tipos de cerâmica produzida pelos povos Sabi, em épocas posteriores.

A arqueologia também corrobora a datação linguística para a dispersão a leste, em direção à Catanga, das comunidades de língua Luba às margens do Rio Cassai, na Bacia Sul do Congo. As datas estimam essa dispersão em torno do século VII d.c., bastante condizente com o surgimento, no registro material da Depressão de Upemba, de cerâmicas com padrões de desenho significativamente diferentes daqueles do nível inferior, indicativos da chegada de um novo grupo de falantes. Provavelmente, foram os ancestrais dos falantes Luba que se instalaram na região.

A quantidade e a qualidade dos bens em alguns túmulos aumentaram, o que provavelmente indica também o aumento da estratificação social. O auge desses desenvolvimentos coincidiu com um período de enterros reais, sugerindo a existência de um

---

16. MARET, P. "Archaeologies of the Bantu expansion". In: LANE, P. & MITCHELL, P. (eds.). *The Oxford Handbook of African Archaeology*. Oxford: Oxford University Press, 2013, p. 627-643. • "From Pottery Groups to Ethnic Groups in Central Africa". In: STAHL, A.B. (ed.). *African Archaeology*: A Critical Introduction. Oxford: Blackwell, 2005, p. 420-440.

Estado, que podemos chamar de Reino Upemba, entre cerca de 1100 e 1400 d.C. Um novo Império Luba surgiu no século XVII, perdurando até 1860. Através dessas sucessões, do século VII em diante, houve uma evolução contínua dos estilos de cerâmica, revelando uma presença constante dos falantes Luba como a população predominante ao longo desses séculos, até o presente. A estratigrafia da cerâmica ratifica, portanto, as histórias baseadas na linguística que revelam, em um primeiro momento, a ocupação da região, antes de 600 d.c., por povos provavelmente de uma língua Bantu ancestral às línguas dos povos Sabi da Zâmbia e do oeste e sul de Catanga. Então, no século VII, um novo conjunto de comunidades Bantu, os Luba, estava se deslocando e migrou para a região. Ao longo dos vários séculos seguintes, os falantes Luba se tornaram a principal sociedade linguística e cultural da região.

A incorporação dos antecessores Sabi à sociedade dos recém-chegados Luba é revelada por um tipo diferente de evidência linguística. Especificamente, eles tomaram de empréstimo palavras da língua daquelas antigas populações Sabi. Um exemplo particularmente notável, porque se refere à lista de cem palavras em que o empréstimo raramente ocorre, foi a substituição, pelos Luba-Catanga, de sua palavra mais antiga para peixe por uma palavra nova, *-sabi*, que eles adotaram dos falantes Sabi da região. Evidências linguísticas de todos os tipos fornecem uma visão rica das sociedades do passado na perspectiva própria de uma comunidade de fala, através de suas palavras.

A tradição oral como evidência histórica

O estudo das tradições orais acrescentou detalhes que permitiram aos pesquisadores matizar as discussões sobre as sociedades do passado e suas visões de mundo[17]. As tradições orais

---

17. VANSINA, J. *Oral Tradition as History*. Madison, WI: University of Wisconsin Press, 1990.

influenciam o conhecimento que os pesquisadores extraem dos dados linguísticos e arqueológicos. As sociedades que melhor preservaram suas tradições orais, bem como histórias familiares, canções, fábulas, provérbios, mitos e testemunhos pessoais, muitas vezes mantiveram relações com historiadores orais profissionais e confiáveis. Atualmente conhecidos pela palavra francesa *griot*, que significa "contador de histórias", eles foram responsáveis por registrar e recontar, quando necessário, informações valiosas e historicamente relevantes com precisão. O historiador e antropólogo Jan Vansina demonstrou, há meio século, que a tradição oral e a história como método contribuem com informações substanciais para a reconstrução das histórias na África. Elas podem fornecer perspectivas culturais profusas sobre a história, estendendo-se até quinhentos anos atrás. Nas sociedades que as preservam, as tradições orais são valorizadas e guardadas, assim como as sociedades letradas valorizam a preservação e a proteção de documentos escritos. Elas narram as origens de uma comunidade e preservam as genealogias e histórias familiares. E os povos fazem uso das tradições para educar e socializar os membros da comunidade. As tradições orais revelam como os povos compreendiam o seu mundo. A tradição pode ser igualmente esclarecedora em relação aos significados mais amplos que estão por trás das palavras que os linguistas historiadores reconstroem e da cultura material que os arqueólogos descobrem[18].

Os linguistas historiadores aplicam uma abordagem comparativa às tradições orais, de modo a contextualizar e identificar a expressão de valores sociais nos dados linguísticos. Embora palavras isoladas e conjuntos de palavras revelem o que as pessoas sabem, elas nem sempre revelam como, quando ou por que as pessoas usavam as ideias representadas naquelas palavras individuais. A tradição Kikuyu, apresentada a seguir, fornece um

---

18. VANSINA, J. *The Children of Woot*: A History of the Kuba Peoples. Madison: University of Wisconsin Press, 1978.

exemplo. Os Kikuyu são uma comunidade considerável de povos de língua Bantu que residem no Quênia. De acordo com uma tradição oral importante, houve um período em que as mulheres eram muito mais poderosas do que os homens e governavam a sociedade. Os homens se cansaram dessa situação e, então, tramaram para alterar a organização social. Para fazer isso, a tradição afirma que eles fizeram uma festa e seduziram todas as mulheres. Todas as mulheres Kikuyu que foram à festa ficaram grávidas.

Segundo a narrativa, na fase tardia da gravidez, as mulheres não eram mais capazes de reagir. Os homens aproveitaram a oportunidade e se valeram da sua condição de gestantes para assumir o controle. Eles tentaram mudar os nomes dos antepassados originais do clã, de mulheres para homens, no registro histórico oral. Em contrapartida, as mulheres se recusaram a ter mais filhos caso os homens mudassem os nomes das antepassadas para nomes masculinos. A demanda das mulheres prevaleceu. Assim, até os dias de hoje, embora os Kikuyu observem uma descendência e herança patrilineares, os ancestrais dos clãs Kikuyu são lembrados como tendo sido mulheres[19]. Como essa tradição oral indica, em algum momento histórico, houve uma mudança de uma tradição matrilinear de descendência e de herança, característica de eras anteriores, para um sistema de organização patrilinear, provavelmente devido a uma mudança na cosmovisão.

Como será discutido no capítulo 2, o padrão mais antigo de descendência nas sociedades Bantu era matrilinear. Neste caso, a transição histórica dos Kikuyu da antiga matrilinearidade Bantu para a descendência patrilinear ocorreu antes do alcance das histórias orais Kikuyu mais detalhadas, que começaram a ser elaboradas por volta de 1500 d.C., mas o evento ainda era lembrado em uma versão mitificada.

Certamente, mudanças nas circunstâncias históricas de uma sociedade podem levar a modificações no enredo das tradições

---

19. KENYATTA, J. *Facing Mount Kenya*. Londres: Secker/Warburg, 1938.

orais. No entanto, uma abordagem comparativa é importante porque ela revela padrões mais amplos de difusão, figuras de linguagem e interpretações acerca da importância de elementos particulares nas tradições. Em toda a África Bantu, vários temas se repetem nas tradições orais[20]. Alguns exemplos notáveis incluem os papéis de indivíduos na liderança da migração, os estrangeiros como agentes da mudança histórica, as mulheres como fundadoras das sociedades, as mulheres como intermediárias e mediadoras políticas, a conexão íntima entre os filhos homens e seus tios maternos, as relações sociais entre chefes e dependentes sem distinção de gênero, as mudanças nos papéis de gênero, os desenvolvimentos econômicos, os feitos e os papéis dos antepassados. Esses temas recorrentes revelam que, para os antigos Bantu e muitos de seus descendentes, o mundo era um lugar onde os encontros com pessoas e povos de outras origens culturais eram relativamente comuns, as mulheres possuíam alguma autoridade social, a matrilinearidade era a norma, o capital humano e as redes sociais eram essenciais e os antepassados tinham importância.

As sociedades orais geralmente empregam ditados curtos, provérbios e charadas para educar. A análise comparativa dessas frases contribui para o nosso entendimento mais amplo dos valores em sociedades nas quais a oralidade predomina. Por exemplo, os Haya, que atualmente habitam o oeste da Tanzânia, fazem a seguinte charada a seus filhos: "*Malwa, Maela, Itunga?* Isso significa: "Que pessoas nunca ficam satisfeitas com cerveja, dinheiro ou riqueza?" O verbo usado neste enigma é *kwiguta*, que significa "estar saciado de comida". Para a criança responder à charada, ele ou ela deve examinar mentalmente o conceito de "comer até saciar-se". A resposta para a charada é "o esganado"[21]. O objetivo desse enigma é não apenas ensinar às crianças

---

20. BINKLEY, D.A. "Southern Kuba Initiation Rites: The Ephemeral Face of Power and Secrecy". *African Arts, Ephemeral*, 43, n. 1, 2010, p. 44-59.
21. ISHENGOMA, J.M. "African oral Traditions: Riddles among the Haya of Northwestern Tanzania". *International Review of Education*, 51, n. 2/3, 2005, p. 148.

o pensamento crítico, mas também compartilhar um valor social para educá-las: elas não devem desejar mais do que precisam. Essa charada revela costumes Haya relacionados ao comportamento aquisitivo, que podem estar enraizados em experiências históricas envolvendo a acumulação e a redistribuição de alimentos e outros bens.

Assim como as charadas, os provérbios também fornecem elementos para entender como as pessoas usam as palavras para construir e refletir uma visão de mundo. O provérbio Bemba, *Ubukulu bwa chambeshi: Ukuicefya*, lembra ao público que "um/a verdadeiro/a líder é aquele/a que se faz pequeno/humilde"[22]. Esse provérbio transmite o valor de que os líderes prósperos não devem ser autoritários, mas cooperativos. Este é um exemplo entre muitos, em todo o mundo de língua Bantu, que ajudam a compreender suas cosmovisões. A ideia de pequenez expressa humildade, não poder absoluto, e era essa qualidade que tornava um líder próspero. Muitas outras comunidades Bantu têm provérbios semelhantes. Assim como os dados orais, etnográficos, linguísticos, arqueológicos e genéticos, provérbios e charadas são cruciais para preencher as lacunas do passado Bantu. Eles revelam a utilidade do método comparativo e a importância da interação entre diversas metodologias e vários tipos de dados que, em conjunto, permitem construir uma visão mais clara das histórias Bantu ao longo do tempo e do espaço.

A etnografia como evidência histórica

Por meio da observação prolongada e atenta, os antropólogos produzem descrições detalhadas das práticas, cerimônias e crenças das sociedades. Essas descrições são chamadas de etnografias. Antropólogos e informantes locais produziram um grande

---

22. HINFELAAR, H. *Bemba-Speaking Women of Zambia in a Century of Religious Change (1892-1992)*. Leiden: E.J. Brill, 1994, p. 10.

corpo de obras etnográficas nas regiões de língua Bantu, do final do século XIX até meados do século XX. Embora muitos desses estudos tenham sido criticados como retratos estáticos das sociedades, eles são úteis para os historiadores porque as suas observações contêm descrições detalhadas da sociedade e da cultura, em um dado momento do tempo. Os historiadores utilizam uma abordagem etnográfica comparada para analisar a conexão histórica entre as comunidades e suas histórias culturais. Assim, é possível cotejar as evidências e conclusões etnográficas com os dados arqueológicos, orais e linguísticos de modo a identificar padrões de atividade cultural em diferentes camadas da história.

Exemplos de ideias culturais e etnográficas representadas nos vocabulários da maioria das sociedades de língua Bantu são encontrados em toda a África Subsaariana. A raiz proto-Bantu *-dÍmù se refere a uma ideia antiga sobre os espíritos de pessoas falecidas há muito tempo[23]. A cultura e os dados etnográficos comparados também revelam a importância continuada dos ancestrais. Existem fortes evidências de que as pessoas que viveram no passado continuam a ser importantes, de formas abstratas e tangíveis, na vida dos vivos. A crença é mantida em diversas expressões relacionadas à memória e à veneração dos ancestrais, que serão discutidas de forma abrangente no capítulo 2. Em todas as muitas etnografias publicadas sobre os povos Bantu, a preeminência dos ancestrais é amplamente demonstrada. Segundo pesquisas na Ilha de Bioko (antiga Ilha de Fernando Pó), na costa de Camarões, os Buni, um povo de língua Bantu, consideram que os espíritos dos ancestrais desempenham um papel crítico ao guiar os recém-nascidos à sua linhagem desde o momento da concepção[24]. Do outro lado da África Subsaariana, na atual

---

23. VANSINA, J.M. *Paths in the Rainforests*: Toward a History of Political Tradition in Equatorial Africa. University of Wisconsin Press, 1990, p. 141, 297. Vansina registra essa raiz como *-dímo*.

24. SUNDIATA, I. "Engaging Equatorial Guinea: Bioko in the Diasporic Imagination". *Afro-Hispanic Review*, 28, n. 2, 2009, p. 131-142, 468-469.

Tanzânia, a crença de que os ancestrais intervêm em favor dos vivos está presente entre os Gogo de língua Bantu. Com a ajuda de feiticeiros instruídos, quando as crianças adoecem, são feitas súplicas aos antepassados descontentes. Esse tipo de ritual é amplamente difundido entre os falantes Bantu, não apenas os Gogo, porque os ancestrais, que permanecem sempre como uma parte ativa da linhagem, podem tanto causar como curar doenças[25]. Nas sociedades Bantu, os espíritos ancestrais são onipresentes nas tradições orais, nas artes, nas máscaras, nos lugares de memória, na política e em outros campos. A comparação entre as ideias de diferentes sociedades acerca dos espíritos ancestrais, descritas nos registros etnográficos, revela que os ancestrais raramente eram secundários. Eles eram uma preocupação central, em todas as partes, entre as sociedades Bantu. A comparação confirma as implicações da palavra-raiz proto-Bantu *-dɪmu*, que significa "espírito ancestral", e que essas crenças remontam à sociedade proto-Bantu.

Por meio da análise abrangente de evidências na linguagem, nas tradições orais, em etnografias, na genética e na arqueologia, os historiadores reconstruíram as histórias gerais e, por vezes, os detalhes de mudanças transformadoras na agricultura, na música, na dança, nas filosofias religiosas e na tecnologia, no passado antigo Bantu. Essas mudanças foram fundamentais para a vida em uma grande parte da África nos últimos cinco a seis mil anos.

Conclusão

As cinco fases das expansões Bantu abrangem mais de cinco mil anos de história. Nesse período, comunidades de língua Bantu se estabeleceram em grandes porções da metade sul do continente africano. Elas o fizeram em ritmos variados, provavelmente utilizando, em um primeiro momento, as extensas

---

25. MNYAMPALA, M.E. *The Gogo*: History, Customs, and Traditions. M.E. Sharpe, 1995, p. 104 [trad. de Gregory H. Maddox].

redes de rios e seus afluentes, na floresta tropical e nas matas de savana, como grandes vias de transporte. Em distintas épocas e lugares, as comunidades Bantu recém-chegadas interagiram com povos de línguas, ideias e práticas culturais bem diferentes das suas. A partir dessa história demográfica e linguística, é possível começar a entender como uma variedade de culturas Bantu difundidas, embora compartilhem uma origem ancestral comum na sociedade proto-Bantu, são semelhantes em muitos aspectos centrais de sua cultura e de suas crenças e, ao mesmo tempo, diferentes em suas economias e em muitos detalhes da sua cultura, política, crenças e organização. A rápida urbanização da África e a migração concomitante de povos de língua Bantu para os centros urbanos, durante os séculos XIX, XX e XXI, podem ser consideradas uma extensão da fase cinco ou talvez uma sexta fase, de 1800 até o presente, das expansões Bantu em direção às cidades.

Ao se dispersarem por mais de um terço do continente (metade da África Subsaariana), as sociedades Bantu preservaram alguns aspectos da cultura e da linguagem do seu passado histórico mais profundo que os tornavam reconhecidamente Bantu. Nesse percurso, eles também se apropriaram de palavras, ideias, crenças e práticas dos povos que encontraram, assimilando-os às suas sociedades. Os artefatos dessas histórias – sejam palavras ou características da cultura preservadas dos tempos proto-Bantu, ou palavras, características da cultura e tecnologias incorporadas nos encontros históricos das comunidades Bantu com outros povos – são alguns dos rastros de dados que os historiadores seguem ao investigar a história dos povos Bantu. Essa longa história se tornou mais clara para os historiadores através das pistas que permanecem nas palavras, na cultura material, nas práticas e nas narrativas orais que as antigas sociedades Bantu transmitiram para seus descendentes e que gerações sucessivas consideraram significativas o suficiente para serem mantidas.

A diversidade de ambientes, culturas e estratégias econômicas das sociedades Bantu modernas indica que é fundamental considerar as fases das expansões Bantu como movimentos de grupos de pessoas em direção a novas áreas e, neste processo, do encontro com novos povos, novas tecnologias e novas ideias. Continuidade é a chave para a preservação de uma sociedade. Geralmente, a permanência de uma cultura se baseia em ideias centrais e amplamente aceitas para compreender e lidar com o mundo que os membros da comunidade reconhecem e defendem, sejam elas relativas à sua organização social, aos seus princípios religiosos ou suas relações econômicas. É a constante negociação das pessoas em torno dessas questões, em suas interações cotidianas, que orientam suas decisões sobre como viver, se comportar e tomar decisões. Mas essas escolhas também influenciam os tipos de sociedade aos quais as pessoas querem pertencer, seja em 3500 a.C., nas margens dos rios Sanaga e Nyong, no extremo noroeste da África Equatorial, ou cem anos atrás nas proximidades do Rio Orange, na África do Sul, ou, nos dias de hoje, às margens do Rio Rufiji, na Tanzânia.

Os povos Bantu desenvolveram práticas econômicas, sociais e políticas variadas para viver nesses contextos diversos. Eles estabeleceram sociedades prósperas que, como muitas outras ao redor do globo, abraçavam a inovação, honravam os pioneiros e os que haviam chegado antes, e tinham um forte *ethos* de valorização e incorporação de estrangeiros. Palavras incorporadas ao Bantu para a tecnologia do ferro, a criação de gado e o cultivo de sementes, emprestadas de povos de línguas variadas das famílias Nilo-saariana, Afro-asiática e Khoisan, fornecem múltiplos exemplos da abertura histórica das sociedades Bantu à adoção de novos elementos econômicos e tecnológicos, além de práticas e crenças religiosas e culturais.

ARTIGO: CAPOEIRA

Historicamente, os povos de língua Bantu tiveram um grande impacto em vastas regiões geográficas, tanto na África quanto em outros lugares. Um exemplo poderoso da disseminação de ideias por povos de línguas Bantu é a arte marcial *capoeira*. Como demonstrado pelo historiador M.T.J. Desch-Obi, povos de língua Bantu do sudoeste da África Central criaram esta arte marcial. Nascida em Angola, entre os povos Kimbundu, do sub-ramo Bantu Njila, a *capoeira* se tornou um esporte e uma forma de arte popular nas Américas, desde as ruas do Brasil até academias da moda em Nova York e São Francisco. No Brasil, embora sua história tenha sido controversa, ela se tornou um esporte nacional no final do século XX. A chegada da *capoeira* nas Américas tem raízes na era do tráfico transatlântico de escravos. Alguns indivíduos escravizados da região atual de Angola levaram a prática para as Américas.

Embora não seja a única ideia ou prática que os falantes Bantu trouxeram para as Américas, ela é um exemplo bem conhecido. Ademais, ela revela a abordagem holística que os povos Bantu tenderam a adotar em relação ao mundo, que será discutida no próximo capítulo. A *capoeira* combina ideologia, prática física e expressão religiosa/espiritual. Essa arte marcial elegante, artística, fisicamente desafiadora e prática integra o espiritual e o terreno, os vivos e os ancestrais, elementos marciais e lúdicos, musicais e rítmicos, e as políticas de resistência e de justiça.

A permanência da *capoeira* é importante porque ela demonstra que mesmo rupturas traumáticas, como o período do tráfico transatlântico de escravos, não impediram totalmente a continuidade cultural. Imagine as reações que poderiam ter ocorrido se indivíduos escravizados praticassem audaciosamente exercícios de defesa marcial na frente dos senhores de escravos. Com a *capoeira*, os escravos praticavam os movimentos rítmicos e gingados que os deixavam fortes e ágeis bem diante dos senhores de escravos. Essa atividade gerou pouco temor de revolta porque os chefes das plantações e os donos de escravos pensaram tratar-se apenas de uma forma de dança africana, fazendo pouca conexão entre essa prática corporal e a resistência do povo escravizado. Os povos descendentes do Bantu continuaram a utilizar ideias que eles preservaram do seu passado herdado, consideradas convenientes às diversas circunstâncias em suas comunidades.

Leituras complementares

DESCH-OBI, M.T.J. *Fighting for Honor*: The History of African Martial Art in the Atlantic World. Columbia: University of South Carolina Press, 2008.

EHRET, C. *The Civilizations of Africa*: A History to 1800. Charlottesville: University of Virginia Press, 2002.

KLIEMAN, K. *The Pygmies Were Our Compass*: Bantu and Batwa in the History of West Central Africa, Early Times to c. 1900 C.E. Portsmouth, NH: Heinemann, 2003.

VANSINA, J. *Oral Tradition as History*. Madison: University of Wisconsin Press, 1990.

_____. *Paths in the Rainforest Toward a History of Political Tradition in Equatorial Africa*. Madison: University of Wisconsin Press, 1985.

WALKER, R.S. & HAMILTON, M.J. "Social Complexity and Linguistic Diversity in the Austronesian and Bantu Population Expansions". *Proceedings*: Biological Sciences, 278, n. 1.710, 2011, p. 1.399-1.404.

2

Historicizando a linhagem, o pertencimento e a heterarquia

Há cinco mil e quinhentos anos, na África Ocidental, os falantes da língua proto-Bantu eram um pequeno conjunto de comunidades que habitava a porção sudeste do atual Camarões. No entanto, no curso dos cinco milênios seguintes, em uma longa e complexa história de interações interculturais, seus descendentes transformaram as paisagens econômicas, sociais e políticas de grande parte da África Central, Oriental e Meridional.

Vivendo em pequenas comunidades coesas, os falantes proto-Bantu baseavam suas identidades, sua segurança e suas visões de mundo em suas linhagens. Eles concebiam a linhagem como uma unidade formada pelos descendentes – vivos, mortos e ainda não nascidos – de um ancestral comum que viveu há algumas ou há muitas gerações no passado. À medida que suas comunidades se expandiram para novos nichos, cresceram e se diversificaram – econômica, política, ambiental e socialmente –, as linhagens continuaram sendo as instituições responsáveis pela definição e organização da comunidade e pela transmissão de valores. As evidências disponíveis por toda a África de língua Bantu revelam que a heterarquia e o pertencimento eram valores sociais fundamentais, nos quais os falantes proto-Bantu se apoiavam para guiar suas escolhas e decisões. A heterarquia é um modelo de poder horizontal e relacional, fundado em redes, ao invés de essencialmente vertical e hierárquico. As pessoas usavam essas redes para se conectarem a outras, para apoio e também para criar uma prática de poder difuso que reforçava um senso de pertencimento e de responsabilidade. Dados linguísticos, orais, arqueológicos, etnográficos e genéticos sugerem que os descendentes dos proto-Bantu continuaram a se apoiar nos valores da heterarquia e do pertencimento. As histórias Bantu são melhor compreendidas através da ética, dos princípios, das visões de mundo e das escolhas dos povos, no contexto de uma determinada época. As continuidades e mudanças que se desdobraram – na linhagem, na organização social, nas crenças, na autoridade e na economia, entre os falantes Bantu – são a história social que este capítulo explora.

Assim como a democracia e as liberdades individuais poderiam ser descritas como valores do século XXI que guiam as decisões, os pensamentos e as reações da maioria dos membros da comunidade norte-americana, a linhagem, o pertencimento e a heterarquia explicam os princípios que fundamentam os processos e as ações dos falantes Bantu em suas sociedades. No ideal das sociedades Bantu, os membros da comunidade eram socializados, consciente e inconscientemente, para honrar os seus princípios coletivos. Por outro lado, nenhum membro individual adere plena e perfeitamente a todos os valores sociais, em todas as circunstâncias. De fato, alguns membros podem resistir ou transformar esses valores, mas mesmo essa alteração está enraizada no conhecimento e na prática dos ideais sociais e históricos. Em essência, a imaginação humana é limitada pelo que sabe e pelo que não sabe.

Embora, no contexto do século XXI, alguns indivíduos possam achar antiquada e até questionável a noção de que mulheres e homens fossem preparados para a paternidade, é importante não sermos anacrônicos ao compreender como os povos, no passado, compreendiam e dominavam os mundos em que viviam. Compreender a cosmovisão integrada dos falantes Bantu, ao longo do tempo e em seu próprio contexto, é fundamental. A linhagem era a base comum do pertencimento e o núcleo de expressão dos valores fundamentais, não a individualidade e a independência pessoal, tão valorizadas em épocas mais recentes. A função principal das linhagens era guiar os seus membros através das diversas fases da vida, da condição de recém-nascido à de antepassado. As instituições sociais reguladas pela linhagem envolviam cerimônias que celebravam os vários estágios da "parentalidade", desde o nascimento do primeiro filho até as escolas de iniciação da puberdade, o reconhecimento dos avós, até, inevitavelmente, a "ancestralidade" – a condição de ser um antepassado falecido – quando as almas dos mortos se tornam responsáveis por guiar novas gerações. Essa ênfase no nascimento e na criação dos filhos era essencial para a manutenção da linhagem e, em parte, ela pode estar relacionada com a realidade da baixa densidade populacional do continente africano até os tempos modernos.

Neste livro, a linhagem significa a interseção entre a família, o pertencimento e a prática espiritual. O pertencimento se refere à forma como os povos de língua Bantu identificavam e definiam as suas relações e as responsabilidades decorrentes, que os ligavam a redes de pessoas vivas e ancestrais. A heterarquia retrata a complexa mistura e interação de estruturas sociais e políticas que, ao longo do tempo e do espaço, moldaram os entendimentos e as práticas de poder nas e entre as comunidades de língua Bantu. Na era antiga Bantu, indivíduos, linhagens e instituições sociais exerciam, negociavam e influenciavam a autoridade simultaneamente. Aqueles que ocupavam posições de autoridade participavam de sistemas heterárquicos de poder que eram horizontais, entrelaçados e difusos por natureza[26]. O poder inflexível, vertical e linear, concentrado em uma única pessoa ou grupo, não parece ter sido comum na antiga tradição histórica Bantu. A análise da linhagem, do pertencimento e da heterarquia revela

---

26. SMYTHE, K.R. *Africa's Past, Our Future*. Bloomington: Indiana University Press, 2015, p. 103.

que, historicamente, os falantes Bantu acreditavam que o cosmos era composto de partes temporais e etéreas inextricavelmente ligadas. Na verdade, os antigos falantes Bantu provavelmente consideravam esses domínios não como partes, mas como esferas inter-relacionadas e complementares.

A linhagem, a heterarquia e o pertencimento caracterizavam os tipos de relações estabelecidas pelos povos proto-Bantu. Embora as conexões entre as pessoas sejam significativas em todas as comunidades humanas, os tipos de redes, relações e sistemas que as comunidades criam diferem, dependendo da época e do contexto.

Descobrir as fronteiras, assim como as responsabilidades implícitas e explícitas que definem os tipos de relações, é importante para entender como as sociedades herdam, atribuem e exercem a autoridade. Os antigos Bantu se organizavam em matrilinhagens – eles seguiam a linha materna da família para definir a identidade e a herança. Nas matrilinhagens, as relações familiares e de autoridade eram determinadas principalmente pela senioridade; desse modo, anciãs e anciãos tinham influência e autoridade. Evidências linguísticas datadas do período Bantu mais antigo, por volta de 3500 a.C., atestam os tipos de relações, de posições de autoridade e de organizações que os antigos povos de língua Bantu criaram. A partir dessa evidência, os pesquisadores podem começar a decifrar as estruturas e as prioridades que os proto-Bantu estabeleceram para enfrentar desafios e oportunidades históricos específicos. Por fim, a comparação e a análise dos relatos etnográficos e das tradições orais dos falantes Bantu, em séculos mais recentes, nos ajudam a recuperar as continuidades e as inovações que se desdobraram em diferentes sociedades, por todo o mundo de língua Bantu.

Linhagem e religião

Apesar da imensa variedade de mudanças que ocorreram nas e entre as comunidades de língua Bantu, o pertencimento à linhagem permaneceu como um elemento central da organização social e esses laços ancestrais têm importância primordial para o pensamento religioso e para a formação da família nas sociedades Bantu. É fundamental tentar compreender como, entre as comunidades de língua Bantu, as ideologias da linhagem e da religião continuaram a influenciar, na *longue durée*, os conceitos morais e sociais nos quais elas se apoiavam para o desenvolvimento de suas instituições políticas, sociais e econômicas. Elas concebiam a família e o terreno espiritual como entidades inextricavelmente ligadas. Enquanto a família incluía os seus membros vivos, mortos e futuros, o domínio espiritual compreendia um criador monoteísta, espíritos ancestrais e espíritos territoriais.

Vínculos familiares duradouros: espíritos ancestrais

Por volta do quarto milênio a.c., o povo proto-Bantu reconhecia duas categorias distintas de espíritos, *-dímù*, ancestral e territorial. Os espíritos ancestrais eram membros falecidos da linhagem, recordados pelos vivos. Os espíritos territoriais afetavam as pessoas vivas, mas estavam associados a lugares específicos. Os espíritos ancestrais eram aqueles cuja transição para o mundo não material era relativamente recente, em relação aos ainda vivos. Essencialmente, os espíritos ancestrais eram membros da linhagem falecidos que ainda estavam na memória coletiva dos vivos. Os espíritos territoriais abrangiam um campo mais amplo. Alguns parecem ter sido originalmente especiais, antigos ancestrais cuja reputação duradoura pelos feitos que realizaram enquanto vivos levou à sua consagração em um lugar físico. Os Bantu também adotaram outros espíritos territoriais dos "pioneiros", pessoas que já habitavam o território antes de os Bantu chegarem à região. À medida que as populações se mudaram para terras novas, o reconhecimento de novos espíritos territoriais pode ter ajudado a legitimar o seu direito de se estabelecerem em áreas onde os seus ancestrais não haviam vivido ou sido enterrados anteriormente.

Dada a sua compreensão da influência que os espíritos ancestrais poderiam ter sobre os vivos, as relações dos povos Bantu com esses espíritos eram íntimas. Os espíritos ancestrais interferiam nas vidas, faziam demandas e também esperavam comunicações e oferendas dos vivos. Provérbios, tradições orais e relatos familiares revelam que os espíritos ancestrais respondiam de duas maneiras às ações e aos pensamentos dos descendentes. Os espíritos ancestrais podiam gerar resultados positivos para os descendentes ou, se insatisfeitos, poderiam provocar estragos na vida dos membros vivos de sua linhagem.

As pessoas reconheciam que a negligência com seus ancestrais era imprudente, porque esquecê-los poderia resultar em infortúnio. Elas acreditavam que os membros ancestrais da linhagem influenciavam a existência cotidiana dos descendentes vivos, incluindo a fertilidade e a fecundidade da comunidade. Antepassados insatisfeitos poderiam interferir causando crises e catástrofes, enquanto ancestrais satisfeitos tinham o poder de causar resultados benevolentes e de proteger os vivos. A memorialização do espírito exigia comunicações intencionais que incluíam oferendas tangíveis de comida e bebida, e oferendas efêmeras de música, dança e outras expressões. Como os falantes Bantu acreditavam que negligenciar seus ancestrais poderia ter efeitos desastrosos para uma pessoa, família ou para a comunidade em geral, eles se empenhavam em cumprir com seus deveres de satisfazer e propiciar seus antepassados com suas ações e palavras. No entanto, o infortúnio ou o mal às vezes ocorria e as pessoas vivas tentavam entender e solucionar a raiz do problema.

A noção de linhagem está intimamente ligada ao reino espiritual por meio dos espíritos ancestrais, que continuam a fazer parte da linhagem mesmo depois de passar para o mundo espiritual. Como membros de ambos os reinos, terrestre e espiritual, os ancestrais influenciam os vivos, assegurando que as pessoas se lembrem sempre das raízes etéreas de sua linhagem. Possivelmente já no período proto-Bantu, 5.500 anos atrás, *-kódò/*-kólò (cf. p. 146, Tabela 2.1) era uma categoria de pertencimento social. Três distribuições de blocos dessa raiz têm significados relacionados, mas distintos; o primeiro é "avô/avó", que se estende do centro-oeste ao centro-leste da África, e o segundo é "base da árvore", do nordeste ao centro-leste da África. Uma terceira distribuição de blocos, com o significado de "matriclã", está presente entre os falantes Kaskazi e Kusi, na África Oriental[27]. As línguas faladas nessas distribuições de blocos são de origem Bantu da Savana.

A etimologia de *-kódò em dois ramos Bantu da Savana, juntamente com o entendimento de como as pessoas desenvolvem metáforas, lança luz sobre histórias de pertencimento datáveis das línguas Nzadi-Kwa, no início do terceiro milênio a.c. (segunda fase). Em seu uso comprovado mais antigo, *-kódò significava a "base de uma árvore" ou "avô/avó". Esses são os significados concretos originais dessa raiz. No entanto, ao mesmo tempo, esses antigos falantes Nzadi-Kwa também usavam *-kódò como uma metáfora para "origem", para indicar que as pessoas pertenciam a uma base comum. Esse significado concreto explícito de "base de uma árvore" aparece, ainda hoje, em línguas descendentes do Mashariki Bantu amplamente difundidas. Tipicamente, as pessoas desenvolvem significados concretos antes de conceberem metáforas.

Além disso, o significado concreto de *-kódò como "perna", nas línguas Luba e Songye, da Savana Central, abre um caminho para retraçar o seu significado até o período proto-Savana. Em vários casos africanos, a palavra "perna" assumiu o significado adicional de "tronco (de árvore)" ou, alternativamente, o significado original "tronco" levou ao entendimento da perna de uma pessoa como o tronco do corpo, isto é, aquilo que faz com que uma pessoa se erga, assim como uma árvore se ergue sobre seu tronco.

Duas considerações importantes devem informar as pesquisas e análises em andamento sobre a antiguidade de *-kódò. A pri-

---

27. Em algumas línguas, /d/ virou /l/ em função da mudança fonética.

meira é como as etimologias reconstruídas dos três significados que remontam ao período Nzadi-Kwa estão similarmente orientadas para raízes literais e metafóricas – base da árvore, origem e avô/avó. A segunda é a questão de saber se o termo "avô/avó" designava especificamente "avó", em seu uso mais antigo. Neste caso, os outros dois significados apontariam para a avó como a raiz de uma linhagem e a base metafórica de uma árvore. Já está claro, a partir dos dados, que o significado social mais estruturado de *-kódò designava um matriclã, no último milênio a.c. (início da quarta fase). Juntos, esses três significados interligados sugeririam que, na era Nzadi-Kwa, *-kólò pressupunha a ancestralidade feminina como as relações fundadoras entre os vivos.

As três distribuições de blocos ressaltam que a linhagem de um indivíduo, incluindo gerações, era a unidade central de organização e de pertencimento. Isso contrasta com as noções de família nuclear para definir o pertencimento, e do aparato estatal mais amplo para definir a organização político-social. Embora a pesquisa a esse respeito continue, a hipótese de trabalho que considera dados da linguística e da etnografia comparada sugere que, algum dia, um pesquisador, como você, poderá ser capaz de reconstruir *-kódò até o proto-Bantu, com um significado relacionado à linhagem materna ou avó.

Desde o último milênio a.c., *-kólò implica a unidade entre os ancestrais e a organização social matrilinear. Ao contrário da categoria geral de espírito ancestral elaborada pelo termo *-dímù, a raiz *-kólò continuou a designar um espírito ancestral afiliado especificamente à linha materna. Uma mudança semântica no significado e no uso de *-kólò, datada da quarta fase das expansões Bantu, oferece um exemplo do lugar de valor da afiliação à linhagem materna. Nos séculos finais do último milênio a.c., alguns falantes Mashariki-Bantu – os Kaskazi – usavam *-kólò com o significado de "matriclã".

As interseções entre a linhagem, o mundo espiritual e autoridade nas cosmovisões Bantu, discutidas anteriormente na raiz

-kólò, também estão presentes na etimologia da raiz *-simbi*[28]. Com base em sua distribuição geográfica, o termo *-simbi* surgiu há cerca de três mil anos, no final da terceira fase das expansões Bantu. Essa raiz designa o espírito dos mortos ou uma jovem durante a iniciação feminina. Esses dois significados ilustram um aspecto da antiga cosmovisão Bantu em que essas esferas estavam entrelaçadas. Assim como a raiz *-kólò* nas eras Bantu mais antigas, *-simbi* sugere que, apesar das mudanças, os vínculos entre os ancestrais e os vivos permaneciam no pensamento de algumas comunidades, dois milênios após a era proto-Bantu.

Entre os povos Bantu do sudoeste, incluindo os povos Kongo de Angola e da República Democrática do Congo (RDC), o termo *-simbi* identifica os espíritos locais (*simbi kya nsi*) responsáveis pelo controle do clima, pelas inovações tecnológicas e – esta é a conexão de gênero – pelas capacidades reprodutivas das mulheres[29]. Na história dos povos Kongo, os BaMbwidi-mbodila [povo Batwa] são chamados de os espíritos *simbi*, os "donos da terra"[30]. No entanto, em outros três ramos dos Bantu da Savana, a mesma palavra significa uma jovem durante a iniciação feminina ou uma dança para a iniciação feminina. Frequentemente, as canções e as histórias contadas durante a iniciação feminina envolvem a morte metafórica da iniciada e o seu renascimento como uma mãe em potencial[31]. Uma canção Lamba comum na inicia-

---

28. TORREND, J. *An English – Vernacular Dictionary of the Bantu-Botatwe Dialects of Northern Rhodesia*. UK: Gregg Press, 1967 [compilado com a colaboração do Dr. H.S. Gerrard Farnborough]. • KAPFERER, B. *Cooperation, Leadership and Village Structure*: A Preliminary Economic and Political Study of Ten Bisa Villages in the Northern Province of Zambia. Lusaka, Zambia: University of Zambia Institute for Social Research, 1967 [Zambian Papers, n. 1]. • WRIGHT, J.L. & KAMUKWAMBA, M. *Kaonde Note Book*. Londres: Longmans, 1958.

29. MacGAFFEY, W. "Oral Tradition in Central Africa". *The International Journal of African Historical Studies*, 7, n. 3, 1974, p. 417-426.

30. Ibid., p. 423.

31. DOKE, C. *The Lambas of Northern Rhodesia*: A Study of Their Customs and Beliefs. Londres: G. Harrap & Company, 1931, p. 150. • HINFELAAR, H. *Bemba-Speaking Women of Zambia in a Century of Religious Change 1892-1992*. Leiden: E.J. Brill, 1994.

ção feminina, que sugere a morte metafórica e o renascimento em uma nova forma, exclama *"Wayina-kamwale, inogo yalala, inogo yalala Ngailale! Nakawumba Siimbi! Ukuwumba temilimo!"*[32], que pode ser traduzido como "Oh mãe de *kam-wale*, o pote está rachado, o pote está rachado. Deixe que se quebre! Eu vou moldar outro! Moldar não é trabalho! O pote está quebrado".

Assim, *-simbi* associa a ideia dos espíritos que controlam a terra, a produção, o clima e a fertilidade feminina com um conjunto de cerimônias – a iniciação feminina – que fazem parte do processo religioso e cultural para a preparação de uma jovem para a maternidade e para a geração de novos membros da linhagem.

Valores sociais fundados nos ancestrais, nas linhagens e nos clãs são elementos fundamentais para a compreensão da organização social e das instituições correlatas que determinavam como os líderes, os visionários e as pessoas comuns, nas antigas sociedades Bantu, moldavam e guiavam suas comunidades. As matrilinhagens e os ancestrais maternos estavam no coração das origens e da organização social. Comprovações dessa hipótese aparecem, repetidas vezes, em evidências orais e linguísticas das comunidades de língua Bantu. As estratégias utilizadas pelos falantes Bantu se basearam, em muitas situações históricas, em ambas essas ideias fundacionais, que certamente se mesclaram com outros conceitos de identidade e de pertencimento, novos e emprestados.

A paisagem religiosa: espíritos territoriais

Os espíritos territoriais eram importantes na vida das pessoas e em suas visões de mundo, embora estivessem mais distantes de sua vida cotidiana que os espíritos ancestrais. Comumente, os espíritos territoriais estavam associados a e memorializados em locais específicos que as pessoas consideravam possuir alguma ligação espiritual. Eles incluíam não todos, mas certas fontes de

---

32. Nesta canção, *siimbi* é um pronome para "outros", não se trata do mesmo *-simbi*.

água, montanhas, cavernas, caminhos ou lugares demarcados na floresta. Embora os espíritos territoriais estivessem associados a paisagens e lugares específicos, o historiador Kodesh afirmou que os povos encontravam maneiras de transportar esses espíritos quando se mudavam[33]. A etnografia comparada dos espíritos territoriais revela que eles possuíam personalidades ou qualidades. Alguns eram temperamentais, enquanto outros eram equilibrados. Eles podiam ser maldosos, invejosos, espertos, amigáveis, felizes e generosos. As pessoas honravam os espíritos territoriais com peregrinações sazonais aos seus templos. Os vivos faziam oferendas e buscavam orientação ou garantia de segurança em tempos de crise. Eles buscavam o consentimento e as bênçãos dos espíritos territoriais ao se aventurarem em empreendimentos arriscados ou para garantir boa sorte.

As relações que os falantes Bantu mantinham com os espíritos territoriais eram dinâmicas, e se alteravam conforme os contextos sociais mudavam. Os espíritos territoriais não eram vinculados às linhagens e podiam ser, inclusive, ancestrais de outras comunidades não relacionadas. As expansões Bantu significaram que povos de línguas Bantu cruzaram territórios e encontraram falantes não-Bantu, ou mesmo outros falantes Bantu que haviam se estabelecido em alguma área anteriormente. Os pesquisadores se referem a esses predecessores no território como as populações *autóctones* ou *pioneiras*. Eles também influenciavam os falantes Bantu recém-chegados. Os dados sugerem que os falantes Bantu, ao encontrarem populações previamente estabelecidas em um determinado território, acreditavam que era essencial incorporar os seus predecessores às suas narrativas espirituais.

Um exemplo da adaptação Bantu de conceitos dos povos Batwa é encontrado nos usos Bantu da arte rupestre esquemática. Na África Oriental e Central, parte dessa arte foi criada há

---

33. KODESH, N. "History from the Healer's Shrine: Genre, Historical Imagination, and Early Ganda History". *Comparative Studies in Society and History*, 49, n. 3, jul./2007, p. 527-552.

oito mil anos, muito antes de os falantes Bantu chegarem a essa região. A arte rupestre era feita nos espaços ocultos de cavernas, beirais e fendas. Os etnoarqueólogos Benjamin Smith e Catherine Namono, com trabalhos respectivamente na Zâmbia e em Uganda, argumentam que os povos caçadores-coletores, ancestrais dos modernos Batwa, são os criadores mais prováveis desses símbolos geométricos[34]. Embora a arte narre práticas e eventos espirituais, as crenças precisas subjacentes a eles permanecem indefinidas. Essa arte rupestre tão antiga é semelhante aos desenhos Batwa nas florestas tropicais do Gabão e no noroeste da RDC, e serve como um registro de múltiplas camadas da história[35].

À medida que os falantes Bantu se aventuraram pela África Oriental, Central e Meridional, há cerca de três mil anos (início da quarta fase), eles encontraram as pinturas rupestres avermelhadas voltadas para o sul e o sudoeste. Centenas e às vezes milhares de anos antes, artistas e líderes espirituais haviam pintado e gravado as imagens em superfícies rochosas. Embora as populações predecessoras, como os Batwa, provavelmente tenham produzido esses registros religiosos e espirituais, os falantes Bantu recém-chegados incorporaram esses lugares às suas próprias tradições e crenças. Os falantes Bantu incorporavam os símbolos de seus predecessores às suas próprias práticas espirituais devido às crenças no pertencimento, nos espíritos territoriais e nos ancestrais; eles precisavam da aprovação dos espíritos ancestrais e territoriais Batwa para pertencerem e serem produtivos em terras previamente ocupadas e usadas por outros povos.

Em séculos recentes, em Uganda e na Tanzânia, falantes Bantu se comunicavam com espíritos ancestrais e territoriais importantes pedindo auxílio com o clima, a produtividade agrícola

---

34. NAMONO, C. "Resolving the Authorship of Geometric Rock Art of Uganda". *Journal of African Archaeology*, 8, n. 2, 2010, p. 253-254. • SMITH, B. *Zambia's Ancient Rock Art*: The Paintings of Kasama. Livingstone, Zambia: National Heritage Conservation Commission, 1997.

35. SMITH. *Zambia's Ancient Rock*, p. 23.

e a fertilidade humana, em locais decorados com arte rupestre Batwa. No leste de Uganda, em Nyero, os Bantu construíram grandes templos chamados *nyumba ya misambwa* – casa dos espíritos – perto das antigas imagens de arte rupestre, por considerá-los locais espiritualmente ativos[36]. Em Nyero, as pessoas continuam a engatinhar pelas fendas cobertas de arte esquemática vermelha para ficarem o mais perto possível dos antigos ancestrais poderosos representados pelas pinturas. Essas ações e rituais visam especialmente aumentar a fertilidade reprodutiva. As tradições orais também narram histórias de ancestrais conhecedores da chuva enterrados perto desses templos. Esse é exatamente o lugar onde, na história recente, as comunidades locais de língua Bantu realizavam cerimônias de controle da chuva.

Mais ao sul, na Zâmbia e no Malauí, os usos Bantu das antigas pinturas rupestres esquemáticas sugerem ligações com os pioneiros Batwa e com as cerimônias Bantu de iniciação feminina. Os falantes Sabi Bantu reproduziram símbolos esquemáticos Batwa em artes nas paredes e nos pisos, e em itens de cerâmica criados para a iniciação feminina. Pesquisadores identificaram mais de oitenta e seis símbolos que as anciãs, nos séculos XX e XXI, utilizavam como dispositivos mnemônicos no *chisungu*, cerimônias para a iniciação e a educação das jovens mulheres Sabi[37]. Círculos concêntricos abertos, semelhantes aos encontrados na arte rupestre, são pintados nas paredes das casas de iniciação feminina. Nas cerimônias *chisungu* de iniciação feminina, as mulheres Bemba Sabi desenham um círculo aberto concêntrico tridimensional em cerâmica, inspirado na arte rupestre Batwa, integrando-o como um diagrama cerimonial para a educação[38].

---

36. NAMONO. *"Resolving the Authorship"*, p. 253-254.

37. RICHARDS, A. *Chisungu*: A Girl's Initiation Ceremony among the Bemba of Northern Rhodesia. Londres: Tavistock, 1982, p. 104.

38. PRINS, F.E. & HALL, S. "Expressions of Fertility in the Rock Art of Bantu-Speaking Agriculturists". *The African Archaeological Review*, 12, 1994, p. 187.

Elas desenham o mesmo símbolo circular no chão, utilizando grãos, para simbolizar a fecundidade agrícola e humana[39]. Durante a iniciação, as jovens devem se mover graciosamente pelo chão sem pisar nos desenhos. No final da cerimônia, as anciãs que conduzem o rito atiram uma flecha na imagem de um círculo espiral na parede. O povo Bemba incorporou esses símbolos aos rituais *chisungu* e os utiliza para promover o conhecimento reprodutivo e a fertilidade potencial das mulheres.

Na Província de Luapula, na Zâmbia, onde há pelo menos uma dúzia de comunidades de língua Sabi Bantu, as tradições orais revelam o significado mais profundo desse vínculo. Uma tradição narra que grupos migrantes Bantu mataram acidentalmente todos, exceto dois, indivíduos Batwa, ao acenderem uma fogueira em uma ilha no Lago Mweru. Esta é, provavelmente, uma referência à necessidade de integrar as práticas agrícolas *citemene*, dos Bantu, com as economias Batwa de coleta e caça. Os dois sobreviventes Batwa exigiram uma compensação do povo Bantu. Eles exigiram que os Bantu enterrassem os mortos e mantivessem todos os costumes e rituais dos Batwa, incluindo as orações da chuva. Os Bantu concordaram, daí o tema comum da presença espiritual Batwa nas práticas Bantu[40]. Uma segunda versão da tradição oral termina com os Bantu e os Batwa sobreviventes descobrindo que pertenciam ao mesmo clã, tornando-os, assim, parentes, com ancestrais comuns e uma história compartilhada[41].

---

39. RICHARDS. *Chisungu...*, p. 104.

40. CUNNISON, I. *The Luapula Peoples of Northern Rhodesia*: Custom and History in Tribal Politics. Manchester, UK: Manchester University Press for the Rhodes-Livingstone Institute, Northern Rhodesia, 1959, p. 35.

41. CUNNISON, I. "Perpetual Kinship: A Political Institution of the Luapula People". *Rhodes-Livingstone Journal*, 20, 1956, p. 30-35. Saidi observou e filmou duas mulheres BaShila desenhando as pinturas de iniciação em uma parede de sua casa, na pequena cidade de Nchelenge, no Lago Mweru, no Vale de Luapula, em agosto de 1998.

A arte rupestre, os estudos etnográficos e as tradições orais, juntas, revelam que, na África Oriental e Central, as comunidades de língua Bantu reconheciam as contribuições espirituais das populações predecessoras de suas próprias sociedades. Esse parece ter sido um fenômeno histórico muito mais geral. No centro-oeste da África, as tradições orais coletadas revelam que, de modo consistente, os falantes Bantu consideravam os Batwa como os criadores das cerimônias ancestrais e de fertilidade[42]. Independentemente de se as suas motivações eram a proximidade dos Batwa com os espíritos, a responsabilidade Bantu em relação aos Batwa ou o seu desejo de gerar pertencimento através de uma ancestralidade comum, as comunidades de língua Bantu adotaram as tradições espirituais Batwa e incorporaram os espíritos territoriais Batwa à sua própria cosmologia.

Na história recente, no Malauí e na Zâmbia, as especialistas Bantu na iniciação de mulheres faziam desenhos semelhantes nas paredes das casas de iniciação, nos beirais de rochas e em cavernas, usando-os como dispositivos mnemônicos para ensinar às jovens sua história, suas lições espirituais e lições da vida prática. Com frequência, cavernas e beirais são os locais onde os espíritos territoriais se encontram. No início do século XX, antropólogos missionários e coloniais observaram que a presença do povo Batwa era essencial para conferir poder a essas cerimônias espirituais Bantu. As dinâmicas de poder entre os Bantu e os Batwa foram questionadas, mas, segundo as tradições orais Bantu, eles dependiam* dos Batwa. Isso resultou no desenvolvimento

---

42. KLIEMAN, K. *"The Pygmies Were Our Compass"*: Bantu and Batwa in the History of West Central Africa, Early Times to c. 1900 C.E. Portsmouth, N.H.: Heinemann, 2003, p. 162.

* O verbo original, "relied on" ("to rely on") – utilizado ao longo de todo o livro neste mesmo contexto, *i. e.*, a interação dos Bantu com outros povos – tem um sentido ambíguo, podendo ser traduzido como "depender de" ou "confiar em". No decorrer do texto, fica mais clara a relação de *interdependência* que as autoras destacam entre esses povos, justificando a opção adotada aqui [N.T.].

de diferentes tradições orais que evocam a memória de diversos espíritos ancestrais e territoriais. Os termos específicos para determinados espíritos mudaram com o tempo, mas está claro que eles influenciaram as ações, as experiências e o conhecimento dos vivos, por toda a história e a geografia Bantu.

As origens do universo: o Criador

As linhagens eram o reino dos humanos, mas o universo e a humanidade eram, na antiga cosmovisão Bantu, o reino criado por *Nyambe* (cf. Tabela 2.1). Através da linguística histórica, os pesquisadores entendem que *Nyambe* é a raiz que os falantes proto-Bantu usavam, desde a primeira fase das expansões Bantu, por volta de 3500 a.c., para nomear o Criador que gerou o cosmos. A etimologia de *Nyambe* deriva de uma raiz verbal nigero-congolesa ainda mais antiga, com o significado de "começar", que remonta a pelo menos cerca de 5000 a.c. Essa derivação de significado sintetiza o conceito proto-Bantu de *Nyambe* como a força responsável pela geração do cosmos. Em essência, *Nyambe* foi concebido como um Criador distante, mas, ao contrário do criador abraâmico, *Nyambe* não exigia atenção ou súplica humana. Entre as comunidades Bantu nas áreas das primeiras expansões, espalhadas por toda a floresta equatorial ocidental e o centro-oeste da África, a maioria das sociedades Bantu continuam a usar *Nyambe* com o sentido de Criador. Nos últimos três mil anos, entre as sociedades Bantu que se dispersaram mais para o leste, no centro-leste, leste e sul da África, a crença em um Criador original persistiu, mas novos nomes e novos conceitos do Criador surgiram.

Na quarta e quinta fases das expansões Bantu, encontramos três exemplos de povos que reconceberam o Criador. Por volta de 500 a.C., alguns falantes Kaskazi cunharam a palavra *Mu-lungu* para nomear o Criador. Eles reconceberam o Criador como aquele que organizou e colocou ordem no cosmos, criando uma nova palavra para designar o Deus Criador, *Mu-lungu*, a partir do antigo verbo Bantu *-lung- (cf. Tabela 2.1), que significa "tornar-se adequado, tornar-se ordenado"[43]. Pouco depois, entre 400 e 300 a.c., vários povos antigos do ramo Kaskazi dos falantes Mashariki Bantu começaram a utilizar uma palavra proto-Bantu para o sol, *li-uba (cf. Tabela 2.1), para o Criador. Esse desenvolvimento reflete a influência dos vizinhos Nilotas e Cuchitas do sul que, como resultado de uma história comum de interações por volta de 1000 a.c., antes da chegada dos Bantu, passaram a compartilhar a ideia de um poder divino associado ao sol. Um milênio depois, por volta de 500 d.C., na África Centro-oriental, os povos Bantu descendentes dos Sabi empregaram uma raiz proto-Bantu com o significado de "dar à luz, cuidar de (criança)" para nomear o Criador, Leza. O capítulo 1 apresenta uma explicação detalhada das origens linguísticas de Leza. O termo refletia um conceito diferente, de uma relação mais íntima e afetuosa com Deus.

Embora as evidências linguísticas dos cinco mil anos de história Bantu corroborem a ideia de que havia um Criador monoteísta e distante na antiga cosmovisão Bantu, a mudança nos termos indica que os povos continuaram a repensar a sua noção de um Criador. A história dos espíritos ancestrais e territoriais exemplifica a importância não apenas do Criador abstrato, mas também das relações que conectavam os reinos espiritual/etéreo e humano/temporal.

Calamidade no mundo: mal, inveja e animosidade

As visões de mundo dos povos Bantu também estruturavam as formas em que eles compreendiam a lógica ou a etiologia da variedade de situações indesejáveis, adversas, deletérias, auspiciosas e promissoras, na vida e na história. Embora o infortúnio seja universal à experiência humana, na antiga cosmovisão Ban-

---

43. EHRET, C. An African Classical Age: Eastern and Southern Africa in World History 1000 BC to AD 400. Charlottesville: University of Virginia Press, 1998, p. 166-167.

tu, o Criador não era culpado pelo mal ou pelo infortúnio; em vez disso, o infortúnio podia ser causado por espíritos descontentes ou por pessoas vivas mal-intencionadas. A maldade dos espíritos era uma das maneiras pelas quais os povos de língua Bantu interpretavam e explicavam a calamidade e suas soluções. Os falantes Bantu explicariam os percalços da vida e os eventos desastrosos na comunidade como o resultado das pessoas e comunidades terem negligenciado os espíritos ancestrais e territoriais. Negligenciar essas responsabilidades atraía calamidades, doenças, sofrimento ou outras crises similares. Apesar dessas ameaças potenciais, as pessoas de fato se dedicavam a manter os espíritos ancestrais e territoriais satisfeitos.

Uma segunda fonte do infortúnio e do mal era associada às pessoas vivas, sobre as quais se tinha muito menos controle. Os povos de língua Bantu consideravam os indivíduos maldosos como ameaças cotidianas mais significativas do que a ira dos espíritos descontentes. A maldade vinda de indivíduos vivos invejosos, contrariados ou mal-intencionados tinha efeitos imprevisíveis, numerosos e difíceis de descobrir. Em meados do quarto milênio a.C., a sociedade proto-Bantu nomeou o mal ou a maldade humana intencional pelo termo *bu-logi (cf. Tabela 2.1), comumente traduzido para o inglês como "feitiçaria". Essa ideia fundamental deriva da raiz do verbo proto-Bantu, *-log-, que significa "enfeitiçar".

Há ampla comprovação do uso desse conceito, de cinco mil anos de idade, em toda a África de língua Bantu. O que é mais importante, os esforços feitos para evitar ou proteger-se da maldade intencional são igualmente antigos. A sociedade proto-Bantu tinha curandeiros religiosos e medicinais profissionais, os *-ganga (cf. Tabela 2.1). Esses profissionais habilidosos diagnosticavam, tratavam e até mesmo preveniam que os indivíduos fossem vítimas de feitiços maléficos. Como a maioria dos casos de feitiçaria envolvia indivíduos invejosos, para se proteger da inveja, as pessoas tendiam a redistribuir os recursos que acumulavam, ao invés de acumular riqueza. As pessoas consideravam a cobiça um comportamento antissocial e valorizavam a generosidade. Com seu comportamento, os indivíduos esganados atraíam a inveja e o mal. Essa crença estimulava as pessoas a redistribuírem seus bens. Essas dinâmicas sustentavam a autoridade heterárquica e também ajudavam a assegurar boas relações e proteção contra o comportamento antissocial de vizinhos e de parentes invejosos.

Pertencimento: linhagem, clãs e afins

Se as comunidades e os indivíduos de língua Bantu consideram a família, as linhagens e os clãs como centrais para sua existência, então é essencial que tenhamos uma compreensão clara desses elementos. A forma como os antigos Bantu imaginavam o seu lugar e o seu papel no mundo historicamente era determinada por esses conceitos interligados. Em diversos contextos históricos, os falantes Bantu expressaram verbal, cultural e intelectualmente a importância suprema do pertencimento. Antigas comunidades de língua Bantu, talvez muito semelhantes a outros povos de sua época, acreditavam que essa norma ajudava a sentir-se seguro em um mundo incerto. O pertencimento, e não a independência, era o que se esperava dos membros da comunidade. A necessidade de pertencimento se manifestava no modo como várias sociedades Bantu se organizavam espiritual, econômica e politicamente em torno das linhagens, criavam um senso de identidade e organizavam comunidades de aldeias. Ao longo de toda a vida, os indivíduos eram integrados à comunidade por meio de ações específicas e de cerimônias de iniciação baseadas em sua fase de vida.

Evidências linguísticas revelam que já havia uma palavra proto-Bantu para linhagem em 3500 a.C. Dados da etnografia comparada, da tradição oral, da linguística e até mesmo da genética ajudam a preencher os detalhes e nuanças mais sutis da história linear. Evidências sobre a linhagem nos registros das comunidades de língua Bantu sugerem que a família extensa, composta por parentes de sangue e afins, era a prática social normativa. O que é revelador é o fato de que os antigos Bantu consideravam a descendência matrilinear, ao invés da patrilinear ou bilateral patrilinear, mais benéfica para suas vidas. Os indivíduos organizavam o seu mundo e concebiam estratégias de sobrevivência no contexto social das relações de parentesco. O pertencimento à linhagem determinava o acesso dos indivíduos à identidade, direitos e bens materiais.

Havia várias maneiras de pertencer a uma linhagem. Nascia-se em uma linhagem e em um clã maior de linhagens relacionadas que incluíam pessoas vivas, ainda não nascidas e ancestrais, todas vinculadas à linha materna ou paterna. Um grupo de linhagens com um ancestral comum definido constitui um clã, que era e frequentemente ainda é a maior organização social na maioria das comunidades Bantu. A adoção, o casamento e a iniciação eram formas alternativas de se tornar parte de uma linhagem e de um clã. Isso ajudava a assegurar o pertencimento.

Essa relação era tão importante que muitas precauções eram tomadas para garantir que as pessoas pertencessem a uma linhagem. Essa condição de ser provido de segurança coletiva e protegido contra a vulnerabilidade estava associada a não ter parentes. O pertencimento não era meramente uma questão de estrutura; era também um princípio filosófico, cujo espírito se expressa, em muitas línguas Bantu, através de provérbios, ditados e tradições orais. É imprescindível discutir o significado da linhagem, desde os tempos proto-Bantu e durante as várias fases de expansão, precisamente porque ela representava mais do que a família biológica. De fato, ela ia além da construção social da família. Ela abrangia também a ideologia do pertencimento físico, espiritual e intelectual. Compreender esse aspecto nos ajuda a entender melhor a história dos povos Bantu.

Matrilinhagens

Na *longue durée* da história Bantu, há exemplos de sociedades patrilineares e outras matrilineares. A etnografia comparada e a reconstrução da linguagem revelam que a maioria das comunidades de língua Bantu determinava a identidade e a herança por meio da linhagem de apenas um dos pais – elas eram unilineares. Essa forma de determinar a herança e a identidade através de uma única linhagem não exclui o fato de que os indivíduos mantinham relações com membros de ambas as suas linhagens, materna e paterna. Atualmente, existem centenas de sociedades de língua Bantu consideradas matrilineares. O fato de elas serem matrilineares significa que a identidade e o acesso a recursos eram obtidos pela linhagem da mãe. O maior aglomerado, no mundo, de sociedades matrilineares regionalmente adjacentes se estende de Angola, atravessando a África Central até a Tanzânia e Moçambique, no leste. Mas qual é a história das matrilinhagens? Há quanto tempo essa forma de reconhecimento da linhagem é um princípio social? Um assunto bastante debatido nas pesquisas sobre a história Bantu é se os falantes proto-Bantu eram matrilineares ou patrilineares desde os primórdios de sua organização social.

Como já foi discutido, a história do *-kódò*, uma raiz proto-Bantu, indica que o ancestral original, o fundador de uma linhagem, era metaforicamente um avô/avó comum do qual um grupo descendia. O acúmulo de dados linguísticos fornece evidências convincentes de que a matrilinearidade estava bem-estabelecida na cultura Bantu já no período proto-Bantu, no quarto milênio a.C. A palavra proto-Bantu para matrilinhagem ainda é desconhecida. Mas temos alguma ideia de como as antigas comunidades Bantu chamavam essa instituição durante a segunda fase das expansões Bantu, no período entre 3000 e 2000 a.C. Duas antigas palavras Bantu com o significado específico de "matrilinhagem" remontam a esse período e serão discutidas a seguir.

O termo Bantu mais antigo rastreável para matrilinhagens é *-cuka* (cf. Tabela 2.1). Ele ocorre em línguas amplamente difundidas, cujos falantes ancestrais mais antigos se dispersaram durante a segunda fase. A palavra significa especificamente "matrilinhagem" entre os Wumbu, no Gabão; entre os Mongo, os Tetela e

109

os Bushongo, na região central da RDC; e entre os Lega, do ramo Bantu da Savana, que vivem na parte mais oriental do país. A palavra ocorre também mais ao sul e ao leste, nas línguas Mashariki Bantu dos Nyakyusa e dos Ngonde, no sul da Tanzânia e norte do Malauí. Nessas últimas línguas, a palavra passou a ser usada para se referir aos espíritos ancestrais da linhagem, e não à linhagem como um todo. Ao que tudo indica, as comunidades de língua Bantu consideravam os sistemas matrilineares benéficos e criavam maneiras de fazer com que o conceito e a instituição funcionassem, mesmo quando suas paisagens e circunstâncias mudavam[44].

Curiosamente, a derivação de *-cuka* abre caminhos para começar a entender as associações intelectuais que os povos faziam em relação às matrilinhagens. Essa palavra-raiz também tem o significado concreto, tangível e, provavelmente, original de "cupinzeiro". Os cupinzeiros eram considerados os depósitos de diversos poderes relacionados à fertilidade, aos ancestrais e ao ferro. Sua impressionante forma física, ao elevar-se da terra como grandes montes retorcidos, muitas vezes com vários metros de altura e um metro de largura, torna os cupinzeiros visíveis por toda a paisagem. Eles se tornaram locais onde muitas comunidades Bantu honravam e se comunicavam com os espíritos territoriais. Klieman demonstra que as populações Batwa também consideravam os cupinzeiros locais importantes para os espíritos. Os falantes Bantu podem ter incorporado os cupinzeiros como locais para os espíritos territoriais através das suas interações com os povos Batwa. Ao mudar-se para um território já habitado por populações pioneiras, eles reconheciam a necessidade de honrar os antepassados dessas comunidades. Com uma forte crença na importância do pertencimento, os falantes Bantu com frequência incorporavam as crenças e as histórias Batwa aos seus

---

44. HAGE, P. & MARCK, J. "Proto-Bantu Descent Groups". In: JONES, D. & MILICIC, B. (eds.). *Kinship, Language and Prehistory*: Per Hage and the Renaissance in Kinship Studies. Salt Lake City: The University of Utah Press, 2011, p. 75-78.

próprios sistemas e tradições orais. O ato de adotar ideias, práticas e, às vezes, pessoas Batwa em suas comunidades constituía um esforço, por parte dos Bantu, para legitimar a sua ocupação de um novo território e transformá-los em habitantes nativos[45].

Os cupinzeiros também são uma metáfora importante nos mitos de origem e nas tradições orais de muitas comunidades de língua Bantu. Uma tradição oral Mongo narra a progenitora feminina original emergindo de um cupinzeiro. Essa tradição é duplamente valiosa como fonte histórica porque ela conecta diretamente o conceito de cupinzeiros com as matrilinhagens. Ao investigar como os cupinzeiros foram associados às matrilinhagens, é importante considerar a associação de *-dImu* (cf. Tabela 2.1) com os afloramentos na paisagem, mas também os usos práticos dos cupinzeiros. O estudo etnográfico comparado das comunidades de língua Bantu indica que, enquanto ainda habitados, os construtores dos cupinzeiros eram uma fonte de proteína para as pessoas, pois os cupins são comestíveis, nutritivos e saborosos. As mulheres costumavam usar os cupinzeiros abandonados como um braseiro para cozinhar alimentos. As grandes estruturas construídas pelos cupins também serviam como modelos para fornos de ferro e cerâmica, que se tornaram atividades econômicas e sociais importantes em algumas comunidades. As matrilinhagens incluíam os vivos e os mortos, incluindo, portanto, nas concepções das pessoas, os espíritos ancestrais que poderiam estar associados aos braseiros construídos nos cupinzeiros. Os cupinzeiros também estavam associados aos espíritos territoriais que precisavam ser honrados para a proteção das matrilinhagens.

Um segundo termo para matrilinhagem, *-gàndá*, data do fim da segunda fase das expansões Bantu[46]. A etimologia de

---

45. KLIEMAN. *"The Pygmies"*, p. 69-71.
46. EHRET. *African Classical Age*, p. 151-155. • KLIEMAN. *"The Pygmies"*, p. 69-70. • SCHOENBRUN, D.L. *The Historical Reconstruction of Great Lakes Bantu Cultural Vocabulary*. Colônia: Rüdiger, 1997, p. 80-81. • VANSINA. *Paths*, p. 269.

*-gàndá, presente atualmente nas línguas Bantu das regiões de floresta do Gabão até a Namíbia, ao sul, e os Grandes Lagos, a nordeste, revela que essa palavra-raiz originalmente se referia ao local de assentamento de uma comunidade. Como a população principal de um antigo assentamento Bantu – uma aldeia ou uma ala de uma aldeia – pertencia a uma matrilinhagem específica, a palavra logo seria usada para designar o grupo de parentesco, a matrilinhagem, que vivia nessa aldeia ou ala. Klieman localiza o desenvolvimento desse significado para *-gàndá durante o que ela se referiu como o período Sangha-Kwa, em outras palavras, no final da segunda fase das antigas expansões Bantu[47].

Por volta de 2000 a.C. (terceira fase), à medida que os povos se deslocavam para o centro-leste e o leste da África, eles muitas vezes continuaram a utilizar a raiz *-gàndá para designar o "novo assentamento" onde suas matrilinhagens iam residir. Esse significado adicional, "assentamento", ligava o antigo conceito de matrilinhagens ao novo lugar onde os migrantes se estabeleciam, revelando que as comunidades Bantu, à medida que se tornavam mais numerosas e dispersas, continuaram a valorizar o pertencimento ao clã ou à linhagem como um princípio socialmente fundamental, mesmo em um novo contexto[48]. Há cerca de dois mil anos, os falantes Sabi começaram a usar *-ganda (cf. Tabela 2.1) para se referir ao espaço onde as mulheres tipicamente, e na maioria das vezes, cozinhavam e mantinham os altares da casa, mas com a conotação específica de um braseiro ou de um altar para os ancestrais honrados em casa. O fato de os falantes Sabi usarem uma raiz antiga para matrilinhagens, para designar o espaço onde as mulheres desempenhavam certas responsabilidades rituais, reflete a interseção continuada entre as matrilinhagens e os ancestrais.

---

47. KLIEMAN. *"The Pygmies"*, p. 69-71, 90 nota 12, baseado em evidências dos povos Bongili, Gikuyu, Rundi, Ruguru, Bemba, Ila e Nsenga.
48. VANSINA. *Paths*, p. 268-269.

Na história mais recente, nos arredores do Lago Nyanza (também conhecido como Vitória), *-ganda foi definido de uma maneira diferente – como patriclã. Essa mudança ocorreu em uma época em que os patriclãs começaram a suplantar os matriclãs. Esse desenvolvimento pode ser datado, em algumas áreas, até cerca de 600 a 800 anos atrás, durante um período de consolidação social e centralização política na região africana dos Grandes Lagos.

O uso de *-gàndá para designar "patriclã" nessa região da África Oriental, bem como em algumas línguas na floresta equatorial ocidental, pode levantar questões sobre o seu significado original. A resposta pode ser encontrada examinando como os Herero, um povo criador de gado da Namíbia, usam o termo *-gàndá. Os Herero são únicos no mundo Bantu porque eles têm dupla descendência, isto é, eles reconhecem as relações de patrilinhagem para a herança de cargos políticos e as relações de matrilinhagem para a herança do gado. Eles utilizam a raiz *-gàndá específica e tão somente para se referirem às matrilinhagens. As evidências dos Herero, juntamente com o uso continuado de *-gàndá, em uma ampla área geográfica, para designar matrilinhagem, indicam que o uso de *-gàndá como um termo para patrilinhagem na região dos Grandes Lagos surgiu em períodos mais recentes, como uma resposta a mudanças sociais, econômicas e políticas.

Além da evidência linguística, etnografias dos últimos cem anos, as tradições orais, assim como os estudos genéticos, nos informam sobre como a presença e as ideias sociais acerca da matrilinhagem influenciaram a história em amplas áreas geográficas, tanto nos séculos antigos quanto nos mais recentes. Esses tipos de evidências fornecem pistas sobre como os povos reinterpretaram essas ideias e práticas em diferentes contextos históricos e geográficos, e revelam algo da diversidade de maneiras em que elas se desenvolveram na família, na comunidade e nos lugares de pertencimento, ao longo do tempo. Investigar a história semântica dos termos demonstra o valor de um método multidisciplinar. As etimologias dos termos *-cuka* e *-gàndá* nos ajudam a reconstruir os conceitos associados à descendência matrilinear, enquanto os dados etnográficos e orais nos ajudam a entender o uso concreto dos termos.

As matrilinhagens eram centradas nas mães e avós, as mesmas pessoas que, nessas sociedades, controlavam a produção de alimentos e o braseiro onde a comida era preparada e onde os espíritos ancestrais eram frequentemente honrados no interior das famílias. Na África Central e Oriental, as fundições de ferro frequentemente reutilizavam cupinzeiros velhos. Com base em todos os dados disponíveis de etnografia comparada e em evidências linguísticas, a fundição do ferro era uma atividade masculina. A fundição do ferro é importante para compreender o significado original de *-cuka*. Com frequência, os cupinzeiros abandonados eram locais para a criação de fornos que, no processo de fundição do ferro, eram comparados a uma mulher dando à luz (isso será discutido detalhadamente no capítulo 4). Assim, essa raiz Bantu reconstruída até quatro mil anos atrás associa as matrilinhagens, o/a ancestral original, as principais atividades femininas e a produção masculina do ferro através da metáfora do nascimento ou da reprodução feminina.

A ampla difusão geográfica de ambos os termos, *-gàndá* e *-cuka*, indica a longevidade dos matriclãs no interior da África Bantu. Além da linguística e dos relatos orais, os estudos genéricos fornecem evidência suplementar para a teoria de que os povos de língua Bantu eram, desde os primórdios, matrilineares. Estudos realizados por diversos geneticistas analisam dois tipos de dados revelados no DNA. A primeira evidência da organização matrilinear vem do cromossomo Y, que é transmitido dos pais para os filhos do sexo masculino e não é recombinado com os genes da mãe. A segunda vem do DNA mitocondrial (mtDNA), que é transmitido da mãe para ambos, filhos e filhas, e pode ser utilizado para rastrear as migrações dos povos. Ao ser transmitido, ocorrem mutações diminutas no mtDNA e, se essas mutações persistem, elas se tornam marcadores genéticos que ajudam a distinguir uma linhagem materna da outra. Estudos recentes sobre o mtDNA de ambos, pais e mães, entre falantes Bantu, revelaram que as linhagens dos pais apresentam grande diversidade, enquanto as linhagens das mães são bem menos diversas. A conclusão de alguns historiadores e geneticistas é a de que, nas antigas sociedades Bantu, o DNA da mãe é menos diverso porque as mulheres permaneciam nas comunidades com suas famílias, enquanto os homens migravam e se casavam fora da comunidade[49]. Esse tipo de casamento exógeno dos homens se encaixa nos padrões de parentesco que encontramos, hoje em dia, mais intimamente associados à matrilinearidade e ao assentamento matrifocal.

Embora seja difícil imaginar os diferentes impactos históricos da matrilinearidade em comparação com o reconhecimento patrilinear, exemplos específicos revelam que, de fato, havia algumas distinções importantes. Por exemplo, a metáfora da unidade em um único útero incentivava alguma igualdade social. Na história mais recente, os Chewa (Kusi/Mashariki) tinham principalmente governantes do sexo masculino, mas a nomeação e a seleção de um novo governante estavam nas mãos de um grupo de anciãs. Isso contrasta com muitas sociedades patrilineares. Nessas sociedades, a tendência comum tem sido a acumulação de riqueza pelas patrilinhagens principais, a centralização política e limitações no acesso das mulheres à autoridade. Evidências históricas de dados linguísticos, complementados pela etnografia e pelas tradições orais, corroboram a conclusão de que as antigas sociedades de língua Bantu eram matrilineares. Os anciãos das matrilinhagens, que tomavam muitas das principais decisões no que se refere à linhagem e à comunidade, estabeleciam as normas

---

49. LI, S.; SCHLEBUSCH, C. & JAKOBSSON, M. "Genetic Variation Reveals Large-Scale Population Expansion and Migration During the Expansion of Bantu-Speaking Peoples". *Proceedings of the Royal Society*, 10, set./2014.

sociais, mas também criavam centros de autoridade separados e complementares para homens e mulheres.

Na história social, em geral, as sociedades matrilineares tendem a ser politicamente descentralizadas e, mesmo quando organizadas em reinos, suas estruturas políticas e sociais conferem um lugar de destaque às mulheres. Seus membros frequentemente redistribuem recursos ao invés de acumulá-los individualmente. Amiúde, as mulheres permaneciam com a sua própria linhagem pelo menos durante a primeira fase do casamento, o que lhes dava uma base de apoio e oportunidades para desenvolver sua autoridade. Com o tempo, surgiu uma linguagem especializada para distinguir uma mulher antes da maternidade, durante a maternidade e como sogra. As mulheres adultas mantinham sua autoridade através de práticas de controle do trabalho e de regras sociais que regulavam a reprodução de novos membros da linhagem. Combinando dados linguísticos e documentos escritos mais recentes, os pesquisadores foram capazes de compreender melhor como as matrilinhagens historicamente moldaram a sociedade entre alguns falantes Bantu.

Patrilinhagens

Durante o período Bantu da Savana (quarta fase), as sociedades Bantu ancestrais àquelas que começariam a migrar para o leste e o sul da África após 1000 a.c. criaram um novo termo com o significado específico de patrilinhagem, uma forma de organização social e de pertencimento não atestada anteriormente na história Bantu. Os leitores podem se perguntar quais processos históricos deram origem a esse tipo de mudança. Isto é, por que as comunidades que haviam sido predominantemente matrilineares ao longo de gerações criaram uma nova maneira de estimar suas identidades e relações? O estudo de algumas sociedades aponta para quatro razões plausíveis que poderiam ter inspirado essa transformação. Entre as possíveis causas desse tipo de desenvolvimento estavam: (1) a migração de comunidades até então matrilineares para novas áreas, onde elas estabeleceram relações permanentes e se integraram com vizinhos patrilineares; (2) o desenvolvimento de relações de poder mais hierárquicas na sociedade, nas quais os homens assumiram a liderança; (3) o deslocamento em direção a terras novas, em que grupos de homens foram os principais impulsionadores e instigadores do reassentamento; ou (4) a importância crescente de setores econômicos, como a pecuária, nos quais a posse ou as atividades masculinas predominavam.

Nos lugares onde os falantes Bantu historicamente construíram sociedades patrilineares, e mesmo onde elas persistem nos dias atuais, ainda assim é comum encontrar cosmovisões, ideias e práticas matrilineares que foram mantidas e que se tornaram essenciais para o sucesso do modelo patrilinear. Essas ideias e práticas frequentemente diziam respeito ao acesso ao poder matrilinear dos espíritos ancestrais e territoriais, que continuavam sendo fontes de segurança potencial para as patrilinhagens. As formas matrilineares e patrilineares de organização não eram, necessariamente, diametralmente opostas. Na maioria das vezes, quando uma forma de organização patrilinear predominava, os legados matrilineares ainda permeavam as relações de parentesco e eram vitais para o seu sucesso, evidentes na ampla manutenção dos princípios do pertencimento e da heterarquia. Além disso, o princípio da precedência dos pioneiros continuou, na *longue durée*, a guiar as concepções patrilineares de pertencimento e de legitimidade.

Recorrendo à evidência linguística, no período Bantu da Savana (terceira fase), os falantes Bantu criaram o termo *-lòngò* para designar uma patrilinhagem. Seu significado pode ser descrito como "gerações pertencentes a uma sequência" ou "linhas conectadas de descendentes patrilineares". Esse novo significado adapta uma raiz de substantivo da era proto-Bantu, *-lòngò* (cf. Tabela 2.1), "uma linha de objetos". A linha de itens, neste caso, era a linha de descendência, a sequência de ancestrais desde o ancestral fundador até os descendentes paternalmente relacionados que formavam o *-lòngò[50]. Nessa fase inicial, nenhuma evidência sugere que a palavra designasse qualquer grupo mais amplo do que uma linhagem. O que os dados sugerem é uma ênfase crescente na identificação do pertencimento paterno, uma relação que os antigos povos de língua Bantu podem ter reconhecido apenas de maneira informal. Eles também chamam a atenção para como os historiadores podem rastrear, através da história das palavras, as várias camadas de mudança histórica, incluindo, nesse caso, pistas sobre o passado matrilinear Bantu e sobre o momento em que a descendência patrilinear começou a ser formalmente reconhecida.

Uma pergunta que os pesquisadores podem fazer é por que esse novo termo para o pertencimento, *-lòngò, surgiu há cerca de três mil anos. Sabemos que, naquela época, as patrilinhagens não eram comuns entre as sociedades de língua Bantu. Além do mais, isso ocorreu antes da difusão de formações políticas hierárquicas nessas regiões, em um período pouco afetado por novos fatores econômicos importantes, como a adoção do gado.Uma explicação possível, mas ainda especulativa, é a de que os homens podem ter assumido a liderança nos movimentos Bantu em direção a novos lugares pelo cinturão de savana do sul nesse período, e que as patrilinhagens podem ter promovido a cooperação masculina no assentamento em novas áreas, embora as sociedades a que eles pertenciam, uma vez estabelecidas nas novas terras, continuassem sendo principalmente matrilineares.

Nos últimos dois mil anos, os outros três fatores que induziram à patrilinhagem se tornaram os mais relevantes. Por exemplo, os numerosos povos Gogo de língua Bantu, que vivem no interior da atual Tanzânia, a cerca de 450km de Dar es Salaam, começaram a emergir como uma comunidade de fala distinta entre 1200

---

50. EHRET. *Classical Age*, p. 149. • GONZALES, R.M. *Societies, Religion, and History*: Central East Tanzanian's and the World They Created, 200 BCE-1800 CE. Nova York: Columbia University Press, 2008, cap. 3, par. 40-41 [Disponível em http://www.gutenberg-e.org/gonzales/].

e 1400 d.C. Eles eram descendentes linguísticos dos proto-Bantu matrilineares do litoral nordeste, que chegaram à costa central da Tanzânia por volta de 400 d.c. A história Gogo fornece um exemplo de mudança histórica que provavelmente resultou de relações interétnicas, incluindo o casamento. Nos últimos oitocentos anos, povos que falavam formas anteriores da língua Gogo começaram a passar de uma organização social predominantemente matrilinear para uma prática patrilinear. Na base dessas mudanças estavam as interações duradouras dos Gogo com povos patrilineares criadores de gado, como os Parakuyu Maasai, os Kw'adza Cuchitas do Sul e os Njombe. Atualmente, um grande número de clãs Gogo relembra, em suas tradições orais, as suas origens Njombe e Kw'adza. Essas múltiplas interações interculturais resultaram em uma sociedade de língua Gogo, cuja cultura havia incorporado práticas econômicas, tabus alimentares e outros elementos culturais daqueles vizinhos. Com o tempo, as relações dos Gogo com os Parakuyu, os Kw'adza e os Njombe provocaram uma transformação social na qual a organização social patrilinear substituiu a matrilinearidade. Essa mudança não exigiu a invenção de patrilinhagens. Em vez disso, o *-lòngò, que era uma forma de nomear a linha paterna desde o período Bantu da Savana, teve seu *status* elevado na sociedade Gogo. Essa mudança provavelmente ocorreu através de casamentos mistos.

Vale ressaltar que, embora os Gogo permaneçam patrilineares, existem, ainda hoje, distintas formas em que eles continuam a garantir a segurança de sua linhagem através de preceitos e práticas matrilineares de origem Bantu. O legado da cosmovisão matrilinear na sociedade Gogo revela que, embora as mulheres Gogo, nas sociedades patrilineares, dessem à luz crianças que pertenciam a uma patrilinhagem, o sucesso de uma mãe dependia da adoção de práticas maternas de origem matrilinear. Quando chegava a hora de uma jovem Gogo começar a fazer a transição para a maternidade antecipada, as anciãs vivas da sua linhagem materna a guiavam. Sua formação incluía a comunhão com seus

119

ancestrais maternos para convencê-los de que ela estava pronta para a maternidade.

Ela também era circuncidada, o que não era praticado na antiga tradição Bantu. Mas era, porém, um costume entre os Kw'adza e os Parakuyu. No século XX, alguns Gogo descreveram as circuncisões femininas como menos invasivas do que a circuncisão praticada pelos Parakuyu, pois eles cortavam apenas para tirar o sangue que cai na areia. As anciãs matrilineares da jovem usavam esse sangue durante a formação de iniciação que a preparava para a maternidade. Em contraste, os Parakuyu historicamente realizavam clitoridectomias completas. A tradição oral Gogo enfatiza que a prática da circuncisão feminina é relativamente nova, embora essencial, e que seus antepassados originais não a adotavam. Esses processos históricos e as camadas perceptíveis da história Gogo reforçam o argumento de que o pertencimento era tão importante que os povos descendentes dos Bantu estavam dispostos a incorporar as práticas culturais marcantes dos seus vizinhos patrilineares influentes. Além disso, sua história ressalta o fato de que, mesmo em uma sociedade patrilinear, a autoridade dos ancestrais e dos membros vivos da linhagem materna persistiu na preparação de uma mulher para gerar crianças para a patrilinhagem, sugerindo, mais uma vez, a natureza heterárquica do poder. As comunidades de língua Gogo consideravam que não podiam abandonar completamente as suas obrigações espirituais maternas, pois queriam legitimar a sua existência com seus antepassados e assegurar longevidade em contextos históricos cambiantes.

O povo Gogo acreditava em e venerava um conjunto de espíritos territoriais chamado *milungu*. Essa prática chama a atenção para a sua incorporação dos espíritos pioneiros que antecederam a sua chegada na região. A partir do século XIII, mesmo quando começaram a adotar a descendência patrilinear, os Gogo enfatizavam a importância fundamental de agradar esses espíritos para garantir o bem-estar social. Embora os Gogo utilizem a palavra Bantu mais antiga, *-lungu*, para designar o Deus Criador, como a maioria dos falantes Bantu na África Oriental há mais de três mil anos, eles também inventaram um novo uso da raiz pluralizando-a, *mi-lungu*, para nomear esses espíritos. Nesse sentido, a pluralização da raiz para Deus sugere que os Gogo associavam os espíritos territoriais à dimensão espiritual do Criador, e não ao domínio espiritual dos ancestrais da linhagem e do clã. Assim como muitos outros povos de língua Bantu, os Gogo buscavam garantir a sua segurança por meio de um antigo princípio Bantu, que postulava a veneração dos espíritos territoriais que habitaram a terra antes da sua chegada[51].

Mais a oeste, na Zâmbia, os Ila de língua Bantu desenvolveram uma economia agrícola mista na qual a criação de gado era muito importante. Ao contrário dos Gogo, os Ila permaneceram uma sociedade matrilinear. Abordar esse ponto é importante porque é um preconceito arraigado, na tradição histórica ocidental, considerar as sociedades nas quais a criação do gado era importante para a economia como mais desenvolvidas ou avançadas do que aquelas cuja economia se baseava principalmente na agricultura ou na pesca. Essas sociedades eram enaltecidas por sua crescente centralização política e pelo reconhecimento patrilinear, e essas características culturais eram consideradas sinais de progresso.

---

51. GONZALES. *Societies*, cap. 5, par. 26-28 e nota 47. Para relatos da natureza complexa do espírito *-lungu*, de como ele era cultuado e temido, e do seu papel nas experiências de mediunidade/possessão no início do século XX, cf. GWASSA. "Kinjikitile and the Ideology of Maji Maji", p. 204-207. Cf. tb. ALPERS. "Towards a History of the Expansion of Islam in East Africa", p. 173-175. A complexidade do espírito *-lungu*, mencionada em vários relatos do século XX, traça uma imagem bastante intrincada da sua natureza e do seu impacto nas comunidades dos vivos. Em algumas comunidades, em tempos recentes, ele era definido amplamente como a terra onde habitavam os mortos. Não há nenhuma indicação, no entanto, de que eles considerassem os *-lungu* como ancestrais do tipo *-zimu*. A distância percebida entre os espíritos *-lungu* e as pessoas vivas sugere que esses espíritos continuaram associados à terra e ao espaço não domesticado, preservando o que suspeitamos ser o modo como eles foram concebidos nas comunidades mais antigas que os reconheceram. Em relatos recentes, permanece igualmente uma espécie de reverência baseada na incerteza da imprevisibilidade do *-lungu*, o que também nos aponta que eles mantiveram um atributo de maldade potencial que poderia causar sofrimento entre as pessoas.

Em consonância com essas ideias etnocêntricas, historiadores e antropólogos tenderam a supor que as sociedades que adotaram o gado como seu principal indicador de riqueza e que se converteram à patrilinearidade desenvolveriam uma estratificação social e política hierárquica e seriam, assim, mais "avançadas". Junto com a patrilinhagem vieram os modos de vida patrilocais nos quais uma mulher se mudava para a comunidade de seu marido, a antítese das tradições matrilineares uxorilocais nas quais um homem se mudava para a comunidade de sua esposa.

Os Ila, da Zâmbia, são um exemplo de uma sociedade agrícola-mista que passou a reconhecer o pertencimento à linhagem elevando o *status* da linhagem do pai, mas não se converteu à patrilinearidade. Os missionários europeus do início do século XX muitas vezes interpretaram mal este ponto. Entre 1902 e 1904, os missionários britânicos Smith e Dale registraram detalhes importantes dos sistemas de linhagem Ila, mas os pressupostos que eles incorporaram aos seus estudos distorceram suas análises. Eles declararam: "O pai governa a família, mas o seu poder sobre ela é condicionado pela presença das regras do clã, entre as quais está a regra que confere ao irmão da mãe mais poder do que ele sobre os filhos". Aqui, eles pressupõem um ideal da família nuclear ocidental na qual um pai "governava". Mas as suas próprias palavras desmentem isso, ao destacar que a matrilinhagem, que eles associam ao irmão da mãe, detinha a autoridade real sobre os filhos. As crianças pertenciam à matrilinhagem pelas "regras do clã".

Esses missionários britânicos prosseguiram com a observação: "Um abismo separa um homem de seus filhos, pois, embora eles sejam seus e, em caso de divórcio, permaneçam com ele, eles são considerados membros do clã da mãe e não do dele [o pai], e ele tem menos poder sobre eles [os filhos] do que os seus tios maternos"[52]. Mais uma vez, nessa passagem, e de fato em toda

---

52. SMITH, E.W. & DALE, A.M. *The Ila-Speaking Peoples of Northern Rhodesia*. Londres: Macmillan, 1920, p. 283-287.

a etnologia, a patrilinhagem do pai, que eles chamam de família, tem uma autoridade secundária em relação à linhagem materna da mãe e de seus filhos. Os Ila se organizavam em matriclãs, aos quais uma esposa e os seus filhos continuam a pertencer. O que Smith e Dale não reconheceram é a relação heterárquica evidente entre as linhagens paternas e os clãs maternos. Seu lapso reflete as suas próprias origens em uma sociedade caracterizada pela hierarquia masculina[53].

A noção de que a história é linear, movendo-se em direção a uma forma evoluída que se assemelha às normas eurocêntricas, levou outros antropólogos do século XX a teorizar, e alguns historiadores a cair na mesma armadilha, que as sociedades matrilineares inevitavelmente evoluem para a patrilinearidade com o tempo. No entanto, a história recente revela que comunidades Bantu patrilineares também podem se tornar matrilineares. Essa mudança pode ter ocorrido em eras Bantu anteriores também. Um exemplo são os Ngoni, originalmente patrilineares, cuja antiga terra natal, na década de 1820, se localizava na costa do Oceano Índico, no extremo leste da África. Há cerca de 195 anos, devido a pressões econômicas e insurreições políticas na região, alguns Ngoni patrilineares fugiram para o norte. As suas peregrinações como refugiados os levaram até áreas habitadas por sociedades matrilineares no leste da Zâmbia, Moçambique, até a Tanzânia. Os Ngoni, que descendiam de falantes das línguas Nguni, chegaram à África Oriental com uma organização formal em unidades militares, diferente de tudo que os povos locais já tinham visto. Por causa da sua história turbulenta de conflitos no sudeste da África, os imigrantes entraram nessas sociedades matrilineares de forma militarizada e tentaram impor práticas patrilineares às populações conquistadas. Porém, como explica a historiadora Cynthia Brantley, os Ngoni não conseguiram mudar os sistemas de descendência dos povos

---

53. Ibid., p. 284.

que conquistaram. Pelo contrário, os Ngoni se adaptaram e se tornaram matrilineares também[54].

No início do século XVI, uma história semelhante ocorreu na região onde, atualmente, fica a Província de Luapula, na Zâmbia, quando os Lunda patrilineares se deslocaram para leste com apoio militar da RDC Ocidental, invadindo as áreas ao redor do Rio Luapula, no século XVIII, para estabelecer o Reino Kazembe. Os Lunda patrilineares obrigaram os povos Sabi matrilineares a pagar tributos a eles em peixes, produtos agrícolas e outros itens desejados. Até os dias de hoje, mais de 250 anos após a fundação do reino, apenas as pessoas que pertencem à elite governante Lunda seguem a descendência patrilinear. Não apenas os habitantes Sabi da região mantiveram a descendência matrilinear, mas inclusive parte da elite governante Lunda abandonou os sistemas patrilineares e adotou a organização social matrilinear. O caso dos Lunda ressalta que o domínio político, o controle de economias lucrativas e as relações tributárias não implicam, necessariamente, o predomínio da organização patrilinear. Ao invés disso, ele ensina que dois tipos de pertencimento social podem coexistir em uma heterarquia.

O Reino Kongo, no centro-oeste da África, oferece um exemplo diferente. Lá, o *kanda*, a antiga base matrilinear de pertencimento e acesso à autoridade, teve seu papel reduzido em face de novos desenvolvimentos no século XVI. No início do século, o novo *Mani Kongo* Afonso I buscou construir um Estado politicamente mais centralizado. Em sua fase de maior influência econômica e política, no século XVI e início do XVII, o Reino Kongo mantinha relações abrangentes com a Europa, especialmente com os portugueses, e o cristianismo católico se tornou uma religião

---

54. BRANTLEY, C. "Through Ngoni Eyes: Margaret Read's Matrilineal Interpretations from Nyasaland". *Critique of Anthropology*, 17, n. 2, jun./1997, p. 147-169.

proeminente e importante não apenas entre as elites, mas, em certa medida, também nas zonas rurais. Originalmente, os chefes hereditários dos principais clãs matrilineares, os *kanda*, formavam o corpo de conselheiros reais conhecido como *mwissikongo*. Por volta de 1535, quando Afonso I começou a nomear assessores de seu próprio *kanda* para servir no governo, a composição do *mwissikongo* mudou[55]. Além disso, os homens jovens puderam usar o acúmulo de riqueza das atividades comerciais para arrancar parte do poder dos anciãos e chefes femininos e masculinos. Nesse contexto, a autoridade de ambos, os anciãos e os chefes, e de seus matriclãs enfraqueceu. No final do século XVI, figuras importantes sem vínculos *kanda* passaram a incluir clérigos católicos e mercadores influentes. Aqueles sem vínculos *kanda*, por sua vez, valorizavam as relações patrilineares.

Outros que buscavam usar suas conexões patrilineares eram os filhos de esposas sem parentes[56]. As esposas sem parentes eram mulheres que haviam sido separadas de suas famílias nos ataques para captura de escravos, no século XVI. Essas mulheres não tinham um matriclã para protegê-las, para conseguir um serviço de noiva ou para reivindicar as crianças. Assim, em meio a uma sociedade matrilinear, muitas pessoas influentes reconheciam sua descendência e identidade pela linhagem paterna.

Quando as políticas circundantes superaram o Reino Kongo no comércio, em meados do século XVI, a economia Kongo voltou a se concentrar na agricultura em detrimento de outros tipos de comércio, e esse desenvolvimento permitiu aos *kandas* recuperar autoridade na medida em que controlavam o acesso à maior parte das terras. Além das mudanças na economia, a influência do cristianismo começou a diminuir. Em consequên-

---

55. HILTON, A. "Family and Kinship South of the Zaire River from the Sixteenth to the Nineteenth Century". *Journal of African History*, 24, 1983, p. 194.

56. Ibid., p. 197.

cia desses fatores, a autoridade dos *kanda* aumentou e, por fim, em meados do século XVII, o *mwissikongo* seria mais uma vez composto apenas de membros que reconheciam a descendência matrilinearmente[57]. Nessa história de 250 anos, a autoridade dos matriclãs Kongo diminuiu e depois aumentou novamente, devido às mudanças nas circunstâncias econômicas e nos valores religiosos. Essas mudanças ilustram tanto a flexibilidade histórica do parentesco quanto a influência duradoura das visões de mundo matrilineares entre as comunidades de língua Bantu.

Em geral, as sociedades com uma longa história matrilinear continuaram a ter sistemas matrilineares ou desenvolveram sistemas de linhagem mistos. Mesmo onde o equilíbrio da autoridade mudou em favor dos homens, em função da reorganização econômica e política em séculos mais recentes, as mulheres tenderam a preservar grande influência e autoridade nas relações sociais. A autoridade de mulheres e homens não é estática, independentemente da era ou da forma de organização social. Podia haver certo tipo de estratificação nas sociedades matrilineares, como ilustram, por exemplo, a influência e o poder das sogras em relação aos seus genros. À medida que algumas comunidades adotavam a organização patrilinear, novas configurações de estratificação surgiam, geralmente com os homens mais velhos assumindo maior poder e autoridade em relação às mulheres e aos homens mais jovens, mas, com frequência, as sogras mantiveram um grau de autoridade sobre os genros e as mulheres preservaram a autoridade sobre suas filhas e as cerimônias que as concediam *status* adulto.

As sociedades que se organizam matrilinearmente concebem e honram o casamento e a maternidade de maneiras muito diferentes das sociedades patrilineares. Nas comunidades patrili-

---

57. THORNTON, J. "Elite Women in the Kingdom of the Kongo: Historical Perspectives on Women's Political Power". *Journal of African History*, 47, 2004, p. 437-460.

neares e patrilocais, o sacramento típico de um casamento era o pagamento do dote da noiva, um conjunto de itens transferidos da família do noivo para a noiva. Esse pagamento era uma compensação pela transferência do trabalho e da produtividade da mulher para a família do marido, e um reconhecimento da importância social dos filhos que ela irá gerar como membros do patriclã de seu marido. Tipicamente, nas sociedades Bantu que se converteram à patrilinearidade continuaram havendo cerimônias de iniciação feminina, mas não mais um ritual de primeira gravidez, como na antiga história Bantu. Na cosmovisão patrilinear, o casamento se tornou um marco mais importante e significativo. Além disso, como nas sociedades patrilineares a herança e a identidade eram determinadas pela linhagem paterna, as pessoas procuravam assegurar a paternidade das crianças controlando a sexualidade das mulheres casadas. Nas sociedades matrilineares, havia menos necessidade de controlar a sexualidade feminina, porque a identidade e a herança de uma criança eram transmitidas pela linhagem da mãe.

Nas sociedades patrilineares baseadas principalmente no cultivo de alimentos, em oposição às economias pastoris ou comerciais, os membros de um patriclã muitas vezes conseguiam obter acesso aos excedentes agrícolas. A poliginia, o casamento de um homem com várias mulheres, facilitava a produção de excedentes agrícolas para esses homens. Mais de uma esposa produzindo alimentos poderia aumentar o rendimento da linhagem e do clã, o que, por sua vez, dava aos homens mais chances de acumular bens e riqueza. Esse tipo de produção ampliada era mais difícil de se alcançar nas sociedades matrilineares.

Embora alguns possam supor a matrilinhagem e a patrilinhagem como visões de mundo diametralmente opostas, a realidade é mais complexa. Diversos antropólogos observaram que, nas sociedades patrilineares, o divórcio era difícil para uma jovem mulher, porque a sua patrilinhagem teria que devolver o valor equivalente ao dote. No entanto, após dar à luz a vários filhos, uma mulher podia ir embora sem recompensa. No século XX, algumas mulheres Agikuyu do Quênia, após a menopausa e o divórcio, se tornavam pessoas autônomas, bem-estabelecidas e economicamente independentes[58]. Elas podiam se tornar influentes e conquistar a riqueza e o *status* social que, em um sistema patrilinear, lhes conferia a autoridade reservada, via de regra, apenas aos homens. Uma função que essas mulheres podiam assumir era o papel de *maridos mulheres*. No interior dos patriclãs Agikuyu, somente os pais podiam começar uma linhagem. Em uma adaptação do sistema às suas circunstâncias, uma mulher mais velha e independente poderia pagar pelo dote de uma mulher mais jovem e, assim, se tornar um marido mulher. Sua "esposa" arrumava um amante para ter filhos. Como o marido mulher havia pagado o dote da noiva, todas as crianças nascidas eram membros da linhagem do marido mulher. Dessa forma, anciãs de grande riqueza podiam começar a sua própria patrilinhagem no interior de um patriclã, demonstrando que os sistemas de linhagem eram flexíveis o bastante para possibilitar às pessoas reimaginarem e reconfigurarem o pertencimento e a hierarquia[59].

Essa capacidade de transcender a ideologia da linhagem também se aplica às sociedades matrilineares. Os matrilineares Yao são um exemplo disso. Nas sociedades matrilineares não havia necessidade de um "marido mulher" porque todos os filhos já pertenciam ao matriclã de sua mãe, mas, em certas circunstâncias históricas, os homens buscaram maneiras de aumentar sua autoridade no interior da matrilinhagem. No século XIX, entre os Yao do Moçambique moderno, muitos homens se tornaram

---

58. "Agikuyu" se refere aos povos do Quênia que falam línguas Gigikuyu. Os pesquisadores geralmente se referem a eles como "Gikuyu" ou, em Swahili, "Kikuyu".

59. ROBERTSON, C.C. "Gender and Trade Relations in Central Kenya in the Late Nineteenth Century". *The International Journal of African Historical Studies*, 30, n. 1, 1997, p. 45. • CADIGAN, J. "Woman-to-Woman Marriage: Practices and Benefits in Sub-Saharan Africa". *Journal of Comparative Family Studies*, 29, n. 1, 1998, p. 95.

comerciantes no interior da África Oriental. Esses comerciantes evadiam as poderosas anciãs dos matriclãs e a sua exigência do serviço de noiva para o casamento. Homens ricos compravam e tomavam como esposas mulheres livres e sem parentes. O comércio interior incluía o deslocamento de pessoas que foram separadas de sua linhagem por uma variedade de infortúnios. Por volta do século XIX, esses indivíduos sem liberdade e sem parentes foram crescentemente enredados em formas comoditizadas de escravidão. Não ser livre, nesse contexto, significava não ter laços de parentesco. Em um ambiente matrilinear, um homem Yao podia ter filhos com uma esposa sem parentes sem a obrigação de cumprir com o serviço de noiva para uma matrilinhagem, criando assim uma patrilinhagem no interior de uma comunidade, via de regra, matrilinear.

Embora, em diferentes momentos, as pessoas pudessem se filiar aos membros da linhagem de sua mãe ou de seu pai, na longa duração da história, as sociedades Bantu patrilineares e matrilineares tenderam a adotar valores bastante distintos, e esses valores muitas vezes levaram a diferentes trajetórias na história econômica. As sociedades matrilineares, por exemplo, comumente distribuíam mais bens entre os membros do matriclã do que os patriclãs. A distribuição de alimentos e de outros bens para parentes mais distantes formava um tipo de rede de proteção social para os momentos difíceis. Essa filosofia matrilinear fazia sentido para os povos migrantes que buscavam construir suas vidas em novas áreas e, especialmente, em terras menos produtivas para a agricultura. Mas, mesmo em sociedades com economias agrícolas altamente produtivas, as relações humanas cooperativas engendradas pela descendência matrilinear ainda mantiveram sua influência por muito tempo[60].

---

60. P. ex., os Yao e os Kongo, que enriqueceram com o comércio, mas, no longo prazo, continuaram matrilineares.

Assim, as organizações matrilineares e patrilineares podiam ter consequências diferentes, como argumentado aqui, para a história econômica e para a vida das mulheres. As instituições sociais patrilineares facilitavam o acúmulo de excedentes nas linhagens individuais, que controlavam tanto a sexualidade quanto o trabalho das esposas. Embora a prática existisse entre os povos Bantu matrilineares, a poliginia – um homem que se casa com múltiplas esposas – parece ter sido mais comum nas sociedades patrilineares. Devido ao fato de o casamento em sociedades patrilineares implicar o dote da noiva, a transferência de riqueza para a família de uma esposa em potencial significava que as capacidades produtivas e reprodutivas da jovem pertenciam ao patriclã de seu marido. Mas, nas sociedades Bantu, o casamento não alterava o clã ou a linhagem de uma pessoa e, em tempos difíceis, uma mulher podia recorrer à sua linhagem de nascimento para obter ajuda. Ao se mudar para a aldeia de seu marido, uma mulher jovem tinha poucos direitos até ter os seus próprios filhos. No entanto, ao voltar para a aldeia de seu povo, ela teria todos os direitos de *status* e acesso a todos os produtos de sua família biológica[61].

Ascendendo: envelhecimento, anciãos e fases da vida

A importância do pertencimento variava de acordo com o momento e o contexto. O que era comum na tradição histórica Bantu é que, desde os tempos remotos, as comunidades celebravam os membros da linhagem ao longo de suas vidas. Elas realizavam cerimônias para marcar as diferentes fases da vida e cada fase conferia à pessoa iniciada um forte senso de pertencimento, reafirmando suas responsabilidades sociais. Em particular, as comunidades educavam os jovens (discutidos no

---

61. SACKS, K.B. *Sisters and Wives*: The Past and Future of Sexual Equality. Westport, Conn: Greenwood Press, 1979.

capítulo 3) através de processos de iniciação que marcavam as suas transições da infância para a idade adulta e a paternidade. Em grande medida, as cerimônias marcavam o aumento na senioridade e na autoridade potencial dos membros da linhagem. As fases da vida são outro ângulo a partir do qual os historiadores podem investigar os elos conceituais e históricos entre as linhagens, o pertencimento, a autoridade e o domínio espiritual que os falantes Bantu invocavam e preservaram.

Gerontocracia, maturidade e senioridade

O *corpus* de evidências linguísticas e etnográficas comparadas referentes às fases da vida sugere claramente que as antigas sociedades Bantu eram heterárquicas e gerontocráticas. À medida que os membros da linhagem envelheciam, eles adquiriam *status* e autoridade cada vez mais elevados. Embora esse preceito não seja exclusivo das comunidades Bantu, o que talvez seja-lhes característico é a primazia que elas davam – ao reconhecer o poder, a influência ou a autoridade – à idade e ao conhecimento, às redes e ao coletivo, mais do que ao gênero ou à riqueza individual. "Heterarquia" é um termo útil para descrever essa dinâmica. Na heterarquia, a autoridade pode residir simultaneamente em múltiplas instituições. O grupo ou as pessoas que exercem autoridade podem variar dependendo do contexto. Assim, os sistemas heterárquicos não são nem particularmente hierárquicos – embora as comunidades possam incluir múltiplas hierarquias – nem são hegemônicos, com uma pessoa ou grupo concentrando todo o poder, o tempo todo. Em alguns contextos, os líderes políticos impunham sua autoridade, mas havia circunstâncias em que eles não tinham qualquer influência e apenas os mestres espirituais ou medicinais podiam alterar uma situação, fosse ela política, social, ambiental ou cultural. Tanto mulheres quanto homens podiam ser autoridades nesse tipo de contexto histórico, e todos que eram reconhecidos como anciãos tinham algum grau de poder social e de autoridade, ainda que não os exercesse em uma esfera especificamente política, espiritual ou econômica. Os membros das antigas sociedades Bantu compreendiam e reconheciam esses valores transversais a respeito da autoridade.

Em diversas comunidades de língua Bantu, tornar-se um ancião concedia maior senioridade, respeito e autoridade. Isso implicava que mulheres e homens mais velhos tinham um *status* superior em relação a mulheres e homens mais jovens. Saber o seu lugar na gerontocracia era uma prioridade para os membros da comunidade. A importância da senioridade relativa comumente se reflete na forma como os povos de língua Bantu se referem aos seus irmãos, distinguindo os irmãos mais velhos e os mais jovens com termos e modificadores específicos. A senioridade influenciava as relações dentro e fora da linhagem.

Assim como outras visões de mundo e modos de organização social Bantu, os conceitos de idade e de envelhecimento eram fluidos. O que constituía precisamente a maturidade e a juventude variava ao longo do tempo e de acordo com a comunidade. Por exemplo, a senioridade de uma pessoa que se casou ou que, de alguma outra forma, foi adotada por uma linhagem era determinada não necessariamente por sua idade de nascimento, mas por quando ele ou ela foi aceito na comunidade. Além disso, também era possível obter *status* de senioridade em relação aos membros mais jovens da comunidade de nascimento, por façanhas ou feitos excepcionais. As diversas formas em que a senioridade era exercida ilustram a natureza complexa da autoridade, da organização social e do pertencimento nas antigas sociedades heterárquicas Bantu.

Fases da vida das mulheres: meninas, mães e anciãs

Os estudos etnográficos das comunidades Bantu, do final do século XIX e do início até meados do século XX, geralmente descrevem a iniciação feminina como uma instituição social através da qual as mulheres anciãs guiavam as jovens para a idade adulta. A evidência linguística sugere que, pelo menos desde a era Sangha-Kwa, no fim da segunda fase das expansões Bantu, os povos Bantu definiam o período desde a menarca de uma jovem até o nascimento de seu primeiro filho como uma fase distinta da vida, utilizando a palavra-raiz bastante difundida, *-yadi*, para nomeá-la[62]. Com o tempo, essa raiz adquiriu nuanças diferentes em diferentes línguas, mas esses significados continuaram dando primazia, seguindo a tradição histórica Bantu, ao nascimento de novos membros da linhagem. Mesmo nas línguas em que os falantes substituíram *-yadi* por novos termos, quase sempre a ênfase cultural na fase da vida que conduzia à maternidade persistiu. Os falantes Bantu podem ter mudado suas palavras e até os detalhes específicos das práticas, mas as anciãs continuaram a liderar as iniciações, fazendo uso de sinais e de símbolos espirituais para reforçar o pertencimento e assegurar o nascimento bem-sucedido das crianças e, assim, a preservação da linhagem e do clã.

Uma segunda palavra-raiz antiga, associada à trajetória de uma mulher em direção à maternidade e ilustrativa da importância continuada dessas práticas e dessa visão de mundo, é *-gole*. Provavelmente, em seu sentido original, essa raiz era um sinônimo de *-yadi*. Ela começou a ser usada por volta de 1000 a.C. (quarta fase) na língua proto-Kaskazi, ancestral da maioria das línguas Bantu posteriores na África Oriental. A história do termo *-gole* ilustra que as formas como os antigos Bantu concebiam

---

62. SAIDI, C. *Women's Authority and Society in Early East Central Africa*. Rochester, NY: Rochester University Press, 2010, p. 115. Encontrado nas línguas Bantu da savana oriental e também em algumas línguas Njila, ou o ramo da savana ocidental falado em Angola, no oeste da Zâmbia e no norte da Namíbia, *-yadi* é um termo usado para designar uma menina que está sendo iniciada na puberdade ou a fase da vida entre a iniciação e o parto ou o casamento. Na língua Nyanja-Cewa e sua parente mais próxima, Tumbuka, o termo designa especificamente o período da vida desde a iniciação, na puberdade, até a celebração da primeira gravidez. Em Tumbuka, também é a palavra para "noiva", assim como na língua Njila, Luvale. Em pelo menos duas línguas mais distantes do ramo Bantu da Savana Oriental, Kuba, e a língua Njila, Herero, ele nomeia uma mulher que deu à luz recentemente, enquanto em uma língua Mashariki, Chaga, ele se refere a uma mulher grávida. Em algumas poucas línguas, bastante dispersas, o termo também passou a significar simplesmente "mulher adulta".

as fases da vida de uma jovem não desapareceram, mas foram elaboradas de novas maneiras em diferentes comunidades[63].

Entre os povos matrilineares de língua Bantu, no centro-leste da Tanzânia, a raiz *-gole*, na segunda metade do primeiro milênio d.c. (quinta fase), teve o seu uso restringido ao estágio inicial de maturação física da mulher, aplicando-se especificamente a "uma menina no processo físico de desenvolver seios"[64]. A precisão dessa referência significa que a transição para a maternidade era considerada tão vital que cada passo em direção a essa transformação física, e portanto social, de uma jovem exigia reconhecimento. Nessas sociedades, *-gole* marcava, linguística e cerimonialmente, a fase da vida específica e imediatamente anterior à jovem se tornar uma *-yadi*. Não surpreende que, acompanhando a mudança social da descendência matrilinear para a patrilinear e o surgimento incipiente de políticas mais centrali-

---

63. Na primeira metade do último milênio a.c., havia dois termos distintos para designar uma mulher jovem, *kipinja* e *gole*. O significado mais antigo de *gole* era mulher ou fêmea, e *kipinja* significava garota. Havia um termo novo que significava "garota que amadurece" e as línguas Kati o tornaram mais específico para "mulher"; *-gole* era um termo proto-Kaskazi. Cf. GONZALES. *Societies*, cap. 4. • SCHOENBRUN. *A Green Place, A Good Place*. Portsmouth, NH: Heinemann, 1998, p. 160-165. • STEPHENS, R. *A History of African Motherhood*: The Case of Uganda, 700-1900. Cambridge: Cambridge University Press, 2013, cap. 2.

64. Em proto-Kaskazi, *-goli*, "mulher, fêmea"; p. ex., em Rundi, *ku-gora*, "fazer o trabalho da mulher" (arrumação da casa); *umu-gore (aba-)*, "mulher, esposa"; *uru-gori (in-)*, "guirlanda, coroa, coroa pagã usada na cabeça ou no estômago"; *in-goro*, "casa do rei"; *uru-gori*, "coroa usada pelos dançarinos"; em Runyakore/Rukiga, *abagore*, s. "par nupcial; esposas jovens", *bagore*, s. "amante (de)"; em Kondoa/Solwe, *mgole (wa-)*, "menina"; em Nkwifiya, *kigoli*, "menina"; em Vidunda, *kigole*, "menina"; em Swahili, *kigoli/kigori*, *vigoli/vigori*, "jovem antes da menstruação" (a presença de /l~r/ significa que o Swahili provavelmente tomou emprestada a palavra da língua Bantu, Ruvu). O exemplo mais detalhado entre descendentes da língua Ruvu foi descrito por Rigby que descobriu que, entre os falantes Gogo, *"mugolece* é um termo mais respeitoso, frequentemente usado para a primeira ou a esposa sênior, ou para a esposa de um ancião ao ser referida por um homem mais jovem". Nesse sentido, ele se aproxima dos significados que Schoenbrun recuperou entre os Bantu nos Grandes Lagos. Cf. SCHOENBRUN. *The Historical Reconstruction*, p. 83. • RIGBY, P. *Cattle and Kinship among the Gogo*: A Semi-pastoral Society of Central Tanzania. Ithaca, NY: Cornell University Press, 1999, p. 271-272.

zadas nos Grandes Lagos africanos, no mesmo período, o significado de *-gole* tenha assumido um sentido diferente. Por volta de 700 d.C., falantes proto-Nyanza do norte deram a *-gole* o significado de "noiva com potencial materno"[65]. Nessa região, os conceitos de maternidade mudaram, de um processo de múltiplas fases destinado a reproduzir a matrilinhagem para uma visão de mundo na qual uma mulher atravessava suas fases de vida inserida no contexto do casamento. Embora a maternidade tivesse um tratamento especial e ainda fosse honrada nesse contexto histórico, a autoridade e os papéis que as mães desempenhavam na esfera pública, como membros das matrilinhagens, foram muito reduzidos entre os Nyanza do norte.

Os exemplos dos povos de língua Bantu, Ruvu e Nyanza do norte, ilustram as diferentes maneiras em que os povos podem descrever minuciosamente suas ideologias sociais, neste caso, suas concepções das fases da vida da mulher, e como fatores sociais, políticos e econômicos podem implicar a reestruturação de suas visões de mundo. As sociedades podem compartilhar a mesma origem histórica ancestral e, ainda assim, criar novos conceitos e reformular o uso de ideias antigas, de diversas maneiras. Essas diferentes trajetórias de mudança no pensamento social ilustram, para nós, algo do conjunto de continuidades e de mudanças acumulado ao longo da história secular das muitas, e atualmente bastante difundidas, comunidades de língua Bantu.

Em consonância com uma visão de mundo na qual os espíritos ancestrais, os anciãos e os líderes da linhagem eram atores importantes que influenciavam a vida social e política, outra palavra-raiz antiga, *-bumba*, fornece evidência da presença concomitante de grupos de sororidade entre os Bantu da Savana Oriental, no final do segundo milênio a.C. (terceira fase). O uso original de *-bumba* provavelmente designava uma mulher que havia passado da fase da vida *-yadi* para a fase da vida de uma

---

65. STEPHENS. *Motherhood*, p. 186.

mulher com filhos. Mas, há muito tempo, provavelmente já há três mil anos (quarta fase), os falantes Bantu da Savana começaram a usar esse termo como um coletivo para nomear um grupo particular de mulheres adultas, de parentesco próximo, em uma mesma matrilinhagem e vivendo na mesma aldeia[66]. O *-bumba* era composto pelas irmãs adultas, meias-irmãs, primas maternas e suas mães, tias maternas e avós maternas, se ainda vivas, que controlavam as cerimônias de iniciação que preparavam as *mwali* (o substantivo de *-yadi*) para a maternidade, e supervisionavam os processos do casamento[67]. Esses conselhos ilustravam tanto o funcionamento interno da autoridade matrilinear, no nível micro, quanto o papel da senioridade em uma heterarquia. A historiadora Saidi conclui que, onde o *-bumba* existia como uma característica das matrilinhagens, esses grupos de sororidade tinham autoridade sobre as ideias, as práticas e os costumes inter-relacionados, encarnados na iniciação feminina. Por sua vez, essa autoridade dava às mulheres mais velhas o poder de decidir com quem suas filhas poderiam se casar, contribuindo, desse modo, para o fortalecimento e a preservação da centralidade social da matrilinhagem e das relações matrilineares.

No centro-leste e no leste da África, o trabalho antropológico de Audrey Richards, Clement Doke, Hugo Hinfelaar e dos Padres Brancos [Sociedade dos Missionários da África] revela que, nos séculos XIX e XX, os grupos de sororidade Sabi supervisionavam a iniciação de uma jovem, particularmente na preparação da transição para o seu *status* de futura mãe. Um marido em potencial, buscando forjar um vínculo de pertencimento com uma mulher e sua matrilinhagem, primeiro tinha que fazer uma

---

66. SAIDI. *Women's Authority*, p. 40-44. Datas anteriores foram fornecidas por C. Ehret, em comunicação pessoal. Cf. tb. *An African Classical Age*, cap. 2.

67. RICHARDS, A. "The Bemba of North-Eastern Rhodesia". In: COLSON, E. & GLUCKMAN, M. (eds.). *Seven Tribes of British Central Africa*. Oxford: Oxford University Press, 1951, p. 12. • KAPFERER. *Cooperation...*, p. 75.

contribuição produtiva para o grupo de sororidade da mulher. Os antropólogos usam o termo "serviço de noiva" para a sua contribuição às matrilinhagens.

No entanto, essa palavra muitas vezes não consegue transmitir o alcance do significado histórico dessa prática. Embora a perspectiva etnográfica enfatize o conceito da noiva ao discutir o casamento e o serviço de noiva, é importante reconhecer que, na tradição histórica Bantu, a união e as cerimônias decorrentes, lideradas pelos grupos de sororidade e por outros grupos de anciãs, focavam muito mais a construção, a ampliação e a preservação de uma matrilinhagem – a efetivação do princípio de pertencimento – do que a mera transação ou troca implícita no termo "serviço de noiva". Como instituição, o serviço de noiva funcionava como uma espécie de iniciação para os homens, criava laços duradouros e assegurava que o casamento se desenrolasse como uma série de eventos consagrados. Por meio dessas atividades, o parceiro demonstra o seu compromisso com a matrilinhagem da mulher e a sua aptidão para se tornar um pai responsável. Ao mesmo tempo, a matrilinhagem cultivava um compromisso mais forte para com esse membro potencial da linhagem.

As sociedades Sabi do século XX fornecem um indício de como as anciãs, neste caso os grupos de sororidade, exerciam autoridade nas sociedades agrícolas matrilineares. Para que as sociedades agrícolas prosperassem, o trabalho produtivo e reprodutivo era uma necessidade e as matrilinhagens controlavam o acesso à terra. Era competência e responsabilidade das anciãs da matrilinhagem garantir que a força de trabalho dos maridos e das crianças da linhagem fosse sustentável na *longue durée*. Considerando-se que, nas sociedades matrilineares, os filhos de um homem pertenciam a uma matrilinhagem diferente da sua, enquanto os filhos de uma mulher permaneciam em sua matrilinhagem, as anciãs podiam concentrar grande poder social e econômico se tivessem filhas. O controle da mão de obra e do acesso à terra significava que elas podiam exercer um controle considerável nas economias de troca.

137

Nesse sistema social, as mulheres conquistavam maior senioridade e certos direitos ao concluir uma série de ações e responsabilidades. As mulheres jovens nas sociedades Bantu provavelmente aspiravam aos ideais de sua época e sociedade específicas. Nas sociedades agrícolas, ganhar o privilégio, do seu grupo de sororidade, de debulhar o seu próprio grão e de ter a sua própria fogueira para preparar o alimento era um reconhecimento externo de maturidade e de seu *status* elevado. Geralmente, as anciãs só concediam tais privilégios e direitos a uma mulher mais jovem após ela ter completado com sucesso suas obrigações de iniciação e ter passado por suas cerimônias. No reino espiritual, os ancestrais consagravam as iniciações de uma jovem das matrilinhagens. No reino temporal, o seu grupo de sororidade servia como o guia, o árbitro final e o juiz da obtenção, pela futura mãe, do *status* de uma mulher adulta.

Da mesma forma, um homem que aspirava a se casar com uma jovem de determinada matrilinhagem tinha responsabilidades a cumprir antes de poder fazê-lo. Quando o objetivo era o casamento, o jovem se mudava para a aldeia da sua esposa em potencial. Ele tinha que trabalhar, por vários anos, para a matrilinhagem da sua futura noiva. Desse modo, as anciãs do grupo de sororidade podiam controlar o trabalho das filhas e dos aspirantes a genro e, no processo, contribuir para a construção de uma matrilinhagem sustentável e reforçar a identidade. O homem também precisava cuidar das crianças para demonstrar sua capacidade de contribuir reprodutivamente com a matrilinhagem e, muitas vezes, só então seria plenamente aceito.

É importante observar algumas nuances importantes do reconhecimento matrilinear na tradição histórica Bantu. Embora as matrilinhagens muitas vezes tivessem grande poder econômico e social, elas *não* constituíam matriarcados nos quais as mulheres dominavam os homens. Como explicado anteriormente, nessas sociedades, era a senioridade – e não o gênero – juntamente com outros fatores sociais específicos, que determinavam o *status* de alguém. O pertencimento a uma linhagem era fundamental nessas sociedades. O poder e a autoridade tinham múltiplos centros e eram mais comumente difusos do que concentrados.

Um exemplo da natureza dispersa da autoridade pode ser encontrado no centro-leste da África. Entre os falantes Sabi, um homem tinha que observar a evitação da sogra durante o período do seu serviço de noiva. Um aspecto importante do processo era o encerramento da evitação. Estudos etnográficos realizados no século XX entre os Bemba e os Lamba apontam que as sogras e os grupos de sororidade realizavam o *mako*, uma cerimônia que reduzia as regras de evitação, se e quando elas considerassem que o parceiro provou ser adequado para o casamento com uma mulher jovem por seu caráter, além de suas habilidades produtivas e reprodutivas. A cerimônia do *mako* se desenrolava como um processo. Primeiro, havia um relaxamento das proibições mais fortes. Depois de um tempo, o jovem podia cumprimentar abertamente e fazer uma refeição com sua sogra.

A complexidade desse poder também deve ser entendida no contexto das regras aplicadas quando o serviço de noiva terminava. Uma vez que a linhagem havia aceitado o homem como um membro pleno da comunidade, quando seu serviço estava completo, não havia restrições sobre onde a sua unidade familiar nuclear podia se estabelecer. O casal podia se mudar para o local de sua escolha, inclusive para a aldeia materna do homem. Evidências etnográficas e registros judiciais do século XX sugerem que era comum as mulheres permanecerem com suas matrilinhagens. O processo de casamento permitia que as anciãs do grupo de sororidade controlassem a força de trabalho das filhas e dos aspirantes a genros, mas, em última instância, as mulheres e os homens casados tinham que negociar, entre si e com a linhagem, suas decisões e escolhas de vida.

As prerrogativas dos grupos de sororidade e das sogras também eram limitadas de outras maneiras. Por exemplo, entre os falantes Chewa do Malauí e do leste da Zâmbia, os homens jovens podiam ser iniciados na sociedade secreta masculina, Nyau.

Os membros da Nyau usavam máscaras elaboradas e dançavam em cerimônias religiosas. Uma vez que o jovem vestia a máscara em seu rosto, ele não era mais humano, mas um espírito ou um ancestral. Nesse contexto, ele podia atacar verbalmente a sua sogra, em particular, e membros do grupo de sororidade, em geral. Essa oportunidade restrita de um jovem reagir às matrilinhagens, ou a uma parte delas, mitigava as tensões e talvez reduzisse qualquer tendência potencial de severidade por parte das anciãs. Argumenta-se que, na sociedade matrifocal Chewa, a sociedade Nyau contrabalançava qualquer autoridade extrema dos grupos de sororidade. Esse exemplo ilustra como o acesso heterárquico ao poder pode funcionar na prática, com linhas de autoridade que se relacionam e se cruzam, unindo a sociedade. Embora esse exemplo seja específico dos Chewa nos séculos XIX e XX, as evidências linguísticas e etnográficas comparadas, de forma mais ampla, sugerem que padrões como esse têm uma história muito mais antiga entre os povos Bantu.

Fases da vida dos homens: meninos, pais e anciãos

A evidência linguística revela também que, desde os tempos antigos, nas sociedades Bantu, os membros da linhagem adotaram medidas para socializar as crianças do sexo masculino como colaboradores responsáveis da comunidade, através de cerimônias de iniciação da puberdade que incluíam o treinamento físico e intelectual. Em toda a África Bantu há evidências etnográficas e tradições orais que fornecem detalhes das fases de vida dos homens que persistiram ao longo do tempo. De modo semelhante às meninas, os anciãos da linhagem supervisionavam as cerimônias religiosas e rituais que guiavam os homens em direção à futura paternidade, assim como aos papéis vitais de tio, pai, marido, fazendeiro, caçador, produtor de ferro e ancião. Os antigos falantes Bantu acreditavam que a posição social de um jovem era elevada pela idade, por suas conquistas e pela paternidade.

Possivelmente, na primeira fase da história Bantu, em meados do quarto milênio, os proto-Bantu adotavam a circuncisão nos rituais de iniciação masculina. Algumas evidências dessa prática remetem ao período Nyong-Lomami (começo da segunda fase) – um verbo Bantu, *-tib-, que designa especificamente a circuncisão masculina, é usado pelo menos desde então. Uma raiz substantiva conexa e igualmente antiga, *-kula, significava "coorte de idade" ou "grupo etário (de homens jovens)". A derivação dessa palavra do verbo proto-Bantu, *-kul-, "crescer", explicita os vínculos desse ritual com a progressão para o status de adulto. Juntas, essas duas palavras raízes revelam não apenas que as antigas iniciações Bantu dos homens jovens envolviam a circuncisão, mas também que eles passavam por iniciações para a idade adulta não individualmente, mas em grupo.

Os detalhes de como essas cerimônias eram realizadas, na primeira e na segunda fases da história Bantu, ainda precisam ser investigados. Porém, os pesquisadores sabem muito mais a respeito desses costumes a partir do segundo milênio a.C. (terceira fase). Na antiga sociedade Bantu da Savana e entre os antigos Mashariki Bantu de três mil anos atrás, a cada tantos anos, os anciãos levavam os jovens que haviam entrado na puberdade nos anos de intervalo para acampamentos no mato, para um longo período de reclusão que geralmente se estendia por várias semanas. Durante a reclusão, eles guiavam os rapazes por uma série de rituais e os ensinavam sobre as suas responsabilidades sociais e rituais para com a sociedade. Refletindo a importância dessas observâncias cerimoniais e pedagógicas, novos termos relacionados ao período de reclusão começaram a ser utilizados. Entre eles, *-alik-, "entrar em rituais de circuncisão e iniciação", *-alam-, "comprometer-se com as observâncias relacionadas à circuncisão", e *-nkunka, "observâncias da circuncisão"[68].

---

68. EHRET. *Classical Age*, p. 156, 157, 315. • WOLFF, J.J. "Circumcision and Initiation in Western Kenya and Eastern Uganda: Historical Reconstructions and Ethnographic Evidence". *Anthropos*, 78, 1983, p. 369-410. • MARCK, J. "Aspects of Male Circumcision in Sub-Equatorial African Culture History". *Health Transition Review*, supl. ao vol. 7, 1997, p. 337-359.

Desde aquela época, os povos transformaram, de formas sutis ou mais relevantes, as práticas relativas à circuncisão e aos grupos etários, e à iniciação masculina. As sociedades descendentes dos Mashariki pertencentes ao subgrupo Kusi, particularmente os Nguni e os Sotho, no sudeste da África, que se converteram à descendência e ao pertencimento patrilinear, continuaram a adotar a circuncisão na iniciação dos jovens e a iniciá-los em grupos etários. Nos últimos séculos, esses grupos etários atuaram muitas vezes como contingentes militares e, por isso, são frequentemente chamados de "regimentos etários" na literatura histórica.

Em algumas áreas, particularmente na África Oriental, encontros com povos não-Bantu que também socializavam seus meninos através de práticas similares reforçaram esses costumes entre as populações Bantu[69]. Os descendentes Kaskazi, Luyia, outros povos Nyanza do leste, no Quênia e no norte da Tanzânia, e os povos Bantu da montanha, como os Chaga, do Monte Kilimanjaro, e os Gikuyu, da região do Monte Quênia, são exemplos particularmente notáveis de que uma influência crucial para a preservação da circuncisão foi a interação cultural próxima dos Bantu com os povos Cuchitas do sul, que também adotavam a prática.

Em outras regiões, a circuncisão caiu em desuso, embora outros elementos da cerimônia de iniciação possam ter sido mantidos. Entre os povos descendentes dos Ruvu, no centro-leste da Tanzânia, ambos os resultados históricos ocorreram. Alguns povos Ruvu, notadamente os Gogo, que tinham grande interação com os Cuchitas do sul e os Parakuyu Masai, ambos praticantes da circuncisão, mantiveram a prática como parte das suas observâncias de iniciação masculina e, inclusive, substituíram a descendência matrilinear pela patrilinear nos últimos quinhentos anos. Outras sociedades Ruvu, no entanto, permaneceram

---

69. EHRET. *Classical Age*, p. 155-156.

matrilineares e também abandonaram a prática da circuncisão em algum momento nos últimos mil anos. Os anciãos do sexo masculino e as mulheres puérperas da linhagem supervisionavam o processo. Eles isolavam os jovens de suas comunidades e os levavam para acampamentos temporários, onde eles permaneceriam até a sua cerimônia de "saída", *mlao*. Eles denominavam a iniciação nos acampamentos pela palavra *kumbi*. Mudanças culturais levaram à manutenção das observâncias de reclusão na iniciação masculina, mas ao abandono da prática da circuncisão entre esses falantes Ruvu, em particular.

Há pelo menos 1.500 anos, os povos ancestrais de língua Botatwe e Sabi do centro-leste da África abandonaram a prática da circuncisão masculina. As cerimônias de iniciação masculina não são mais praticadas pelos Sabi, e os povos Botatwe adotam apenas uma observância modesta e individual para a iniciação masculina. De fato, a circuncisão masculina desapareceu entre os povos Bantu em grande parte das regiões orientais do cinturão de savana do sul, dos povos Sabi e Botatwe, na Zâmbia, até os Chewa, do Malauí, e os Makua, os Yao e outros povos entre o norte de Moçambique e o sudeste da Tanzânia. Como, quando e por que a circuncisão masculina deixou de ser praticada nessas regiões permanece uma história intrigante ainda a ser explorada. De fato, as histórias das comunidades Bantu, do oeste ao leste, até o sul da África, revelam desenvolvimentos e complexidades instigantes nos desdobramentos das mudanças históricas, das configurações de gênero e das expectativas.

Conclusão

No longo curso da história Bantu, os falantes Bantu se apropriaram e desenvolveram esses conceitos e práticas nucleares em uma *longue durée* de cinco milênios. As suas instituições diversas não eram entidades mutuamente excludentes; pelo contrário, elas estavam interligadas através de práticas heterárquicas e tradicionais destinadas a ensinar e a promover o pertencimento social. Em muitos contextos e épocas diferentes, os falantes Bantu empregaram, ao mesmo tempo, estratégias profundamente arraigadas e recém-criadas para abordar situações imediatas, assim como para planejar o futuro.

Vertentes históricas profundas e comuns de crenças, práticas e relações sociais na cultura Bantu foram, com frequência, radicalmente transformadas pelas forças da história. Embora não tenha havido uma forma de linhagem universalmente preferida, que todos os falantes de línguas Bantu tenham adotado em todas as eras históricas, as evidências linguísticas sugerem que as matrilinhagens foram as instituições organizadoras fundamentais nas fases mais antigas da história Bantu e que, muitas vezes, elas preservaram a sua importância em novas configurações na história posterior. Questões interessantes emergem ao analisar as diversas sociedades Bantu matrilineares, cujos costumes herdados e formas de pertencer e de organizar a sua compreensão do mundo atualmente se cruzam com as ideias novas e bastante diferentes apresentadas pelo islamismo, pelo colonialismo, pelo cristianismo e pelo nacionalismo dos estados africanos. Todas essas influências promovem a organização em torno de suas próprias ideologias e alguns desses fatores históricos mais recentes se opõem abertamente à matrilinearidade, aos matriclãs e, em muitos casos, à crença em espíritos ancestrais. A persistência de ideias mais antigas que sustentam o pertencimento cultural e social pode ser uma prova da resiliência dessas formas de organização entre os povos de língua Bantu. Para a história e para os historiadores, esses sistemas fornecem exemplos instrutivos de como diferentes povos conceberam a organização social e o pertencimento social fora dos paradigmas da formação do estado hierárquico.

ARTIGO: UMA HISTÓRIA ORAL KAONDE

Com frequência, as narrativas orais transmitem enredos relacionados à complexidade das dinâmicas de poder. O trecho de uma história oral Kaonde, apresentado aqui, oferece uma oportunidade de analisar e interpretar o significado de um relato individual usando os conceitos de heterarquia e pertencimento.

Em 1998, o filho de um chefe Kaonde, Sr. Kajoba, narrou com orgulho uma história oral dos seus povos matrilineares que habitam o nordeste da atual Zâmbia. Na história, suas ancestrais mulheres foram fundamentais para a sobrevivência do povo Kaonde. Kajoba explicou que, "em épocas anteriores, antes do colonialismo, a rainha-mãe era a pessoa mais importante em qualquer batalha". Ele prosseguiu, observando que "ela não liderava a batalha, mas, ao invés disso, ela era colocada dentro de um tronco de árvore oco, cheio de remédios tradicionais [como aqueles] usados por nossos ancestrais". Os melhores guerreiros ficavam de guarda para garantir a segurança da rainha-mãe, enquanto ela permanecia sentada no interior do tronco oco. Os Kaonde acreditavam que, enquanto ela permanecesse em segurança rodeada pelos remédios, eles venceriam todas as suas batalhas[70]. Se ela fosse forçada a deixar o tronco da árvore, eles sofreriam uma derrota; portanto, era fundamental manter-se enraizado para garantir a segurança.

Embora os membros do sexo masculino fossem escalados como guerreiros e lutassem contra os adversários e inimigos, o papel da rainha-mãe era considerado igualmente importante. Com sua presença, ela gerava proteção ritual, espiritual e medicinal para a comunidade. A guarda física da sua posição na árvore, repleta dos medicamentos e do conhecimento que ela possuía, precisava de soldados. Assim, os guerreiros homens e as mulheres anciãs compartilhavam o poder e a responsabilidade de defender a comunidade Kaonde – física e espiritualmente.

---

70. Entrevista de Saidi com o Sr. Kajoba, filho de um chefe Kaonde, em Solwezi, na Zâmbia, em julho de 1998. Para uma perspectiva alternativa, cf. tb. CREHAN, K.A.F. *The Fractured Community*: Landscapes of Power and Gender in Rural Zambia. Berkeley: University of California Press, 1997.

Tabela 2.1 Transformando conceitos ancestrais e de linhagem em dados linguísticos.

Raiz	Significado	Notas: as atestações podem variar devido às mudanças regulares de som e às mudanças de significado, ao longo do tempo, nas línguas descendentes	Fase/era da expansão Bantu	Exemplos de línguas modernas onde as palavras foram registradas, com base nas regiões e zonas de Guthrie[71]
*-dímù	Ancestral ou espírito	Posteriormente, *-zimu, espírito ancestral. Através da mudança regular de som, dl se transforma em zi nas línguas.	Primeira Fase das Expansões Proto-Bantu	Bisa, Duala, Gweno, Lwena, Lundu, Mongo, Rundi, Sukuma, Yao
*-jambel *yambe	Deus	*Nyambe, uma atestação comum para Deus Criador, provavelmente deriva da raiz nigero-congolesa, *-amb-, que significava "começar" e que remonta até, pelo menos, 5000 a.C.	Primeira Fase, Proto-Bantu, 3500 a.C.	Herero, Kikongo, Lunda, Ngumba, Nzebi

71. Sobre as regiões e localidades, cf. GUTHRIE, M. *Comparative Bantu*. Vols. 3 e 4. Farnborough: Gregg, 1970. Para perspectivas em desenvolvimento sobre *-dímu, cf. VANSINA, J. *How Societies Are Born*. Charlottesville: University of Virginia Press, 2005, p. 48. Sobre *-dímo, cf. VANSINA, J. *Paths in the Rainforest*. University of Wisconsin Press, 1990, p. 297. ● SCHOENBRUN, D.L. *The Historical Reconstruction of Great Lakes Bantu Cultural Vocabulary*: Etymologies and Distributions. Colônia: Rüddiger Köppe Verlag, 1997, p. 182-183. Sobre *-gandá e *-dúnj-, cf. EHRET, C. *An African Classical Age*. Charlottesville: University of Virginia Press, 2001, p. 159, 166-167. Sobre *li-uba, cf. EHRET, C. *Civilization of Africa*. Charlottesville: University of Virginia Press, 2002, p. 185. ● Sobre *cuka, cf. VANSINA, J. *Paths in the Rainforest*. University of Wisconsin Press, 1990, apêndice 169. ● KLIEMAN, K. *The Pygmies Were Our Compass*. Portsmouth, NH: Heinemann, 2003, p. 69-71.

dog-	Enfeitiçar	O comportamento maligno dos seres humanos tem atestações amplamente difundidas, com pequenas diferenças de significado. Por exemplo, o termo abrange significados como feitiçaria, enfeitiçar, lançar um feitiço e envenenar, em diferentes localidades.	Primeira Fase Proto-Bantu, cerca de 3500 a.C.	Bemba, Chokwe, Kikongo, Kikuyu, Manyanja, Rundi, Shambala, Tebeta, Venda, Yao
*-gàngà	Curandeiro religioso e medicinal, medicina	Atestações amplamente difundidas sugerem a sua origem antiga.	Primeira Fase Proto-Bantu, cerca de 3500 a.C.	Bulu, Chewa, Ganda, Kuba, Luyana, Makua, Mbongwe, Njlamba, Nyakyusa, Venda
*cuka	Matrilinhagem	Cupinzeiros *-suka, matrilinhagem.	Segunda Fase	Bushongo, Lega, Ngonde, Nyakyusa
*-lungu	Deus Criador (termo derivado de um verbo com o significado de "tornar-se adequado, tornar-se ordenado")	Do termo *-dùnŋ- reconstruído até a palavra Kaskazi do sul para Deus, que significa adequado, ordenado, correto; atestada como *-lungu. Através da mudança regular de som, d se transforma em l.	Terceira Fase	Bemba, Kikongo, Kikuyu, Lumbu, Mbundu, Mpesa, Nsenga, Shambala, Xhosa, Yao
*gàndá	Lugar de assentamento da comunidade	A raiz passou a designar assentamento para uma comunidade.	Segunda Fase, cerca de 3000 a.C.	Ganda, Herero, Kikongo, Rundi, Sukuma, Zulu Tio, Teke
*-gàndá	Matriclã	Antigamente, as matrilinhagens eram a principal unidade de organização. Cerca de 2000 anos atrás, a raiz se referia a uma lareira onde as mulheres mantinham altares domésticos e cozinhavam.	Segunda Fase, cerca de 2500 a.C.	Linguas Sangha-Kwa, no Gabão, na Namíbia, nos Grandes Lagos

* Embora não seja mencionado aqui, aparece no texto como *-log-, cf. p. 106. [N.T.].

-kódò	Base da árvore, raízes	Raiz Bantu ainda não totalmente reconstruída, mas amplamente atestada.	Proto-Bantu	Kauma, Kikongo, Manyanja, Songe, Yao, Zigua
-kódò	Avô/Avó		Terceira Fase, cerca de 500 a.C.	Giryama, Manyanja, Unguja, Yaka
*-kóló	Matriclã	**-kóló*, da raiz **-kódò*, metáfora de um tronco de árvore para designar o matriclã, generalizado para "clã" entre os Kaskazi.	Quarta Fase	
*lí-uba	Deus Criador (transferência da palavra antiga para "sol" para um novo conceito de Deus)	Os Kaskazi do Lago Nyanza substituíram o termo *mulungu* quando eles adotaram "sol" como uma metáfora para Deus dos vizinhos ???*, e usaram a antiga raiz Bantu para sol para expressar essa nova concepção.	Quarta Fase, cerca de 1000 a.C.	Yao
*-ded-	"Educar"**	Essa raiz, mais geograficamente restrita, significava "educar" nas línguas Sabi e Botatwe. Com o tempo, ela passou a significar "Deus Criador", atestada como *Leza*. Nas línguas Kusi, como Nyanja e Chewa, o termo passou a designar aquele que sustenta a vida. A raiz **-dedla* é uma forma causativa que significava "ser educado [criado, cuidado]", d- se transformou em l-, enquanto -dla se transformou em -za, nas línguas Bantu da Savana.	Quarta Fase Sabi, cerca de 500 d.C.	Bemba, Ila, Nyanja, Chewa

---

* As interrogações constam do original [N.T.].

** Em inglês, "to nurture". "Educar", aqui, refere-se à criação e ao cuidado com as crianças. Cf. p. 73 [N.T.].

Leituras complementares

DECLISH, F. "Gendered Narratives, History, and Identity: Two Centuries along the Juba River among the Zigula and Shanbara." *History in Africa*, 22, 1995, p. 93-122.

GONZALES, R.M. *Societies, Religion, and History*: Central East Tanzanian's and the World They Created, 200 BCE-1800 CE. Nova York: Columbia University Press, 2008.

SCHOENBRUN, D.L. *A Green Place, A Good Place*. Portsmouth, NH: Heinemann, 1998.

SMYTHE, K.R. *Africa's Past, Our Future*. Bloomington: Indiana University Press, 2015.

STEPHENS, R. *A History of African Motherhood*: The Case of Ugàndá, 700-1900. Cambridge: Cambridge University Press. 2013.

3

Educando as gerações

Este capítulo aborda a história da educação Bantu, particularmente a forma como as memórias históricas, as ideologias e o conhecimento material eram transmitidos e adaptados de uma geração para a outra. As fontes primárias para a reconstrução da educação Bantu incluem a análise da linguística histórica, a etnografia comparada, a tradição oral e a arqueologia.

Na tradição histórica ocidental, há uma expectativa comum de que a educação ocorrerá em uma escola, um prédio físico com salas que abrigam mesas e cadeiras, onde os professores instruirão seus alunos. Os pais incentivam seus filhos a frequentar e a ter um bom desempenho na escola, com a expectativa de que isso melhore suas perspectivas profissionais quando adultos. De modo similar, historicamente, nas comunidades de língua Bantu, os pais também queriam oportunidades de sucesso para seus filhos. Os jovens aprendiam habilidades que iam do conhecimento prático ao esotérico. Nas sociedades agrícolas, as crianças aprendiam sobre o clima e a botânica, incluindo noções de biologia vegetal e química. Nas sociedades pastoris, os jovens se tornavam especialistas em animais domésticos, seus cuidados, seus ciclos reprodutivos e suas doenças. Os povos caçadores-coletores ensinavam as crianças, desde cedo, a reconhecer uma grande variedade de plantas, peixes, insetos e pequenos animais, além de saber onde procurar por comida, em que época do ano os alimentos eram abundantes e em quais condições eles eram comestíveis. As crianças também aprendiam sobre o *habitat* dos animais, biologia e métodos de caça. Aqueles que viviam perto de grandes corpos de água aprendiam a pescar, a fabricar armadilhas para peixes ou cestas de pesca em águas rasas, bem como a manobrar as embarcações. Em muitas dessas sociedades, alguns jovens também aprendiam conhecimentos e habilidades mais especializados.

Este capítulo tem quatro seções. A primeira seção, "A *performance* como educação", examina os sentidos intelectuais da educação nas comunidades de língua proto-Bantu há 5.500 anos. Ela apresenta a educação inicial, seus diferentes tipos e contextos. A segunda seção, "Tradições e transições", enfatiza o ensino dos jovens sobre como se tornar membros responsáveis e produtivos da comunidade. A terceira, "Aprendizagem avançada", revela que, para alguns povos Bantu, a educação especializada prosseguia na idade adulta. Por fim, a discussão sobre a "Tradição histórica Bantu" analisa as histórias das cosmovisões Bantu e seus modos de transmissão. Em seu conjunto, essas seções fornecem elementos importantes para compreender as ontologias Bantu, as teorias da existência que eles conservaram e transmitiram às novas gerações, ao longo de cinco milênios.

A *performance* como educação

Uma variedade de raízes de palavras proto-Bantu revela as maneiras em que as sociedades compartilhavam o conhecimento e educavam os jovens. Um exemplo é o verbo, *-gan-*, que significava "contar uma história" e "mostrar". Ambos os significados podem ser atribuídos ao período proto-Bantu há 5.500 anos. Um termo proto-Bantu relacionado e igualmente antigo, a forma substantiva *-gano*, significava "história". Por volta do segundo milênio a.C., entre os antigos Bantu (terceira fase), o termo assumiu o significado adicional de "sabedoria"[72]. A prevalência e os usos de *-gan-* e *-gano* sugerem que, no passado longínquo, para os antigos falantes Bantu, contar histórias, comunicar-se através de demonstrações e de *performances*, e transmitir sabedoria eram ações e ideologias interligadas nas antigas cosmovisões Bantu. Outro verbo proto-Bantu com associações duplas similares é *- dag-*, que significava "ensinar" e/ou "mostrar". Isso sugere que os antigos povos de língua Bantu consideravam ensinar e mostrar como conceitos e ações interconectados. Nas sociedades de língua Bantu é amplamente difundido o uso das duas raízes, *-gan-* e *-dag-*, para se referir não apenas à instrução verbal e à contação de histórias, mas também à aprendizagem de histórias, ideias e ideais expressos na dança, na música e nas canções.

Escutar, falar, assimilar ideias e práticas, e desempenhar ações coletivamente conferia sabedoria e fortalecia o senso de pertencimento. Os registros de etnografia comparada nas regiões Bantu apontam que, na história remota, a abordagem pedagógica comum envolvia a participação ativa dos alunos no processo de aprendizagem e os professores, por meio de atividades práticas, asseguravam o domínio do conteúdo. O ensino e a aprendizagem eram processos ativos. Histórias orais, contos, mitos, canções, charadas e provérbios narrados ao redor de fogueiras noturnas, ou em outras situações informais e formais, funcionavam como formas comunitárias de educação. O público era chamado a participar em determinados momentos específicos. Os membros mais velhos da comunidade tinham a responsabilidade de corrigir

---

72. A raiz *-gan-*, "pensar", nas línguas Tetela, Gusii (nordeste do Lago Nyanza), Sukuma, Gogo, Bobangi, Nyanja e Yao; *-gan*, "contar uma história", nas línguas Bulu, Bene (Camarões), Chagga, Nyoro, Hima, Ganda, Kikuyu, Sukuma, Lunda; "cantar uma história", em Luba Katanga; *-gano-*, "sabedoria", nas línguas Kongo do oeste, Sanga, Tabwa, Ila, Nsenga, Manyika- -Shona, Duala, Makua, Chokwe e Luvale; *-gano*, "história", nas línguas Luba-Kasai, Burundi, Nyoro, Hima, Shambala, Swahili, Shona, Venda, Pedi, Nandi, Kikuyu, Sukuma, Kanyok, Ila, Ambo, Lunda, Yasa (sul de Camarões), Herero, Kamba-Quênia, Tete e Ruanda. Cf. GUTHRIE. *Comparative Bantu*. Vol. 3, cols. 772, 773, 775, 776.

ou questionar aspectos da história, das letras ou da tradição oral que eles considerassem que o intérprete havia ignorado, esquecido ou narrado de forma incorreta.

Em toda a África de língua Bantu, a etnografia comparada e as tradições orais sugerem que, geralmente, o aprendizado formal tinha início quando as crianças eram desmamadas, provavelmente por volta dos 2 anos de idade. Sua educação possivelmente incluía tanto aprender com os anciãos de sua comunidade quanto dominar as habilidades necessárias para a sobrevivência. Eles ouviam os anciãos narrando histórias, provérbios e mitos, e observavam e aprendiam com os intérpretes das canções, músicas e danças executadas em espaços comunitários. No nível prático, ao realizar as suas tarefas diárias e sazonais, eles aprendiam a participar e a contribuir com o trabalho e com as atividades produtivas de suas sociedades. Por exemplo, em aldeias da África Central, nos dias de hoje, é comum ver meninos e meninas de 5 ou 6 anos de idade carregando um bebê recém-nascido nas costas e embalando-o habilmente para que não chore. Com essas tarefas aparentemente banais, os jovens aprendiam habilidades importantes de atenção e cuidado que lhes seriam úteis em muitas funções, inclusive no seu futuro e esperado papel de pais.

Recentemente, etnógrafos e historiadores da arte documentaram *performances* públicas como formas de educação em toda a África Bantu. Seja na arena pública durante o dia, ou à noite, com as estrelas e uma fogueira comunitária como as únicas fontes de luz, ou reunidos em volta do braseiro da família, as crianças ficavam admiradas, assustadas e encantadas absorvendo o conhecimento das danças e *performances* cerimoniais ou das sessões de história. O chão até tremia quando os instrumentos e ritmos se intensificavam, no clímax da história. De repente, dançarinos mascarados que incorporavam espíritos podiam aparecer de todos os lados, rodopiando e saltando. Com as pessoas cantando e batendo palmas, as lendas, as lições e a história eram apresentadas de forma dinâmica. Não se tratava apenas de ouvir os fatos, mas de estar imerso nas palavras, nas imagens, nos sons e nos cheiros das histórias ou mitos narrados e encenados.

Na maioria das vezes, as danças e canções eram executadas nas áreas comuns e essas *performances* eram cruciais para a educação das gerações mais jovens. Dois verbos e dois substantivos proto-Bantu do quarto milênio a.c. designavam, respectivamente, o canto e a dança: os verbos *-yímb-*, "cantar", e *-bIn-*, "dançar", e os substantivos *-yímbo*, "canção", e *-bInà*, "dança". Uma quarta raiz proto-Bantu igualmente antiga, *-goma*, designava o "tambor". Os três aspectos da *performance* contidos nessas palavras foram elementos intimamente associados e conexos da *performance* e da educação entre os povos Bantu por mais de cinco mil anos, e continuam sendo em todas as sociedades Bantu contemporâneas, salvo poucas exceções.

Embora houvesse claramente termos específicos para cada aspecto, diversos povos Bantu muitas vezes usavam essas palavras para designar mais de um elemento da *performance*. Essa longa história de simbiose entre a música e a dança aparece nitidamente nas histórias semânticas desses verbos e substantivos antigos. De modo independente, por exemplo, nas línguas Thagiicu da região do Monte Quênia, em um agrupamento regional de línguas em Ruanda e no sudoeste de Uganda, e na língua Sotho, do Lesoto, o verbo *-bIn-* assumiu o significado duplo de "cantar" e "dançar"; na língua Kuria, ele perdeu o significado de "dançar" e se tornou apenas o verbo para "cantar". Do mesmo modo, diversas línguas Bantu distantes umas das outras combinaram, de forma independente, os significados "dançar" e "cantar" em suas versões do antigo verbo *yímb-*, "cantar", especialmente a língua Bube, da ilha atlântica de Bioko, e a longínqua língua Safwa, do sul da Tanzânia[73]. No que se refere à palavra proto-Bantu *-goma*, "tambor", os contextos em que as pessoas usam esse termo muitas vezes

---

73. Sobre a raiz *-yímb-*, cf. GUTHRIE. *Comparative Bantu*. Vol. 3, cols. 942 e CS 2010.

associam o instrumento, junto com a música, a dança e a palavra falada, ao acesso ao poder espiritual para propósitos transforma-dores[74]. Entre o povo Kongo de Angola e do oeste da República Democrática do Congo (RDC), assim como entre os falantes kiSwahili e kiKongo da costa da África Oriental, a dança e os tambores são *ngoma*. Entre os falantes, as árvores cuja madeira servia para esculpir os tambores eram chamadas de *ngoma-ngoma*[75].

As evidências linguísticas e etnográficas revelam que, para os antigos povos Bantu, a dança e a música não eram expressões artísticas separadas. Em épocas mais recentes, muitos povos Bantu também combinavam o movimento corporal e as artes auditivas para expressar a herança cultural comum e para transmitir conhecimento por meio da *performance*. Os significados sobrepostos dessas raízes de palavras revelam que as *performances* musicais eram fundamentais para a educação desde as eras mais antigas da história Bantu. Há muito tempo os povos de língua Bantu empregam a música, a dança e o canto como componentes-chave na comunicação e na educação. Entre 1500 e 1900 d.C., os povos de língua Bantu escravizados e transportados na era do tráfico transatlântico de escravos levaram consigo elementos dessas cosmovisões e práticas para as Américas. Por exemplo, da África Oriental até Angola, o termo *samba*, derivado do Bantu, é utilizado para denominar as principais danças associadas à iniciação feminina. No Brasil, o mesmo termo, *samba*, é o nome dado a um conjunto de danças executado por pessoas de origem africana[76].

---

74. Para a distribuição de *-goma-*, cf. GUTHRIE. *Comparative* 1970, cols. 140, 844, 845, 846. • PELS, P. "Kizungu Rhythms: Luguru Christianity as Ngoma". *Journal of Religion in Africa*, 26, 1996. • EHRET. *African Classical Age*, p. 324. • JANZEN, J.M. "'Doing Ngoma': A Dominant Trope in African Religion and Healing". *Journal of Religion in Africa*, 21, n. 4, 1991, p. 290-308.

75. ELLISON, J.G. *Transforming Obligations, Performing Identity*: Making the Nyakyusa in a Colonial Context. Universidade da Flórida, 1999 [Tese de doutorado].

76. GILMAN, B. "The Politics of Samba". *Georgetown Journal of International Affairs*, 2, n. 2, 2001, p. 67-72.

Embora os movimentos e os significados possam ter mudado, o *samba* evidencia as conexões fascinantes entre a história cultural profunda dos falantes Bantu, na África, e aqueles que trouxeram tais contribuições para as Américas.

Embora seja fácil entender como a contação de histórias se assemelha um pouco a uma aula de História, ver a *performance* musical como uma forma de educar os jovens desde cedo pode soar menos familiar. Na longa duração da história Bantu, a *performance* era mais do que entretenimento: espectadores e participantes eram, ambos, engajados ativamente em um evento educativo comunitário. A dança e os seus muitos significados, por razões óbvias, não dispõem de muitos registros arqueológicos nos últimos cinco mil anos. Mas os estudos etnográficos e de história da arte, acerca do papel da *performance* musical entre diversos povos de língua Bantu em épocas mais recentes, lançam luz sobre os papéis fundamentais da dança e da *performance* na educação dos jovens. As semelhanças na *performance* musical e na dança encontradas em sociedades Bantu regionalmente tão distantes quanto os Punu, nas regiões da fronteira sul da República do Congo próximas ao Rio Congo, os Sukuma, no noroeste da Tanzânia, e os Chewa, do Malauí, além dos termos proto-Bantu, atestam que este foi certamente um componente social fundamental nas antigas comunidades de língua Bantu.

O povo Punu oferece um exemplo ilustrativo da *performance* musical como uma ferramenta para a educação prática e cultural. Desde a década de 1960, antropólogos e etnógrafos documentaram o *ikoku*, uma dança popular Punu que as tradições orais alegam existir há pelo menos cem anos. O *ikoku* começa com dois músicos tocando o tambor e um vocalista cantando e batendo palmas com a batida, iniciando uma dança. Com a introdução em andamento, os demais eram convidados a participar da dança. O povo Punu tem a crença de que a dança promove a alegria comunitária e um senso de unidade e de pertencimento em todos na comunidade, mas aqueles que assistiam certas danças também aprendiam lições importantes. Primeiro, há movimentos que simbolizam a fertilidade, a importância das crianças e a honra associada à maternidade e à parentalidade em geral. Mas, provavelmente, o aspecto mais instrutivo da dança *ikoku* eram os movimentos imitando a pesca em águas rasas. Durante a estação seca no território Punu, grupos de mulheres pescavam peixes, fontes de proteína, com suas redes *fyke*. Nas encenações do *ikoku*, os dançarinos batiam os pés no chão com movimentos rápidos e pesados, como se pisoteassem a relva nas poças rasas, imitando uma técnica que as mulheres usam para forçar os peixes pequenos a saírem da relva em direção ao centro da poça para facilitar a pesca com cestas. Com o *ikoku*, as crianças aprendiam essa maneira de expressar alegria e de honrar a importância da reprodução. Ao mesmo tempo, com os movimentos da dança, as meninas aprendem as técnicas e os ritmos de que necessitarão quando tiverem idade suficiente para participar da pesca como integrantes de uma equipe[77].

Etnomusicólogos documentaram dois tipos de *performances* de dança com um conjunto de lições diferente para os meninos na região sudeste dos Grandes Lagos, entre os Sukuma. Segundo as tradições orais, estas duas danças datam do início do século XIX. A primeira, *bayeye*, era a dança dos caçadores de cobras, e a segunda, *banuunguli*, era a dança dos caçadores de porcos-espinhos. Os porcos-espinhos atacavam as colheitas e as cobras feriam as pessoas; assim, era responsabilidade dos caçadores eliminar essas pragas pelo bem da prosperidade econômica e da saúde pública. As danças ensinavam técnicas para caçá-las. O som dos tambores hipnotizava as criaturas, que se moviam com a batida. Às vezes, os *banuuguli* dançavam com cobras vivas, deixavam-nas mordê-los e depois aplicavam remédios especiais para demonstrar o seu próprio poder como curandeiros. Assistindo

---

77. PLANCKE, C. "On Dancing and Fishing: Joy and Celebration of Fertility among the Punu of Brazzaville". *Africa*, 80, n. 4, 2010, p. 620-664.

essas danças, os jovens garotos da plateia aprendiam a capturar porcos-espinhos e cobras. Posteriormente, quando os homens Sukuma foram forçados a trabalhar como carregadores sob o domínio colonial, durante a primeira metade do século XX, eles realizavam essas danças para manter sua identidade e dignidade, assim como para fortalecer sua coragem, enquanto transportavam itens, por toda a região nordeste dos Grande Lagos até a costa, para os alemães e os britânicos[78].

Uma tradição um pouco diferente, de danças com máscaras, era um elemento-chave nas regiões central e sudoeste da África Bantu. Os homens, quase universalmente, usavam máscaras e trajes elaborados e coloridos, feitos principalmente de madeira e ráfia. Por exemplo, entre os Chewa matrilineares, o dançarino mascarado Nyau se apresentava em todos os eventos religiosos mais importantes, como em um funeral ou nas cerimônias de graduação da iniciação feminina. Antropólogos e historiadores da arte escreveram extensivamente sobre as *performances* Nyau, a partir das quais é possível fazer algumas inferências históricas[79].

Segundo a tradição oral Chewa, as sociedades Nyau de dança com máscaras existem há pelo menos quinhentos anos. As sociedades Nyau iniciavam os homens com rituais que praticamente imitavam a iniciação feminina e, refletindo de forma evidente essa dívida social, um iniciado era chamado *mwale* (da raiz proto-Bantu, -*yadi*), o mesmo termo usado para uma jovem durante as iniciações femininas. Os dançarinos Nyau frequentemente retratavam mais de sessenta personagens, lendários e vivos, em suas danças. Eles não representavam todos em uma única dança particular, mas eles sempre encenavam personagens. Com a máscara, os dançarinos Nyau não eram mais considerados huma-

---

78. GUNDERSON, F. "'Dancing with Porcupines' to 'Twirling a Hoe': Musical Labor Transformed in Sukumaland, Tanzania". *Africa Today*, 48, n. 4, 2001, p. 3-25.

79. SCHOFFELEERS, M. "The Nyau Societies: Our Present understanding". *The Society of Malawi Journal*, 29, n. 1, jan./1976, p. 59-68.

nos. Em vez disso, eles se tornavam o espírito representado pela máscara e podiam cometer atos proibidos aos humanos. Com frequência, as máscaras retratavam animais, ancestrais e figuras históricas – tanto homens quanto mulheres. No século XX, havia até algumas máscaras representando autoridades coloniais britânicas ou simbolizando problemas contemporâneos enfrentados pelas comunidades Chewa.

Os dançarinos Nyau, com seus trajes elaborados, usavam seus movimentos para apresentar eventos históricos e transmitir valores importantes. Sua transmissão de conhecimento incluía *performances* sobre a relação entre os seres humanos e o mundo animal, assim como entre os seres humanos e o mundo espiritual. Outro impacto educativo importante dos dançarinos mascarados Nyau se refere às suas instruções, para meninos e meninas jovens, sobre os seus papéis na sociedade Chewa. Os dançarinos mascarados Nyau comunicavam que as mulheres eram responsáveis pela vida através do nascimento e do cultivo de alimentos, enquanto os homens eram responsáveis pela morte através da caça de animais, do abate de gado e da dança em funerais. Nessas elaboradas danças com máscaras, os jovens aprendiam valores sociais importantes, bem como lições da história de suas comunidades[80].

Todas essas *performances* ensinavam às crianças habilidades práticas, mas também reforçavam as visões de mundo de cada sociedade. Um exemplo é a dança *ikoku*, que ensinava a plateia a expressar alegria através do movimento, e habilidades práticas como a pesca em águas rasas. As danças Sukuma masculinas serviam a propósitos educativos diversos, como ensinar o método para livrar as áreas cultivadas e habitadas de porcos-espinhos e de cobras e, ao mesmo tempo, abordar os valores mais profundos da bravura e da força. E, por fim, as danças Nyau com máscaras representavam pessoas e personagens da história passada. Essas

---

80. YOSHIDA, K. "Masks and Secrecy among the Chewa". *African Arts*, 26, n. 2, abr./1993, p. 34-45.

narrativas ensinavam aos jovens as relações apropriadas entre humanos, espíritos e animais, e confrontavam novos problemas e personagens que pudessem aparecer na comunidade.

Evidências etnográficas da história recente revelam que, em regiões geograficamente diversas, as *performances* – uma sinergia de canto, instrumentos musicais e danças corporais – eram usadas para educar os jovens. As palavras utilizadas para nomear esses tipos de *performance* revelam quão antigas essas formas de educar e de transmitir a cultura eram. Essas diversas fontes de evidência sugerem que, há vários milhares de anos, as crianças de língua Bantu assistiam *performances* de música e de dança como entretenimento, mas elas também aprendiam sobre os costumes, as expectativas e a história de suas comunidades através dessas apresentações.

Tradições e transições

Quando os jovens atingiam a puberdade, sua educação entrava em uma nova fase, assumindo uma dimensão privada e pública. Os jovens passavam por um conjunto de observâncias religiosas e educativas de transição que se estendiam por semanas, meses ou anos. Os principais elementos da educação eram transmitidos em locais sagrados, isolados do resto da comunidade, de modo a resguardar o conhecimento. Em toda a África Bantu, os registros etnográficos comparados revelam que esses eram períodos de educação intensiva, destinados a transformar os jovens em membros produtivos de suas respectivas sociedades. Os anciãos ensinavam aos jovens habilidades práticas para a vida, lógica, decoro, a história dos clãs e das linhagens, a história local, o nascimento e os cuidados com as crianças, a criação dos filhos e educação sexual. As cerimônias de educação transicional dos meninos geralmente incluíam a circuncisão, como discutido no capítulo 2; no caso das meninas, a prática era pouco comum.

161

Na maioria das vezes, o encerramento do período de reclusão envolvia toda a comunidade, que participava das graduações cerimoniais públicas. Os antropólogos frequentemente se referem a essas transições de vida como rituais de puberdade. Esses rituais eram, de fato, transições para uma nova fase da vida, mas um ponto menos enfatizado é o de que eles também eram educativos, servindo para a afirmação dos jovens como membros de uma comunidade.

Na era proto-Bantu, no quarto milênio a.c., os meninos aparentemente já passavam por observâncias de iniciação em grupo, como revela a existência de uma palavra-raiz proto-Bantu, *-kúdà*, para designar o grupo etário dos jovens iniciados juntos[81]. Por sua vez, originalmente, a educação de iniciação feminina entre os povos Bantu era individual e realizada pelas anciãs da família da menina, que guiariam e supervisariam o seu período de reclusão e de educação nos valores e costumes de sua sociedade. A reclusão, a educação e a iniciação de meninas em pequenos grupos parece ter sido um desenvolvimento novo, possivelmente no segundo milênio a.c., entre os Bantu da Savana. No início do primeiro milênio a.c., as iniciações em grupo de meninas eram certamente costumeiras entre os proto-Mashariki descendentes dos Bantu da Savana Oriental. O marcador claro dessa história é uma palavra-raiz que remonta ao proto-Mashariki, *-nyamkungui*, denotando especificamente a anciã cujo papel era supervisar e guiar essas observâncias em grupo de meninas[82].

Um indicador claro da etnografia comparada de que as iniciações em grupo de meninas de fato remontam aos Bantu da

---

81. EHRET. *An African Classical Age*, p. 155-157.

82. O termo ainda existe de forma isolada nos subgrupos Ruvu e Nyasa, que habitam regiões muito distantes, um pertencente ao subgrupo Kaskazi e o outro ao Kusi, dos Mashariki, com correspondências sonoras totalmente regulares. Trata-se de um substantivo derivado de uma raiz Bantu muito mais antiga, *-kunk-* ou *-kung-*, que designa a realização de ritos de passagem, também encontrada fora do ramo Bantu da savana oriental, em línguas do ramo Njila (savana ocidental). Cf. EHRET. *An African Classical Age*, cap. 5.

Savana, no segundo milênio a.c., é o uso, em séculos recentes e em sociedades muito distantes, descendentes da fase das expansões Bantu na savana oriental, de um tipo particular de ferramenta de ensino nas observâncias de reclusão feminina – estatuetas de argila e madeira. No último século, etnógrafos registraram o uso desse tipo de ferramenta de ensino na iniciação feminina entre povos tão distantes quanto os falantes Chokwe, no sudoeste da África, os Nguni, no sul da África, os Bemba, da Zâmbia, na África Central, e os povos Ruvu, no leste da Tanzânia. Muitas vezes, estrangeiros se referiram a essas figuras como "bonecas", mas elas não eram feitas para brincar. Elas eram dispositivos mnemônicos para o aprendizado intensivo em um período de educação social e cultural relativamente curto, mas carregado de informações, que introduzia uma jovem durante a iniciação à história, à religião, às visões de mundo, à biologia, às habilidades práticas e aos comportamentos considerados essenciais na transição para a maternidade ou para a idade adulta[83].

Várias sociedades Bantu realizam uma segunda iniciação feminina, que pode ser meses ou mesmo anos após a reclusão na puberdade. A segunda cerimônia era celebrada durante a primeira gravidez da mulher. A existência de duas fases na iniciação feminina à idade adulta é comum entre as comunidades Sabi Bantu da África Centro-oriental e, nessa região, a prática remonta a pelo menos 1.700 anos atrás, na quarta fase de expansão[84]. Nesses povos, a segunda cerimônia de iniciação, durante a primeira gravidez, marcava o fim da fase de vida *-yadi, como discutido anteriormente. A antiguidade da raiz *-yadi nas línguas Bantu – e o fato de que, provavelmente, o seu sentido original designava a fase da vida entre a primeira menstruação de uma mulher e o seu primeiro filho – e a prática dessa segunda iniciação podem

---

83. GONZALES. *Societies*, cap. 4. • HECHTER-SCHULTZ, K. "Fertility Dolls: Cults of the Nguni and Other Tribes of the Southern Bantu". *Anthropos*, vol 61, 1966, p. 516-528.
84. SAIDI. *Women's Authority*, p. 101-103.

remontar a um período muito anterior ao que os historiadores são capazes de comprovar.

Estudos etnográficos dos últimos cem anos, em regiões geograficamente diversas da África Bantu, são úteis para compreender como essas instituições educativas e sociais intensivas funcionavam. Três exemplos de diferentes regiões da África de língua Bantu fornecem elementos para compreender as semelhanças históricas e as transições na prática educacional. O primeiro exemplo vem da África Central, a iniciação feminina Bemba, *icisungu*, estudada por diversos pesquisadores. O segundo vem dos Chaga patrilineares da África Oriental, e inclui escolas de iniciação de homens e mulheres. O terceiro exemplo vem do sudoeste da África, onde os Chokwe matrilineares realizam cerimônias de iniciação tanto masculinas quanto femininas.

Nas cerimônias Bemba de iniciação feminina, a menina passava por um período de reclusão na puberdade, quando era ensinada sobre a história de sua linhagem e de seu clã e sobre como ser um membro produtivo da sociedade, uma mãe e esposa[85]. O primeiro ato da iniciação feminina, ou *icisungu*, começava quando um chefe da aldeia convocava os espíritos ancestrais para abençoar a cerimônia. *Nachimbusa*, a mentora do *icisungu*, distribuía cestas cerimoniais para as mulheres, começando pela mais velha.

O segundo conjunto de atividades envolvia a reclusão e um período longo de educação multifacetada das jovens. As mulheres presentes cantavam canções, recitavam poemas e ensinavam utilizando estatuetas de argila e madeira, além de pinturas, todas chamadas de *mbusa*. Segundo Richards, um *mbusa* de cerâmica chamado *cilume ca ciboa* tinha a forma de um homem com uma cabeça grande, um órgão sexual e sem braços. No início do século XX, as jovens aprendiam que essa figura representava um homem que fica em casa o dia todo criticando sua esposa, mas

---

85. "Mbusa: Sacred Emblems of the Bemba". Jean J. Corbeil Papers/Moto-Moto Museum, Mbala, Zâmbia, 1982.

não se dedica a trabalho nenhum – um tipo de marido que as iniciadas eram instruídas a evitar[86]. Outro *mbusa* consistia em grandes modelos de argila crua, muitas vezes decorados com sementes e outros itens.

Os desenhos nas paredes internas e no chão da casa de reclusão também eram *mbusa*. As mulheres que supervisionavam o *chisungu* pintavam padrões geométricos com os dedos. Cada padrão tinha um significado especial e a ocorrência de muitos deles não apenas nas decorações que as mulheres locais faziam nas suas cerâmicas, em séculos passados, mas também na arte rupestre Batwa, muito mais antiga, revela que esses rituais incorporaram e preservaram imagens e ideias presentes em diferentes povos da região que remontam ao passado longínquo.

Na última noite de cerimônias, as iniciadas tinham que saltar por grandes arcos feitos de argila crua, cobertos com sementes de grãos e galhos de árvores. Realizar esse ato transformava simbolicamente uma garota em mãe. Nesse momento, a comunidade a considerava devidamente educada espiritualmente e, assim, pronta para ingressar na fase de vida da maternidade.

Na África Oriental, os Chaga patrilineares, habitantes das encostas do Monte Kilimanjaro, na Tanzânia, realizavam cerimônias de iniciação masculina que incluíam a circuncisão até o final do século XX. Os jovens eram iniciados em público e em grupos chamados de grupos etários. Como discutido no capítulo 2, esses grupos etários ultrapassavam os laços familiares e contrabalançavam as alianças familiares, clânicas e territoriais. O grupo etário criava laços entre não parentes. Os homens permaneciam no grupo etário por toda a vida. Eles prestavam serviços ao chefe como um grupo etário e não podiam se casar sem a sua aprovação.

Por outro lado, as comunidades Chaga iniciavam as mulheres jovens individualmente ou em pequenos grupos. Recentemente,

---

86. RICHARDS. *Chisungu*, p. 211.

anciãs Chaga afirmaram que essa iniciação secreta transmitia às mulheres conhecimentos especiais e criava solidariedade entre as iniciadas. Esses ritos proporcionavam um contrapeso à solidariedade engendrada, entre os homens, nos grupos etários. As mulheres eram submetidas a testes físicos que tinham um propósito educativo. Por exemplo, as jovens capturavam girinos e suas mentoras pediam que elas os introduzissem em seus estômagos para ensinar-lhes a sensação dos primeiros movimentos de um feto. As anciãs Chaga instruíam as jovens em detalhes a respeito de como engravidar e como evitar a gravidez, do trabalho de parto e do parto, muitas vezes afirmando que o parto exigia a coragem de um guerreiro.

Essas práticas tinham raízes profundas, mas foram reinterpretadas ao longo do tempo. Uma ferramenta que as anciãs utilizavam durante a iniciação feminina, no início do século XX, era o *mrego*, um cajado de cerca de um metro de comprimento esculpido com padrões. Uma mentora da iniciação tinha o conhecimento para decifrar os entalhes no *mrego*. Cada entalhe e desenho esculpido no *mrego* representava uma pessoa ou um evento importante que as iniciadas deveriam se lembrar. Chefes e anciãos homens usavam o *mrego*, com outros padrões, para ensinar história para toda a comunidade[87].

Assim como os povos Sabi na África Centro-oriental, os Chaga realizavam uma segunda cerimônia de transição na vida de uma mulher, no momento da sua primeira gravidez. Os detalhes dos ritos eram diferentes e as observâncias Chaga eram, de certa forma, mais elaboradas do que as das comunidades Sabi. Mas a existência e o reconhecimento formal dessa transição, na história recente e em regiões tão distantes, juntamente com as evidências linguísticas, apoiam a conclusão de que a origem dessas observâncias remonta pelo menos até os Bantu da Savana, no segundo milênio a.C.

---

87. RAUM, O.F. "Female Initiation among the Chaga". *American Anthropologist*, 41, n. 4, out.-dez./1939, p. 558, 560.

Além disso, ao contrário dos falantes Sabi, as observâncias Chaga da segunda transição de vida, para a maternidade iminente, incluíam um período adicional de educação. Quando uma mulher Chaga se casava e engravidava com sucesso pela primeira vez, três celebrações da gravidez eram realizadas. Na primeira festa, os anciãos ensinavam, separadamente, as mães e os pais em potencial a respeito do desenvolvimento seguro de um feto e dos seus deveres como pais. A segunda festa era uma celebração repleta de danças, canções e comida, tudo para evocar os ancestrais a concederem saúde a uma jovem mãe e ao feto em desenvolvimento. Nos últimos meses de gestação, as linhagens Chaga realizavam uma terceira celebração chamada de o "Grande Casamento". O fato de a celebração final da gestação se chamar "Grande Casamento" sugere que a primeira gravidez e o nascimento de uma criança na linhagem eram considerados, assim como entre os povos Sabi, mais importantes do que a cerimônia de casamento.

Longe dali, a oeste, o povo Chokwe, do nordeste de Angola e extremo sul da RDC, fornece outro estudo de caso notável sobre como uma sociedade Bantu historicamente recente pode, ao mesmo tempo, preservar traços antigos da iniciação feminina e masculina Bantu e desenvolver novas variações desses costumes. Tributárias do poderoso Império Lunda nos séculos XVII e XVIII, em meados do século XIX, as chefaturas Chokwe adquiriram armas e os seus homens realizavam expedições para caçar elefantes em todas as regiões próximas ao alto e médio Rio Cassai. Com suas armas e prosperando como fornecedores de marfim para o então florescente comércio em direção ao Atlântico, as forças Chokwe romperam com o controle Lunda e começaram a expandir seus territórios, adentrando as porções ocidentais do próprio território Lunda.

As populações Chokwe eram matrilineares e tinham escolas de iniciação complexas para meninos e meninas. As meninas iniciadas eram chamadas de *mwadi*, um reflexo da raiz proto--Bantu *-yadi*, já descrita, para esse período da vida. *Nyamwadi* designava a mãe de uma menina iniciada, enquanto *Nyatundanji* nomeava a mãe de um menino iniciado. Ambos os nomes tinham um prefixo, *-nya*, derivado da raiz Bantu para "mãe". De modo revelador, os falantes Chokwe se referiam à iniciação masculina e feminina como uma preparação para a parentalidade, enfatizando e preservando a ênfase Bantu, muito mais antiga, na importância de assegurar a próxima geração de uma linhagem. Em tempos recentes, as observâncias da iniciação feminina, chamadas *ukule*, do antigo verbo Bantu *-kud-*, "crescer", podiam durar até quatro meses. A iniciação masculina, *mukanda*, se estendia por um período variável, de alguns meses até um ano. Os Chokwe frequentemente se referiam ao *mukanda* como "útero masculino", refletindo a visão de que, durante o longo período de transição, uma das principais consequências dessas cerimônias era o afrouxamento do vínculo entre mãe e filho.

Quando um grupo de jovens Chokwe atingia a puberdade, os anciões os treinavam coletivamente em reclusão. A primeira etapa era a sua circuncisão – uma prática que remonta aos proto-Bantu – e, nessa primeira fase, as mães tinham que observar restrições alimentares e sexuais. No momento da circuncisão propriamente dita, as mulheres da comunidade cercavam as mães dos iniciados. Elas cantavam alto e dançavam freneticamente para que as mães não ouvissem os gritos dos filhos. Os aspectos educativos do *mukanda* envolviam o aprendizado da história do clã, das expectativas e responsabilidades sociais dos homens, da biologia, incluindo a educação sexual, assim como do conhecimento masculino esotérico.

Como parte das observâncias de iniciação, os homens Chokwe aprendiam a fazer máscaras e a executar danças que representavam cerca de cem espíritos *likishi*[88]. A palavra *likishi* deriva de

---

88. No registro etnográfico publicado, o substantivo raiz *-kishi* é regular quando no plural, *makishi*; no entanto, no singular, ele pode ser escrito como *likishi/akishi*.

uma antiga raiz Bantu, *-*kitI*, cujos reflexos nas regiões ocidentais de savana da África e na diáspora fazem referência a uma série de significados que incluem os espíritos ancestrais e territoriais, os encantamentos medicinais e as figuras e máscaras entalhadas em madeira que representavam esses espíritos[89]. Os Chokwe acreditavam que os dançarinos mascarados se transformavam durante a dança, tornando-se um *likishi* particular. Durante a graduação e as cerimônias públicas do *mukanda*, as *nyakandanji* conduziam danças importantes, enquanto seus filhos exibiam o seu novo conhecimento da dança com máscaras e dançavam pela primeira vez para a comunidade. O sucesso do *mukanda* dependia de quão bem mães e filhos dançavam, embora a cerimônia de graduação simbolizasse a quebra dos laços estreitos entre uma mulher e seu filho.

No *ukule*, as meninas aprendiam lições práticas sobre assuntos como sexo, gravidez e sua prevenção, assim como o parto e a criação dos filhos. Ao contrário dos homens, as jovens iniciadas não faziam nem usavam máscaras. Quando uma menina menstruava pela primeira vez, ela era isolada da aldeia e uma anciã era escolhida para ser sua mentora. A anciã iniciava o *ukule* na noite escolhida, vestindo um pano sobre o seu rosto e dançando enquanto rodopiava cajados flamejantes. A sua *performance* era visualmente intensa, feita para assustar homens e crianças. Era um aviso de que o *ukule* de uma jovem estava começando e que eles deveriam manter distância da iniciada. Essa dança, *makishi,* era uma comunicação entre os ancestrais e a iniciada. Os ances-

---

89. GUTHRIE. *Comparative Bantu*. Vol. 3, cols. 1.072, 1.073. • MacGAF-FEY, W. & JANZEN, J.M. "Nkisi Figures of the Bakongo". *African Arts*, 7, n. 3, 1974, p. 87-89. • MacGAFFEY, W. "Fetishism Revisited: Kongo 'Nkisi' in Sociological Perspective". *Africa*: Journal of the International African Institute, 47, n. 2, 1977, p. 172-184 [Disponível em http://www.jstor.org/stable/1158736]. • HERSAK, D. "There Are Many Kongo Worlds: Particularities of Magico-Religious Beliefs among the Vili and Yombe of Congo--Brazzaville". *Africa*: Journal of the International African Institute, 71, n. 4, 2001, p. 614-640 [Disponível em http://www.jstor.org/stable/1161582].

trais facilitavam a sua transição para *mwadi* – da raiz *-yadi* –, a fase da vida de uma jovem que ainda não era mãe. Durante os vários meses de seu *ukule*, ela aprendia tudo o que precisava saber para se tornar mãe. No encerramento do *ukule*, ela era pintada nas cores simbólicas vermelha, preta e branca. Então, junto com sua mentora e com os membros da comunidade, ela dançava animadamente a noite toda[90].

Apesar das variações nos detalhes em diferentes sociedades, muitas linhas comuns de continuidade remontam às fases iniciais da história Bantu no que se refere às concepções de maioridade, educação, casamento, parentalidade, pertencimento, senioridade e autoridade. Entre os falantes Bantu em grande parte da África, a graduação dos jovens envolvia uma educação intensa, a segregação de gênero e um período de isolamento de suas famílias e da comunidade em geral. Durante as cerimônias de transição, eles aprendiam a história da sua comunidade, como realizar diversas tarefas importantes, e como cultivar e manter a sexualidade e as relações pessoais saudáveis. Além das habilidades práticas, os jovens também aprendiam elementos etéreos importantes, tais como conectar-se com o reino dos espíritos e dos ancestrais. Era esse conhecimento que, em última instância, dava-lhes acesso a autoridade, *status* e poder no curso de sua vida.

Aprendizagem avançada

Além da formação obtida nas cerimônias de maioridade, algumas pessoas participavam de uma educação técnica avançada. A aprendizagem para se tornar um profissional técnico era geralmente aberta a qualquer um que se mostrasse promissor, mas, em algumas sociedades, havia restrições a respeito de quem poderia ser admitido baseadas no clã, na linhagem ou em outros

---

90. CAMERON, E.L. "Women = Masks: Initiation Arts in North-Western Province, Zambia". *African Arts*, 31, n. 2, 1998, p. 51.

requisitos. Um aspecto singular da educação avançada nas sociedades de língua Bantu era o de que, tipicamente, os mestres superavam os estudantes em número, o oposto do que ocorre na maioria das instituições ocidentais de ensino superior.

Os leitores podem imaginar o leque de possibilidades, na *longue durée* da história, para os diferentes tipos de especialização ou de ensino superior disponíveis nas sociedades Bantu. As pessoas se envolviam em treinamentos tecnológicos que incluíam a produção de cerâmica, a fundição de ferro e a ferraria, escultura em madeira, além de farmácia e da cura médica, para citar algumas profissões comumente discutidas. Outros se tornavam religiosos ou músicos. Em diversas sociedades na floresta tropical e na savana úmida adjacente, algumas pessoas treinavam para se especializar na tecelagem de tecidos de ráfia (cf. Figura 3.1) e outras na produção de tecidos de cortiça. Ambos eram têxteis produzidos há milhares de anos pelas sociedades Bantu, para uso local e para o comércio, e o tecido de ráfia, em particular, se tornou um bem comercial altamente valorizado na era atlântica (1500-1900) em toda a região da floresta equatorial e, mais ao sul, onde atualmente é Angola. Ele também se tornou uma moeda importante na região do baixo Rio Congo, essencial para os empreendimentos comerciais.

Tecnologias como a produção de ferro e cerâmica, o entalhe em madeira, a tecelagem de ráfia e a produção de tecido de cortiça exigiam que os interessados em se especializar se tornassem aprendizes. Quando dominavam a produção de determinada tecnologia, as pessoas se tornavam artesãs reconhecidas e continuavam a trabalhar na produção junto com as outras mais experientes. Enquanto, em algumas sociedades, um indivíduo com aptidão podia aprender uma dada habilidade, em outros casos, certos rituais ou presságios eram necessários antes que uma pessoa pudesse ser escolhida como aprendiz. Por exemplo, entre os Bemba e outros povos da África Central, primeiro um indivíduo sonhava com um ancestral ceramista e, em seu sonho, aprendia a fazer cerâmica. Só então ele era selecionado para trabalhar com ceramistas mais velhos e experientes[91]. De modo similar, na grande maioria das comunidades de língua Bantu, aqueles que se tornavam curandeiros medicinais quase sempre eram escolhidos por sua capacidade comprovada de aprender uma farmacopeia extensa e as habilidades rituais necessárias. Com frequência, os curandeiros vivenciavam um episódio transcendente chamando--os à profissão. O papel fundamental que esses especialistas desempenhavam nas sociedades Bantu será um tópico importante do próximo capítulo.

Figura 3.1 Tecido de ráfia Kuba da Província de Catanga, na República Democrática do Congo, com vários padrões que ilustram as crenças Kuba. Os homens tecem a base e as mulheres bordam os padrões na face do tecido. A ráfia era frequentemente utilizada como moeda em diversas sociedades pré-coloniais da África Central.

Foto de Anne Manmiller. Da coleção particular de C. Saidi.

Pesquisadores se referem a certa forma de educação superior como "sociedades secretas", mas essa expressão tem sido muitas

---

91. SAIDI. *Women's Authority*, p. 147.

vezes interpretada como algo relativo ao ocultismo, com juízos de valor negativos associados a ela[92]. Ao invés disso, o termo utilizado aqui é o de "associações". Essas associações podem ser entendidas como instituições de educação superior na medida em que seus membros adquiriam um conhecimento especializado e protegido. Os membros da associação detinham um conhecimento que geralmente aumentava o seu *status* social porque pouquíssimas pessoas tinham acesso a ele e, no entanto, nos momentos de crise, essa inteligência era muitas vezes necessária para solucionar desafios ou problemas sociais específicos. Finalmente, os membros se tornavam mestres de suas especialidades. Sua experiência muitas vezes fornecia orientação nas áreas da espiritualidade, da história, da economia e da política. O seu conhecimento os unia e cultivava um senso de lealdade e de ação. Os membros da associação recebiam a hospitalidade da comunidade, *status* e proteção. Isso era especialmente útil quando estavam longe de casa. Ser um membro dessas associações facilitava a entrada em redes estabelecidas. Essas associações tinham elementos secretos e místicos importantes, mas também eram organizações exclusivas de prestígio e sociedades de ajuda mútua, algo comparável aos Maçons, aos Cavaleiros de Colombo ou às sociedades de honra universitárias do mundo ocidental.

Na África Bantu, esses tipos de associações se desenvolveram nas imediações dos principais pontos de comércio ao longo do Rio Congo, possivelmente há cerca de mil anos (quinta fase). Essas ideias então viajaram para o sul, em direção ao centro e ao leste da RDC moderna[93]. Três exemplos dessas associações são o *Bumbudye*, do povo Luba, o *Ubutwa*, do Lago Mweru, e o *Bwami*,

---

92. NOOTER, M.H. "Secrecy: African Art That Conceals and Reveals". *African Arts*, 26, n. 1, jan./1993, p. 54-69. • THORNTON, J. *Africa and Africans in the Making of the Atlantic World, 1400-1800*. 2. ed. Cambridge: Cambridge University Press, 1998, p. 220.
93. EHRET, C. *Civilizations of Africa*: A History to 1800. Charlottesville: University of Virginia Press, 2016, p. 418-419.

dos Lega. Por volta de 1600, o *Bumbudye* funcionava como um contrapeso intelectual ao poder da elite política do Império Luba. Eles legitimavam os chefes Luba dando o seu consentimento e sua bênção cerimonial. O *Bumbudye* ajudava a moderar o comportamento despótico do centro. Os líderes locais *Bumbudye* tinham influência sobre o governo central Luba porque eles controlavam sanções rituais importantes. À medida que o Império Luba se expandiu, o *Bumbudye* ajudou a integrar pequenas comunidades de língua Bantu ao mundo Luba, permitindo que os líderes locais continuassem sendo líderes ao passarem pelo treinamento *Bumbudye*. Assim, ele funcionava como um meio de integrar outros povos ao Império.

Missionários, exploradores e invasores coloniais europeus do início do século XX observaram o *Bumbudye*. Segundo eles, o povo Luba calculava que suas associações existiam há quatrocentos anos. Recentemente, historiadores da arte analisaram o *Bumbudye*, uma organização hierárquica na qual era possível ingressar e avançar para os níveis superiores. O único pré-requisito para o primeiro nível de adesão era a maioridade. Tanto mulheres quanto homens podiam alcançar um nível alto no interior da associação, desde que provassem ser inteligentes o suficiente e tivessem recursos para pagar pelo privilégio dessa educação superior. Geografia, história, literatura e ideias religiosas faziam parte do currículo inicial. Mapas elaborados, encontrados nas paredes de pequenas casas localizadas em áreas rurais remotas, representavam todo o Império Luba, que tinha mais de 500km², com todos os lagos e rios importantes e os símbolos dos chefes de cada região. O mapa também ilustrava as casas dos líderes *Bumbudye*, onde funcionavam as escolas *Bumbudye*[94].

Após o processo de adesão e a conclusão do primeiro nível, o iniciado recebia uma nova identidade e iniciava um caminho de

---

94. STUDSTILL, J.D. "Education in a Luba Secret Society". *Anthropology & Education Quarterly*, 10, n. 2, 1979, p. 67-79. • ROBERTS, M.N. & ROBERTS, A.F. (eds.). *Memory* – Luba Art and the Making of History. Nova York: Museum for African Art, 1996.

descoberta espiritual e de desafios intelectuais. O segundo nível implicava o desenvolvimento do conhecimento dos iniciados. O *kamanji*, um ancião importante, conduzia os iniciados por uma trilha na floresta. Ao longo do caminho, havia figuras representando a história Luba, os espíritos e a hierarquia *Bumbudye*. O terceiro nível, *lukala* ou a casa dos símbolos, demandava recursos financeiros e capacidade intelectual. Os membros se comunicavam em uma linguagem de sinais conhecida apenas por eles. Eles tinham que estudar o conhecimento codificado em murais de símbolos abstratos e figurativos, retratados nas paredes interiores das casas. Os iniciados também tinham que encontrar o seu par espiritual e o iniciado se tornava esse espírito em todas as celebrações *Bumbudye*. O último nível era quando a pessoa ascendia à autoridade máxima. Ele ou ela aprendia a ler e a interpretar o *lukasa*, um dispositivo mnemônico. Ele era composto de pedaços de madeira do tamanho de uma mão, adornado com miçangas e conchas formando padrões que ajudavam os iniciantes a reter o seu conhecimento.

O *Ubutwa*, que significa o estado de ser inteligente, parece ser uma antiga forma de educação superior que se desenvolveu na região do Rio Luapula, antes da presença Bantu ali. Segundo relatos orais, os *Ubutwa* preservavam as histórias e as tradições Batwa e Sabi. Suas responsabilidades incluíam cuidar dos doentes e enterrar os membros falecidos. Eles narram que os membros originais do *Ubutwa* eram Batwa, como a palavra-raiz sugere. Em última instância, a associação ao *Ubutwa* transcendia os limites do parentesco, da família, do clã e da etnia. Ao contrário do *Bumbudye*, o *Ubutwa* não estava vinculado à liderança política. Em vez disso, ao que parece, as populações Batwa o utilizavam como um meio de integrar os recém-chegados. Com base em evidências linguísticas e arqueológicas, cerca de 1.500 anos atrás, os falantes Sabi Bantu se mudaram para essa área. De fato, as tradições orais revelam que os Batwa utilizavam as atividades e estruturas do *Ubutwa* para integrar os Sabi à comunidade regional.

No século XVI, outro grupo Bantu, os Lunda, começou a governar a região com uma liderança centralizada. No entanto, os membros do *Ubutwa*, em uma tentativa de proteger a integridade histórica da associação, impediram a adesão desses novos líderes[95].

O *Ubutwa* era composto por iniciados, membros aprovados e oficiais superiores. Aqueles que se tornavam membros faziam um juramento de lealdade, de nunca revelar o conhecimento *Ubutwa*, e todos os membros eram obrigados a aprender a língua *Ubutwa*[96]. Para alcançar os níveis mais altos da associação, uma pessoa tinha que saber a história antiga da região e demonstrar poder espiritual. Os líderes de cada cabana independente eram *nangulu*, mãe dos espíritos, ou *shingulu*, pai dos espíritos. Os *na-* e *shi- ngulu* protegiam os membros dos espíritos malévolos.

Por volta do século XIX, na floresta nordeste do Congo, a oeste do Lago Kivu, os Lega desenvolveram as associações *Bwami*. Etnógrafos registraram sete níveis do *Bwami* para os homens, e quatro para as mulheres[97]. Os novos iniciados tinham que memorizar e recitar mais de trezentos provérbios e suas representações simbólicas entalhadas em madeira, que comunicavam um sistema de crenças e instruíam os membros do *Bwami* acerca da conduta apropriada. Os Lega utilizavam o *Bwami* para preservar sua cultura, sua ordem social e sua identidade Lega coesa. Esse recurso lhes serviu bem durante a agitação social e política no final do século XIX e início do século XX.

Em toda a África de língua Bantu, especialistas formaram associações como o *Bumbudye*, o *Ubutwa* e o *Bwami* para trans-

___

95. O impacto e as implicações, no longo prazo, do equilíbrio de poder orquestrado entre os estados centralizados e as associações podem ser vistos, p. ex., no trabalho de Markus Rediker: *The Slave Ship*. Nova York: Penguin Books, 2007, p. 95-97.

96. MUSAMBACHIME, M.C. "The Ubutwa Society in Eastern Shaba [Katanga] and North East Zambia to 1920". *International Journal of African History Institute*, 27, n. 1, 1994, p. 77-99.

97. ZUESSE, E.M. "Action as the Way of Transcendence: The Religious Significance of the Bwami Cult of the Lega". *Journal of Religion in Africa*, 9, 1978, p. 62-72.

mitir conhecimento especializado e passar adiante as informações que possuíam. Embora algumas estivessem vinculadas ao poder político, outras eram utilizadas para integrar populações diversas e manter padrões morais. Cada associação exigia a aprendizagem do conhecimento especializado que era utilizado para preservar, defender e guiar suas sociedades.

Comunicação na tradição histórica Bantu

Embora não existam registros escritos da maioria das línguas Bantu antes dos séculos XIX e XX, suas culturas orais preservaram grandes corpos de conhecimento antigo. Desde os tempos proto-Bantu, a capacidade de se expressar e de narrar uma história oral e visualmente deve ter sido uma habilidade muitíssimo valorizada em toda a África de língua Bantu. As comunidades de língua Bantu que tinham contato próximo com muçulmanos e com as tradições intelectuais islâmicas muitas vezes adotaram a prática da alfabetização, mas, ainda assim, registrar o passado por escrito não tinha primazia sobre a oralidade como meio de transmitir as tradições culturais e sociais.

A transição do conhecimento oral, cinestésico e visual para o conhecimento escrito, como forma de armazenar informações fora da pessoa humana, é um processo ainda em desenvolvimento nas comunidades de língua Bantu atuais. Antigamente, as imagens visuais geralmente representavam conceitos amplos. Os falantes Bantu não desenvolveram uma forma de comunicação escrita na qual um caractere específico denotasse uma palavra, sílaba ou som em particular. Em vez disso, as representações visuais eram muitas vezes esquemáticas ou não pictóricas. As imagens e os padrões tinham conotações nem sempre óbvias para as pessoas de fora. Embora a maioria dos adultos em determinada sociedade fosse capaz, após a educação inicial, de interpretar os significados dos símbolos, algumas pessoas se tornavam especialistas nas definições mais esotéricas e nas implicações da cultura transmitida através do tempo. A educação, em todos os níveis, enfatizava a capacidade de se lembrar das tradições orais, da literatura oral e de uma miríade de símbolos visuais.

A maioria das comunidades Bantu vivia próxima ou negociava com outras comunidades, e, devido aos episódios recorrentes de expansões Bantu para novas regiões, em locais onde as comunidades vizinhas nem sempre eram falantes Bantu. Na longa duração da história Bantu, com frequência, as pessoas em uma sociedade Bantu teriam sido bilíngues ou multilíngues e fluentes em duas ou mais línguas Bantu, além de dominarem uma primeira língua e uma tradição cultural cuja origem não era Bantu. A necessidade de ser fluente em dois ou mais idiomas, além do grande apreço pela história oral e pela literatura visual, exigia uma boa memória. Os falantes Bantu muitas vezes utilizavam dispositivos mnemônicos para ajudar a dar vida às suas lições e para ajudar a plateia a aprender e a reter não apenas o conhecimento cultural e histórico, mas também os pensamentos mais profundos que eles buscavam transmitir. A ampla distribuição geográfica dessas táticas aponta para o uso de dispositivos mnemônicos como elementos antigos do pensamento e da prática Bantu, provavelmente desde a terceira fase de expansão, se não antes.

Nas iniciações da África Central, a arte esquemática pintada em paredes, junto com itens de argila portáteis, servia a esse propósito. Como já foi descrito, as comunidades Chaga na África Oriental utilizavam o *mrego*, um cajado de madeira fácil de transportar, para ensinar história durante as cerimônias de iniciação feminina. Outro exemplo de como os povos de língua Bantu utilizavam elementos mnemônicos pode ser encontrado entre os Luba, na África Central. Artistas, historiadores da arte e colecionadores da Europa e dos Estados Unidos conhecem bem as tradições artísticas Luba. O que é menos conhecido é o fato de que todas as suas esculturas e peças de arte em ferro contêm símbolos usados para recordar e transmitir conhecimento a respeito de pessoas e eventos importantes do passado.

Ainda mais importante para os falantes Luba era o *lukasa*, um quadro de memória que eles utilizavam para interpretações e transmissões mais complexas da memória. O *lukasa* – feito de madeira rústica e decorado com pinos, miçangas e ideogramas entalhados – era do tamanho de uma pá grande que podia ser segurada com uma das mãos. Alguns ideogramas e miçangas tinham um significado universal para os adultos Luba, outros precisavam da mediação de especialistas para serem interpretados[98]. A interpretação do *lukasa* era decisiva em certos eventos públicos e desempenhava um papel central na educação superior privada do *bumbudye*. O especialista que interpretava o *lukasa* transmitia os eventos históricos e os costumes sociais inseridos no contexto do seu entendimento do público e das questões e pontos de vista locais. Entre os Luba, o intérprete tinha que possuir um conhecimento especial e ser capaz de transmiti-lo efetivamente ao público.

Várias comunidades usavam cordas como dispositivos mnemônicos para comunicar a história. Um exemplo notável é o reino Shona, de Mutapa, que dominou a metade norte do atual Zimbábue de meados do século XV até o final do século XVII e permaneceu como um estado independente, embora menos importante, durante os séculos XVIII e XIX. Naquele reino, um historiador da corte dava um nó na corda no início do reinado de cada novo governante. Em 1929, havia trinta e cinco nós na corda real, representando todos os governantes do reino nos 480 anos anteriores[99].

As comunidades Chokwe utilizavam um dispositivo diferente, o *sona*. Os *sona* eram gráficos e diagramas que representavam a teoria geométrica e que os alunos aprendiam a usar durante as escolas de iniciação. Os iniciados eram instruídos nos cálculos, sinais e raciocínios necessários para determinar qual candidato

---

98. ROBERTS & ROBERTS. *Memory...*, p. 41.
99. HUYLEBROUCK, D. "Mathematics in (Central) Africa Before Colonialization". In: *Anthropologica et Præhistorica*, 117, 2006, p. 149.

seria escolhido como o novo líder após a morte do chefe[100]. Esses diagramas eram ensinados a todos os adultos para que todos entendessem o processo de seleção de um novo governante. Utilizando vários tipos de cálculos, o *sona* também mostrava a posição relativa de todos os nascidos em uma comunidade, assim como daqueles que se tornaram ancestrais.

Outra forma de comunicação era a música. As pessoas interpretavam músicas e tocavam instrumentos musicais não apenas como entretenimento, mas para evocar ideias, emoções e eventos específicos e para se comunicar com os vivos e com os ancestrais. Alguns instrumentos eram usados para ajudar a acionar memórias da história e serviam de suporte para a transmissão da tradição oral. Outros eram usados para comunicar notícias e eventos atuais.

Se, durante a maior parte da história Bantu, os músicos tocavam tambores como o acompanhamento principal de quase todas as apresentações musicais, os antigos povos Bantu do centro-oeste da África reconhecidamente usavam tambores, "tambores que falam", para transmitir informações importantes a distância. Na história recente de Uganda, os habitantes das zonas rurais muitas vezes dependiam dos tambores para dar-lhes notícias importantes, como convocações para reuniões públicas ou projetos de trabalho comunal, o anúncio de um problema sério, da morte de alguém importante ou do início de uma expedição de caça. Nas aldeias, as crianças aprendiam desde cedo a decodificar as diferentes vozes e mensagens dos tambores. O ritmo, a velocidade, a intensidade e o tipo de tambor utilizados eram diferentes para cada evento anunciado. Muitas vezes, havia inclusive um músico diferente para cada tipo de tambor[101]. Nas grandes *performances* comunitárias o uso de diferentes ritmos do tambor podia indicar qual clã deveria dançar.

---

100. Ibid., p. 144.

101. MUSHENGYEZI, A. "Rethinking Indigenous Media: Rituals, 'Talking' Drums and Orality as Forms of Public Communication in Uganda". *Journal of African Cultural Studies*, 16, n. 1, jun./2003, p. 107-117.

Outro instrumento muito utilizado para comunicação era o agogô duplo de ferro soldado, amplamente difundido em toda a Bacia do Congo entre 500 e 1000 d.c., espalhando-se ainda mais ao sul, até a cidade do Grande Zimbábue, nos séculos XII e XIII. Os ferreiros africanos desenvolveram diferentes tipos de sino, um grande avanço na soldagem do ferro, provavelmente pouco antes de 500 d.c. Historicamente, o significado ritual e político do agogô duplo era igualmente importante. No período inicial da sua difusão, o agogô duplo era essencialmente um instrumento de chefes e reis. Cada um dos seus dois sinos tinha um tom diferente. Todas as línguas Bantu eram línguas tonais (de dois tons), e cada sílaba de uma palavra tinha um tom alto ou baixo. Assim, por exemplo, qualquer frase feita em elogio a um chefe ou rei teria a sua sequência específica de tons. Se uma sequência particular de tons era tocada, todos na comunidade reconheceriam imediatamente qual frase o agogô estava reproduzindo.

Um instrumento diferente, embora similar, era o agogô duplo de madeira esculpida encontrado na região do baixo Rio Congo. Os falantes Kikongo chamavam os agogôs de madeira de *kunda*, um substantivo derivado do verbo **-kunda*, que significa "homenagear ou suplicar"[102]. Para o povo Kongo, os seus dois sinos representam a mediação entre os mundos dos vivos e dos mortos. Cada sino representava um desses mundos, mas, para enfatizar a sua unidade, o *kunda* era esculpido em uma única peça de madeira maciça.

Mais ao sul, o "piano de polegar", ou *mbira**, se tornou parte da epistemologia Shona. Ele era mais do que música; o *mbira* era usado para se comunicar com o reino espiritual. Entre os praticantes religiosos Shona, o *mbira* era uma maneira de as pessoas orarem a Deus e ao mundo dos espíritos. Eles acredita-

---

102. MacGAFFEY, W. "Ethnographic Notes on Kongo Musical Instruments". *African Arts*, 35, n. 2, 2002, p. 17.
* Também conhecido como *kalimba* [N.T.].

vam que o *mbira* era uma ponte entre os vivos e os ancestrais, os espíritos e Deus. Os Shona afirmavam que um músico altamente qualificado era capaz de atrair os espíritos para a terra[103]. Os indivíduos que serviam como médiuns precisavam da presença dos espíritos para serem possuídos. Além disso, a música do *mbira* incentivava as pessoas da comunidade a continuar dançando por longos períodos de tempo, uma ação que, segundo eles, mantinha os espíritos fisicamente próximos.

Recentemente, no final do século XX, no sudeste da África, instrumentos musicais e música ainda eram utilizados para narrar as histórias orais dos povos Zulu e Swazi, removidos à força de suas terras pelo governo da África do Sul na era do *apartheid*, entre 1948 e 1970. Esse período intenso de mudanças ameaçou a preservação de instituições culturais e sociais. Antigamente, as mulheres dessa região tocavam o arco de boca, *unqangala*, fazendo música quando tinham que caminhar longas distâncias. Há cerca de vinte anos, antropólogos se reuniram com mulheres mais velhas dessa área e levaram vários tipos de *unqangala*[104]. Quando as mulheres começaram a tocar os instrumentos, a música inspirou memórias de suas tradições e história passadas. Algumas mulheres não tocavam o instrumento ou ouviam sua música há quarenta anos, mas assim que começaram a tocar o *unqangala*, a música desencadeou nelas uma enxurrada de memórias.

Conclusão

Nas sociedades de língua Bantu, nos últimos cinco milênios e meio, as crianças se engajaram em uma diversidade de atividades educativas, de informais a intensivas, que começavam desde cedo

---

103. BERLINER, P. "Music and Spirit Possession at a Shona Bira". *African Music*, 5, n. 4, 1975/1976, p. 130-139.

104. IMPEY, A. "Sound, Memory, Displacement: Exploring Sounds, Song and Performance as Oral History in South African Borderlands". *Oral History*, 36, n. 1, 2008, p. 33-44.

e se desenvolviam e se transformavam conforme as suas habilidades de assistir, de entender e de contribuir com os eventos de sua comunidade aumentavam. Embora as formas e práticas específicas variassem com o tempo e a região, quando um indivíduo era adolescente, ela ou ele era submetido a estudos rigorosos e específicos para se preparar intelectual, econômica, moral, emocional e espiritualmente para a próxima fase da vida, a paternidade. A parentalidade, como norma social, tornava-se uma aspiração de todos os membros da comunidade. A paternidade não excluía homens nem mulheres da esfera pública. Alguns optavam por aprender um ofício como caçador, fundidor de ferro, ceramista, tecelão ou bordador de tecidos de ráfia (cf. Figura 3.1), enquanto outros desejavam se tornar curandeiros, herboristas ou líderes espirituais. Nas sociedades do interior sudeste da Bacia do Congo, um tipo adicional de educação se desenvolveu nos últimos mil anos com o surgimento de associações voluntárias, também chamadas de sociedades "secretas" devido ao conhecimento esotérico que transmitiam aos seus membros à medida que eles se graduavam, sucessivamente, nos níveis superiores dessas sociedades.

Os povos de língua Bantu desenvolveram diversos meios e métodos eficazes para transmitir conhecimento, educação e conhecimento espiritual através das gerações e em novas regiões à medida que as expansões Bantu avançavam ao longo dos séculos. Imagens visuais e a *performance* oral eram particularmente importantes na comunicação de ideias complexas. Dispositivos mnemônicos eram utilizados para aprofundar o ensino e ajudar os alunos a consolidar e reter o que aprenderam. Arte rupestre, esculturas de madeira, peças de cerâmica, nós em cordas, padrões geométricos em tecidos de ráfia (cf. Figura 3.1), cajados de madeira entalhados e quadros de memória foram alguns dos meios que diferentes comunidades Bantu adotaram para preservar a miríade de símbolos e significados. Além das formas visuais de comunicação, os povos de língua Bantu também usavam a música e a dança para transmitir conhecimento e inculcar a visão de suas culturas acerca dos mundos terrestre e espiritual.

Leituras complementares

FRANK, B.E. "Field Research and Making Objects Speak". *African Arts*, 40, 2007, p. 13-17.

HUYLEBROUCK, D. "Mathematics in (Central) Africa Before Colonization". *Anthropologica et Præhistorica*, 117, 2006, p. 135-162.

KREAMER, C.M.; ADAMS; S. & NATIONAL MUSEUM OF AFRICAN ART. *Inscribing Meaning*: Writing and Graphic Systems in African Art. Washington, DC: Smithsonian National Museum of African Art, 2007.

ROBERTS, M.N.; ROBERTS, A.F.; CHILDS, S.T. & MUSEUM FOR AFRICAN ART. *Luba Art and the Making of History*. Nova York: Museum for African Art, 1996.

SAIDI, C. *Women's Authority and Society in Early East Central Africa*. Rochester, NY: Rochester University Press, 2010.

4

Criando tecnologia e arte

Uma área importante de investigação histórica inclui os processos envolvidos na invenção de tecnologias científicas, a produção de cultura material e o conceito de arte nas sociedades. Embora os artefatos que as pessoas deixam para trás não revelem aos pesquisadores quais línguas seus fabricantes falavam, as línguas modernas podem ser analisadas para recuperar informações sobre os produtos que as sociedades passadas usavam e valorizavam. Dos Camarões à Zâmbia, existem povos de língua Bantu que equiparam um ceramista e a produção de cerâmica com o Criador e o ato da criação humana. Essa analogia conceitual e linguística fornece uma visão filosófica da natureza entrelaçada da arte, da ciência e da cosmovisão na história e na vida cotidiana Bantu. As antigas populações Bantu reinventaram continuamente suas tradições artísticas e tecnológicas e incorporaram e adaptaram as ideias de outros povos que lhes pareceram úteis e interessantes.

"Tecnologia e arte" se refere ao amplo espectro de ferramentas e de técnicas que, em geral, os povos inventaram e utilizaram para tornar a vida cotidiana mais eficiente e as tarefas mais fáceis ou mais produtivas. Este capítulo discute algumas das realizações tecnológicas mais importantes e transformadoras das sociedades Bantu, na *longue durée* da história, com ênfase particular nos últimos dois mil anos. Ele examina o papel da ciência e da arte no desenvolvimento de economias, da estética, de materiais cobiçados, ferramentas utilitárias e itens necessários no dia a dia.

Produção de alimentos

Embora para muitas pessoas, hoje em dia, comer uma refeição possa se resumir a pedir uma pizza ou esquentar um jantar no micro-ondas, na longa duração da história as pessoas coletavam, plantavam, colhiam e cultivavam sua própria comida e depois preparavam os alimentos para consumo e armazenamento. Com esses recursos elas preparavam as refeições. Até a era industrial, os povos de todo o mundo gastavam grande parte do seu tempo e energia com a obtenção e a provisão de alimentos. Historicamente, as comunidades buscaram e encontraram maneiras de produzir alimentos de forma eficiente e abundante, com graus variados de sucesso. Esta seção explorará o espírito inovador das comunidades Bantu, antigas e modernas, em relação à tecnologia alimentar, à ciência e à arte da produção de alimentos.

Nos capítulos anteriores, exemplos de inovação e de empréstimo entre os povos Bantu, em muitos domínios da vida, foram destacados como transformações que os Bantu desencadearam ao se expandirem para novas áreas. Ao mesmo tempo, também é importante reconhecer as continuidades na prática que eram sobrepostas aos novos modos de vida. A produção de alimentos na forma de agricultura, pesca, caça e criação de cabras e galinhas-d'angola remonta a muito antes de 3500 a.C., quando a sociedade proto-Bantu se desenvolveu. Porém, em épocas posteriores, as técnicas utilizadas pelos Bantu na produção de alimentos foram adaptadas a ambientes distintos ou, em outros casos, eles usaram suas tecnologias para modificar os novos ambientes e atender às necessidades agrícolas. Há pelo menos cinco mil anos, antigas comunidades descendentes dos Bantu viviam na região sul do atual Camarões. Lá, eles exploravam os recursos de vários nichos ecológicos importantes. Já naquela época, eles tinham um conjunto

186

de palavras linguísticas para designar diferentes tipos de terrenos. Isso implica que eles provavelmente tinham um entendimento baseado no uso de seus ambientes. Por exemplo, eles diferenciavam os ambientes de floresta tropical, chamados de *-titu*, das áreas intercalares de savana no interior das florestas, às quais chamavam de *-subi*. A raiz *-subi* designava o tipo de terreno ideal para o plantio de seus cultivos básicos. Eles também distinguiam um tipo de floresta secundária chamada *-saka*, que designava uma área de floresta em terras previamente cultivadas, da terra ainda selvagem, *-kanga*, uma distinção que sugere que os Bantu consideravam o *-kanga* como o terreno propício para a obtenção e a produção de alimentos. Naquela época, eles também cultivavam e processavam pelo menos duas variedades de inhame, *-kua* e *-pama*, além de feijão-fradinho, *-kúndè*, e amendoim, *-júgù*.

Quando os falantes Bantu migraram para territórios de floresta, a agricultura de inhame exigiu que eles modificassem a paisagem. A prática do desmatamento se tornou um primeiro passo essencial antes do plantio das mudas de inhame no solo. Arqueólogos encontraram ferramentas que sugerem o desmatamento e o plantio de inhame nessa área e também mais ao sul, na floresta equatorial ocidental. Entre os artefatos recuperados estão machados de pedra polida, que teriam sido os instrumentos fundamentais para o trabalho de cortar as árvores no terreno onde as mudas de inhame seriam plantadas. Além disso, esse tipo de machado provavelmente também era usado como ferramenta de plantio. Os machados devem ter sido úteis em áreas com solos altamente lateríticos, encontrados em muitas partes da floresta equatorial onde o impacto direto da chuva transforma o solo em uma superfície dura como pedra. Nas áreas de floresta tropical, um dos métodos utilizados pelos antigos agricultores Bantu para proteger a terra das chuvas e do endurecimento do solo era a técnica de cobrir o solo com a vegetação cortada após o desmatamento do terreno. Então, ao invés de cavar o solo para o plantio, o que prejudicaria os nutrientes que estavam na superfície, as mulheres agricultoras usavam uma lâmina para abrir um corte no solo, inseriam uma muda de inhame na fenda e cobriam novamente a terra em torno da abertura. Esse esforço protegia o solo da erosão e garantia colheitas bem-sucedidas. A etimologia da palavra proto-Bantu, *-soka*, que designava um machado, é reveladora dessa história. Surpreendentemente, a palavra deriva de um verbo mais antigo, *-sok-*, que significava "furar", e não de um verbo com o sentido de cortar. Essa evidência linguística é uma forte indicação de que, embora o machado possa ter sido usado para derrubar árvores, os antigos agricultores Bantu provavelmente usavam a mesma lâmina para furar ou abrir uma fenda no solo para plantar as mudas de inhame[105].

No decorrer dos séculos, os falantes Bantu continuaram a migrar pelas áreas de floresta. Além de aproveitar as áreas intercalares de savana na floresta, eles se estabeleceram ao longo das margens dos rios que, devido à abertura na copa das árvores, proporcionavam maior incidência de luz solar para suas lavouras e, é claro, davam-lhes acesso a boas fontes de pesca. Por volta de 3000 a.C. (segunda fase), suas áreas de assentamento em expansão os colocaram, cada vez mais, em contato e em relações comerciais com os povos Batwa dessas regiões. Os Batwa encontraram um mercado entre as comunidades Bantu para o mel e a cera que eles coletavam na floresta e para os couros que eles produziam dos animais que caçavam. No longo prazo, os Batwa começaram a complementar os alimentos que eles coletavam e caçavam com alimentos que eles obtinham através do comércio com os agricultores Bantu. Como discutido anteriormente, o encontro das comunidades Batwa e Bantu foi o impulso para o estabelecimento de relações comerciais duradouras que não só ampliaram a variedade de alimentos disponíveis para cada comunidade, mas também os prepararam para uma história compartilhada de um modo geral.

---

105. EHRET. *Classical*, p. 112-113.

Nas áreas próximas aos grandes corpos de água, os homens Bantu construíam pequenas canoas e barcos de madeira para navegar nos rios Sanaga e Nyong, e pescavam com anzóis feitos de conchas e ossos. O uso continuado, nas línguas Bantu modernas, de raízes proto-Bantu como *-lobo, para "anzol", e o verbo *-lob, "pescar com anzol e linha", é evidência de que os povos antigos pescavam com essas tecnologias. A evidência etnográfica comparada de todas as regiões Bantu atesta que as mulheres também eram pescadoras, utilizando cestos para pescar em águas rasas. No capítulo anterior, aprendemos que a pesca nas águas rasas dos riachos era uma fonte crucial de proteína, durante a estação seca, para a comunidade Punu, no sul do Gabão. Uma característica antiga desse tipo de pesca, ainda amplamente preservada em tempos recentes em diferentes regiões de língua Bantu, era a de as mulheres caminharem em grupos pela água, entoando canções dirigidas aos espíritos da água enquanto se moviam de forma ritmada e sincrônica para guiar os peixes pequenos em direção às suas cestas, bem como se proteger dos crocodilos[106].

Nos primeiros dois mil anos de suas expansões, as comunidades Bantu teriam em grande medida se misturado com outros povos de origem Bantu ou Batwa. Mas, nos últimos quinhentos anos do segundo milênio a.c. (terceira fase), quando as expansões contínuas alcançaram as margens sul e leste das zonas de floresta equatorial, as comunidades de língua Bantu entraram em um período de adaptação em novas fronteiras ambientais que apresentavam desafios e oportunidades. Por volta de 1000 a.C. (quarta fase), os povos de língua Bantu que chegaram à região dos Grandes Lagos se encontraram com povos de língua Nilo-saariana, cujas origens ancestrais remontam às áreas ao longo dos trechos intermediários do Rio Nilo. Em contraste com a agricultura Bantu de tubérculos, a produção Nilo-saariana se concentrava na agricultura de sementes e na criação de gado. O contato

---

106. PLANCKE. "On Dancing", p. 639-640.

com os povos Nilo-saarianos abriu uma oportunidade para os Bantu incorporarem essas novas práticas agrícolas ao seu repertório. Com suas habilidades agrícolas antigas e recém-adotadas, os Bantu tinham a flexibilidade para estabelecer novas comunidades em nichos diversos. Alguns foram para grandes áreas de savana de pastagem com árvores esparsas, outros se instalaram ao longo ou perto das margens dos rios. Outros migraram para altitudes mais elevadas, construindo suas casas no clima frio das terras altas e regiões montanhosas dos vales no oeste e no leste da África. Por outro lado, alguns povos Bantu continuaram a migrar em direção sul para as regiões mais secas de savana, no sul da África, enquanto outras populações migraram para o leste, até o Oceano Índico. Por volta de 300 d.C., os povos de língua Bantu haviam estabelecido comunidades por toda a África Subsaariana.

Voltaremos nossa atenção para os povos Kaskazi de língua Bantu, cujos descendentes se estabeleceram ao longo da costa da África Oriental há cerca de dois mil anos. Com sua ciência agrícola e história tecnológica herdadas que, naquela época, incluíam a agricultura de sementes, o plantio de tubérculos, a pesca e a criação de animais, esses povos Bantu entraram em contato com migrantes, conhecidos hoje como os ancestrais do povo Malagasy, que viajaram das Ilhas Bornéu, na Indonésia, até o litoral leste da África[107]. Suas interações deram início a um intercâmbio de ideias e de pessoas que, nos dois mil anos seguintes, introduziram novos alimentos importantes às dietas locais, além de tecnologias marítimas que, em muitos casos, influenciaram as sociedades africanas muito além do litoral e do interior do leste africano.

Baseando-se nos regimes de vento das monções do Oceano Índico e em suas antigas, mas eficientes canoas polinésias, os indonésios cruzaram as rotas marítimas de Bornéu até o leste da África. Migrando para o sul, pelo litoral do Quênia e da Tanzânia,

---

107. BOIVIN, N. et al. "East Africa and Madagascar in the Indian Ocean World". *Journal of World Prehistory*, 26, 2013, p. 213-281.

eles introduziram cultivos asiáticos. Entre eles, taro, cana-de-açúcar, inhames, frango e bananas-da-terra, que prosperaram nos ambientes temperados da costa leste africana, assim como nos Grandes Lagos e na Bacia do Congo, regiões com climas úmidos semelhantes ao dos trópicos da Indonésia. Com o tempo, os Bantu e os migrantes indonésios que cultivavam esses alimentos recém-introduzidos começaram a levá-los das zonas costeiras para o interior. Apoiando-se nas redes de comércio bem desenvolvidas entre as comunidades do interior, os produtos tinham rotas naturais de difusão. Esses canais se tornaram um meio para a difusão desses cultivos e de suas tecnologias agrícolas. Dentre eles, as bananas-da-terra, além do frango e dos tubérculos asiáticos, foram as transformações mais importantes na história do abastecimento da África Subsaariana[108]. Notadamente, as populações indonésias também adotaram as técnicas e tecnologias Bantu de criação de gado, ovelhas e cabras nativas e domesticadas na África. Isso é revelado pela adoção, pelos imigrantes indonésios, das palavras que designam cada um desses animais, originárias das antigas comunidades Bantu daquela região. No final do século IV d.C., muitos ancestrais Malagasy haviam se dispersado para o sul, até a Ilha de Madagascar[109]. Sua língua austronésia se tornaria a forma antiga da língua Malagasy moderna falada[110].

O inhame e o frango asiáticos eram novas fontes de alimento, mas, provavelmente, eles não eram completamente desconhecidos dos Bantu da África Oriental que, há muito tempo, tinham produtos similares em suas dietas. As galinhas-d'angola, que durante milênios haviam sido uma fonte de carne e ovos, abriram

---

108. MINTZ, S. *Sweetness and Power*: The Place of Sugar in Modern History. Nova York: Viking Penguin Books, 1986.

109. PEARCE, C.E.M. & PEARCE, F.M. *Oceanic Migration*: Paths, Sequence, Timing and Range of Prehistoric Migration in the Pacific and Indian Oceans. Netherlands: Springer, 2010, p. 67.

110. BOIVIN, N. et al. "East Africa and Madagascar in the Indian Ocean World". *Journal of World Prehistory*, 26, 2013, p. 213-281.

caminho para a adoção de aves domésticas novas para eles, como o frango asiático, introduzido na costa leste da África pelos ancestrais Malagasy, no início do primeiro milênio d.c. Os falantes Bantu da África Oriental passaram a chamar o frango asiático de versões da palavra *-kuku, derivadas da palavra Malagasy, akuku. O mapeamento da disseminação dessa palavra pela África Subsaariana revela que o frango doméstico se espalhou da África Oriental até os povos Bantu no sul da África e, na direção oeste, cruzando a floresta equatorial, até povos que habitavam terras tão distantes quanto o Oceano Atlântico[111]. Os povos Bantu adaptaram sua tecnologia e seu conhecimento dos inhames nativos da África para difundir o inhame do Leste Asiático. Como será discutido na próxima seção, a adoção da banana-da-terra, que gerou uma nova fonte alimentar de alto teor calórico e disponível o ano inteiro, teria um impacto revolucionário não apenas na agricultura, mas também na sociedade de um modo geral.

Bananas

Outro exemplo da influência que os falantes Bantu tiveram na *longue durée*, no que se refere à inovação e à perspectiva cosmopolita, foi a incorporação das bananas-da-terra asiáticas, um amido básico semelhante à batata. Esse fato também levou à elaboração de novas tecnologias agrícolas para a banana e à criação de novas arenas para atividades culturais e políticas na África Oriental. As comunidades Bantu na costa leste da África compartilharam seu conhecimento do cultivo de banana e suas tecnologias com os vizinhos do interior. Com o tempo, agricultores de língua Bantu mais a oeste adotaram as tecnologias e, através desses processos, as bananas se difundiram pela África Ocidental. Posteriormente, esse cultivo se tornaria importante

---

111. EHRET. *Classical*, p. 279.

entre os Bantu e os não-Bantu da África Ocidental tropical, onde era servido como acompanhamento[112].

Por volta de 400 d.C. (quarta fase), os agricultores Bantu expandiram o cultivo de banana para o interior da África Oriental e Central, até a região dos Grandes Lagos, onde se tornou uma apreciada fonte de alimento. As bananas forneciam calorias densas que, quando combinadas com proteína animal ou legumes, contribuíam para uma dieta balanceada[113]. O seu cultivo produzia grandes excedentes de comida e os agricultores implementavam cultivos intercalares entre as plantações de banana. O cultivo intercalar é uma técnica de combinação de culturas complementares, geralmente uma com raízes profundas e outra de raízes rasteiras, em hortas, pomares e campos agrícolas, para maximizar a produtividade, o uso do espaço e a biodiversidade, além de aumentar os nutrientes necessários ao solo, como o nitrogênio. O cultivo da banana também criava áreas de sombra confortáveis que serviam como novos espaços sociais para reuniões comunitárias. Em diversas regiões, especialmente na região dos Grandes Lagos, no entorno das áreas de montanha no nordeste da atual Tanzânia e nas terras altas do sudoeste do país, esse cultivo contribuiu para uma transformação radical da paisagem ecológica e econômica. É importante ressaltar que a produção de banana demandava um trabalho menos intensivo do que a maioria das outras culturas, liberando os agricultores para se dedicarem a outras atividades produtivas.

---

112. NEUMANN, K. & HILDEBRAND, E. "Early Bananas in Africa: The State of the Art". *Ethnobotany Research & Applications*, 7, 2009, p. 353-362. • MINZIE, M. et al. "The Initial History of Bananas in Africa: A Reply to Vansina". *Azania*, 40, 2005, p. 128-135. • MINZIE, M. et al. "Evidence for Banana Cultivation and Animal Husbandry During the First Millennium BC in the Forest of Southern Cameroon". *Journal of Archaeological Science*, 27, n. 2, 2000, p. 151-162. • ROSSEL, G. "Taxonomic-Linguistic Study of Plantain in Africa". Leiden: Research School CNWS, 1998.

113. SPEAR, T. *Mountain Farmers*: Moral Economies of Land and Agricultural Development in Arusha and Meru. Berkeley: University of California Press, 1997, p. 124.

As comunidades Bantu se aproveitaram da produtividade da banana para recriar e transformar seus modos e capacidades de produção. Atualmente, na África, existem mais de uma centena de variedades híbridas de banana, enquanto na Ásia, onde as bananas foram originalmente domesticadas, há cerca de uma dúzia. Não só elas eram uma importante fonte de alimento na África Bantu, mas as bananas-da-terra também se tornaram uma cultura importante na América Central e, nos últimos séculos, no Caribe, para onde foram levadas através do comércio Atlântico, entre os séculos XV e XIX. Para os africanos escravizados nas Américas, as bananas continuaram a ser um alimento apreciado. Apesar das rupturas traumáticas do desterro, os africanos escravizados (falantes de línguas Bantu e do oeste atlântico), assim como os que estabeleceram sociedades quilombolas, sempre que possível, preservaram a continuidade cultural recriando os bananais nas Américas[114].

De fato, em partes da África Oriental e Central, as bananas se tornaram uma espécie de alimento miraculoso. Pesquisadores afirmam que o cultivo desse alimento altamente produtivo, trazido por imigrantes indonésios para a África Oriental há dois mil anos e adaptado pelos falantes Bantu, teve consequências econômicas e demográficas[115]. Nas terras altas da África Oriental, esse cultivo gerou uma abundância de alimentos que permitiu que mais pessoas vivessem em áreas menores. Com maior ingestão calórica, as pessoas eram mais saudáveis e a densidade populacional aumentava. No século X d.C. (quinta fase), nas terras altas ao redor do Monte Quênia, os ancestrais Thagiicu se apoiavam em um conjunto diversificado de culturas, além das bananas. Nas encostas médias de alta pluviosidade do Monte Quênia e da cadeia de Nyandarua, eles cultivavam espécies de inhame africano

---

114. CARNEY, J. *In the Shadow of Slavery*: Africa's Botanical Legacy in the Atlantic World. Berkeley: University of California Press, 2011, p. 94-99.

115. SCHOENBRUN. "Cattle Herds and Banana Gardens: The Historical Geography of the Western Great Lakes Region, ca. AD 800-1500". *African Archaeological Review*, 11, n. 1, 1993, p. 39-72. • EHRET. *Civilizations*, p. 182-183, 272-279.

e asiático, junto com outras culturas do Sudeste Asiático como a araruta e, finalmente, o taro e a cana-de-açúcar. Nas encostas baixas, eles plantavam sorgo e milheto-pérola, culturas africanas ancestrais resistentes à seca. Ao sul do Monte Quênia, próximo às encostas médias do Monte Kilimanjaro, no final do primeiro milênio d.c., os ancestrais dos Chaga modernos adotaram o cultivo intensivo de banana e desenvolveram um grande número de novas variedades da fruta, além do plantio de capim-pé-de-galinha e inhames. Essa diversidade de nichos ecológicos e de cultivos estimulou o surgimento de grandes mercados regionais e redes de comércio entre essas regiões.

Longe dali, a oeste, na Bacia do Congo, a chegada das bananas, no primeiro milênio d.c., ampliou as oportunidades para as comunidades Bantu participarem do próspero comércio no Rio Congo e seus afluentes. Segundo os historiadores Jan Vansina e Kairn Klieman, a demanda de mão de obra menos intensiva para o cultivo da banana liberou tempo para as pessoas se dedicarem à produção de bens, como o tecido de ráfia, a cerâmica e produtos de metal, especificamente voltados para o comércio em expansão nos séculos posteriores[116].

Por volta de 700 d.C. (quinta fase), muitos povos que viviam nas margens dos Grandes Lagos, na África Oriental, haviam acrescentado o cultivo de banana à sua produção de outros alimentos – inhame, sorgo, milheto-pérola e capim-pé-de-galinha. Por volta de 1000 d.C., muitas áreas entre o Lago Nyanza e a região do Vale do Rift Ocidental, outrora repleta de árvores, haviam se tornado savanas de pastagem abertas. Os agricultores removeram áreas extensas de floresta e transformaram radicalmente a paisagem. Eles reduziram as áreas apropriadas à mosca tsé-tsé, o inseto que transmite a "doença do sono", uma enfermidade nociva aos seres humanos e fatal para o gado. A mosca tsé-tsé precisa de sombra para sobreviver e, portanto, elas prosperam

---

116. VANSINA. *Paths*, p. 61-65. • KLIEMAN. *Pygmies*, p. 96-97.

em áreas de mata e floresta. Enquanto essas áreas permaneceram arborizadas, as principais fontes de alimento vinham do cultivo agrícola. Mas, ao desmatar essas terras, era possível criar gado nos campos de savana resultantes, onde a tsé-tsé não era capaz de sobreviver. O efeito do desmatamento para essas comunidades Bantu próximas aos Grandes Lagos, naquela época, foi a abertura de terras para economias prósperas baseadas na pecuária. Ao mesmo tempo, os agricultores continuaram a desenvolver uma produção especializada centrada no cultivo agrícola em uma variedade de novos ambientes.

Bem antes do século VIII a.c. (quarta fase), comunidades de língua Kusi haviam migrado para o sul, para as zonas de savana do sul da África. A chegada dos falantes Kusi Bantu, possivelmente no segundo século a.c., deu início a uma longa história de intercâmbio cultural e econômico com as populações Khoisan, que habitavam a região e praticavam predominantemente a caça e a coleta há pelo menos 10.000 anos. As interações entre os Khoisan e os Bantu são evidenciadas em intercâmbios linguísticos, tecnológicos e políticos. O indício mais aparente de empréstimo é a forma como as línguas Bantu, como isiZulu e isiXhosa, adotaram palavras e certos cliques das línguas Khoisan. Os intercâmbios menos evidentes podem ser encontrados nas economias de subsistência de cada um desses grupos de idiomas. Os Khoikhoi – um subgrupo dos povos Khoisan – haviam recentemente adotado uma economia diferente das outras comunidades Khoisan, criando uma economia, na segunda metade do primeiro milênio a.c., que combinava a criação de ovelhas e gado com a caça e a coleta complementares. Nesse contexto, os Kusi levaram para a África Meridional a ciência da agricultura de sorgo e milheto-pérola, além da tecnologia do ferro. Essas comunidades tinham economias complementares, o que favorecia o intercâmbio, mas, com o tempo, elas influenciaram as economias umas das outras.

De modo similar aos exemplos explorados nos capítulos anteriores, nos quais a interação intercultural entre povos Bantu e não-Bantu criou sinergias, os encontros dos agricultores Kusi com um novo conjunto de comunidades os levaram a conceber e a introduzir uma variedade de mudanças econômicas e políticas características do sul da África. Inicialmente, os falantes Kusi centraram a sua produção de alimentos no cultivo de grãos, mas o seu envolvimento com os vizinhos Khoisan, que se dedicavam à coleta e à caça dos animais de grande porte da savana, e com os KhoiKhoi, que criavam gado, criou um circuito robusto de relações de troca. Os artefatos Bantu, como cerâmicas e itens de ferro, eram negociados pelos produtos de caça selvagem das comunidades caçadoras-coletoras Khoisan, e pelo gado dos povos pastoris Khoikhoi. À medida que os povos Kusi, especialmente aqueles ao sul do Rio Limpopo, enriqueceram com o gado, a pecuária se tornou uma forma valorizada de riqueza e a propriedade do gado, em particular, conferia à classe emergente de pecuaristas uma posição social de prestígio. Itens de luxo, como as miçangas que as comunidades Khoisan faziam das cascas de ovo de avestruz, além das peles de leopardo e do marfim das presas de elefante, tornaram-se bens de prestígio que, com o tempo, as elites exploraram como símbolos de distinção e para a cobrança de tributos e impostos.

Durante o primeiro milênio d.C., os povos Bantu e Khoikhoi realizavam casamentos mistos com frequência. A absorção, no longo prazo, de cada vez mais grupos Khoikhoi nas sociedades ancestrais das atuais Sotho e Nguni, descendentes Bantu da África do Sul, também levou a grandes mudanças sociais e culturais, com essas sociedades abandonando o padrão Bantu de descendência matrilinear para adotar os padrões patrilineares Khoikhoi. As novas comunidades Kusi que surgiram dessa era de encontros interculturais desenvolveram economias mistas, nas quais as mulheres provavelmente continuaram a fornecer a maior parte das calorias por meio da agricultura, enquanto os homens provavelmente conquistaram o controle quase exclusivo da produção de gado nessa parte do sul da África.

Com essa nova combinação de cultivo e pastoreio, os Sotho e os Nguni migraram para as áreas de savana mais seca, onde suas populações continuaram a crescer. A arqueologia revela que os chefes que enriqueceram com o gado provavelmente usaram a sua riqueza para atrair clientes que lhes permitiriam construir alguns dos primeiros miniestados na África do Sul, entre 500 e 900 d.C. No final do primeiro milênio d.c., povos Bantu como os ancestrais Shona, que então viviam na atual Província de Limpopo, na África do Sul, assim como os Sotho, do Highveld, e os Nguni, de KwaZulu-Natal, desenvolveram ideologias políticas similares que baseavam a autoridade política na propriedade do gado. As antigas instituições Bantu de chefes da linhagem e do clã deram lugar a uma nova escala de organização política na qual os chefes, e eventualmente os reis, pertenciam a clãs reais, enquanto a maioria das pessoas em suas sociedades pertencia a clãs plebeus[117]. O império do Grande Zimbábue, do século XIII ao XV, e o reino Zulu, durante o século XIX, fornecem exemplos marcantes da adaptabilidade desse tipo de ideologia, inclusive na criação e manutenção de estados bastante grandes.

Os Bantu fizeram uso dos novos ambientes de forma criativa, desenvolvendo novas tecnologias e modificando as antigas para criar estratégias agrícolas eficazes. Alguns povos Bantu, inclusive, chegaram a se instalar no território coberto com os solos coloridos e secos, ricos em cobre, do centro-leste da África. Por volta de 600 d.C., os Sabi Bantu começaram a migrar das áreas mais úmidas, no sudoeste da Bacia do Congo, para o centro-leste da África. Eles migraram para as regiões onde os Mashariki Bantu haviam se estabelecido anteriormente e adotaram as suas técnicas agrícolas. Mas, significativamente, eles também aplicaram as antigas técnicas do *citemene*, que envolviam o corte e a queima da vegetação para aumentar a fertilidade do solo, de maneira mais sistemática do que antes.

---

117. EHRET, C. "Transformations in Southern African History: Proposal for a Sweeping Overview of Change and Development, 6000 BC to the Present". *Ufahamu*, 25, n. 2, 1997, p. 54-80.

Os Botatwe, cujos ancestrais haviam emigrado das regiões úmidas de Catanga, ao norte, migraram para o árido sul da Zâmbia. Os agricultores Botatwe e Sabi adotavam a tecnologia do *citemene* no século VIII d.C. Embora as técnicas precisas do *citemene* diferissem entre os Botatwe e os Sabi, ambos os grupos transformaram solos marginais em terra mais fértil, lavrando no solo as cinzas produzidas pela queima da vegetação para desmatar os campos. Como resultado da melhoria que eles promoviam nos nutrientes do solo, os agricultores podiam produzir safras maiores de grãos e sustentar populações maiores. Das comunidades Kaskazi e Kusi, que os precederam no sul da Zâmbia, os Botatwe adotaram a criação de gado para complementar as suas práticas de cultivo de sementes.

A história Botatwe fornece um exemplo claro das interações interculturais entre diferentes povos Bantu. Evidências linguísticas de palavras emprestadas para o gado, além de evidências arqueológicas relacionadas a estilos e decorações de cerâmica, indicam que os povos Bantu do subgrupo Kusi habitaram a região antes e durante o período em que os Botatwe começaram a chegar no sul da Zâmbia. Do mesmo modo em que os Bantu tantas vezes haviam se integrado com populações de caçadores--coletores, neste caso, os Botatwe começaram a se misturar e a incorporar membros das comunidades Kusi por volta do século VIII d.C. Na África Central, as inovações não foram introduzidas por povos não-Bantu, mas pelo empréstimo de tecnologias e ideias de seus parentes distantes, descendentes Bantu.

Cerâmica e ferro

A invenção das tecnologias da cerâmica e do ferro, de base científica, na África Subsaariana, oferece grandes pistas para a compreensão das complexidades e camadas de desenvolvimentos, e dos papéis dos significados e relações socioculturais na sua produção. A cronologia dessas duas invenções é muito diferente. Antepassados linguísticos distantes dos Bantu, os nigero-congoleses inventaram de forma independente a tecnologia da cerâmica pouco antes de 9400 a.c., enquanto a invenção africana independente da fundição do ferro surgiu vários milênios depois, sendo o registro de ferraria africana mais antigo datado de 1800 a.c., na atual República Centro-Africana (RCA). A fabricação de cerâmica era, portanto, uma tecnologia antiga herdada dos proto-Bantu. A metalurgia, por sua vez, se difundiu da região da RCA para os povos de língua Bantu nos Grandes Lagos africanos por volta de 1000 a.c., quando as expansões Bantu começavam a alcançar a margem ocidental daquelas áreas. Na *longue durée*, os legados dessas invenções são incontáveis e impossíveis de captar plenamente, mas o que está bastante claro é que os povos Bantu continuaram a desenvolver e a expandir essas tecnologias, e a conceber novas relações sociais e abordagens econômicas no que se refere à tecnologia. Além disso, sua história tecnológica incitou novos empreendimentos políticos e observâncias espirituais e implicou transformações ambientais também.

Além dos achados arqueológicos, as evidências linguísticas também nos revelam muito sobre a história antiga da cerâmica entre os falantes Bantu. O verbo Bantu mais antigo que foi reconstruído para "fazer um vaso", era *-mat-*. Cerca de 4.500 anos atrás (segunda fase), outro verbo, *-bumb-*, foi criado e começou a substituir *-mat-*. Ao passo que o verbo mais antigo, *-mat-*, continuou a ser usado em referência a outros tipos de atividades com argila, em particular o reboco da casa, a raiz *-bumb-* assumiu uma variedade de usos no imaginário social durante a terceira fase, especialmente como um verbo para a ação do Deus Criador de criar seres humanos. Além disso, diversas raízes substantivas para diferentes tipos de potes, datadas da era proto-Bantu e amplamente usadas ainda hoje nas línguas Bantu, revelam que os antigos Bantu fabricavam uma variedade de recipientes de cerâmica (cf. Figura 4.1). Entre eles, *-bìgá*, que designa uma "jarra de água (ou líquido)", e *-(j)ùngú*, "panela"[118].

---

118. GONZALES. *Societies*, cap. 3, par. 68-71.

Na tradição histórica Bantu, a complexidade dos processos tecnológicos envolvidos na produção da cerâmica e do ferro exigia tanto a aplicação da ciência material quanto os princípios e a devoção espirituais. Para fazer uma panela, a mulher especialista precisava primeiro encontrar a argila apropriada. A argila podia ser obtida de diversas fontes, como cupinzeiros, veios de barro profundos na savana, leitos dos lagos e margens dos rios. Ela então tinha que criar a mistura certa de areia, cascalho, ervas e cacos de cerâmica velha para formar a combinação necessária para dar liga ao barro e ajudá-lo a queimar de maneira uniforme, sem rachar. As mulheres moldavam suas cerâmicas a mão, uma vez que não costumavam usar tornos ou rodas de oleiro. Enquanto a argila ainda estava úmida, as ceramistas entalhavam desenhos que tinham um significado cultural conhecido. Elas deixavam suas criações secando por alguns dias e depois as queimavam. A tecnologia da queima exigia muita experiência e uma grande habilidade para acertar as temperaturas, o tempo e o tamanho correto do fogo. Em geral, as ceramistas Bantu não construíam fornos para queimar suas cerâmicas – em vez disso, elas aumentavam a sua durabilidade queimando-as em fogueiras abertas, girando a cerâmica com o auxílio de bastões compridos.

Os capítulos anteriores discutiram o papel ritual e educativo que as peças de cerâmica desempenhavam na vida dos povos Bantu. É igualmente importante entender que essa era uma tecnologia feminina. As mulheres eram as principais detentoras do conhecimento tecnológico da produção de cerâmica, do cultivo e da preparação de alimentos. Embora, em alguns casos, os homens possam ter assumido o controle da cerâmica comercial nos últimos séculos, até o século XX, as mulheres produziam quase 90% de toda a cerâmica na África[119]. Os artigos de cerâmica eram

---

119. WALDE, D. & WILLOW, N.D. (eds.). *The Archaeology of Gender*: Proceedings of the Twenty Second Annual Conference of the Archaeological Association of the University of Calgary. Calgary, AB, Canadá: University of Calgary Press, 1991, p. 436.

Figura 4.1 Um vaso de cerâmica Luangwa feito em Mbala, na Zâmbia, reproduz um estilo de cerâmica feito por muitos povos matrilineares no centro-leste da África, nos últimos 1.000 anos.

Foto de Anne Manmiller, da coleção particular de C. Saidi.

essenciais para o armazenamento, assim como para a prática das técnicas agrícolas e culinárias. E eles também eram cultural e religiosamente significativos.

Embora os povos produzissem cerâmicas utilitárias, eles também estavam atentos à criação de cerâmicas esteticamente agradáveis e de engenharia precisa. Entre os Bantu, as artes cerâmicas mais conhecidas de eras antigas são as sete cabeças de "Lydenburg", feitas de terracota queimada, que os ancestrais dos Shona e dos Sala de língua Bantu produziram no século VI d.C., na atual Província de Mpumalanga, na África do Sul. As artistas modelaram essas cabeças de cerâmica com tiras enroladas de argila em relevo para representar traços faciais e entalharam as superfícies com decorações elaboradas que sugerem um nível de riqueza e opulência. Na medida em que o uso das peças de cerâmica para fins espirituais era amplamente difundido entre os povos Bantu, a explicação provável é a de que as cabeças de Lydenburg tinham algum tipo de significado ritual também. Um viés disseminado na tradição ocidental é divorciar a tecnologia científica complexa das ideologias espirituais. Mas, em suas tradições históricas, os Bantu concebiam a ciência e a espiritualidade de forma intimamente relacionada. A difundida metáfora Bantu, sintetizada no uso do mesmo verbo para moldar o barro e para o Criador que molda a humanidade, é reveladora dessa visão. Em pelo menos duas regiões diferentes, essa visão estimulou as sociedades Bantu a criarem novos termos para o Criador a partir desse verbo. Séculos atrás, o povo Asu das Montanhas Pare, no nordeste da atual Tanzânia, cunhou a sua própria palavra para Deus, *Mumbi*. Esse substantivo agrega o prefixo Asu *m-* e o sufixo derivacional *-i* à sua versão, *-umb-*, do antigo verbo, *-bumb-*. Talvez mais surpreendente, devido às suas alusões sociais e religiosas, seja o termo *Nakabumba*, criado provavelmente há cerca de 1.500 anos entre os antigos falantes Sabi do centro-leste da África. Seu elemento central *-bumb-*, "fazer um vaso ou moldar o barro", deriva de uma antiga raiz verbal Bantu. O *na-* é um prefixo Bantu, de uso disseminado no centro-leste da África, que enfatiza as qualidades femininas ou uma posição na sociedade ocupada por uma mulher. O *ka-*, neste caso, é um prefixo que designa uma posição de honra e respeito. Esse termo concebe o Criador, metaforicamente, como uma respeitada mulher ceramista. *Nakabumba* criou a humanidade da mesma maneira que uma mulher fabrica uma cerâmica[120].

Povos Bantu de regiões diferentes cunharam as novas denominações, *Mumbi* e *Nakabumba*, nos últimos dois mil anos. Mas, como revelam as tradições orais dos Babessi Bantu, dos Camarões, equiparar o processo de criação à moldagem da cerâmica é um aspecto muito mais antigo da cosmovisão Bantu. Para as comunidades Babessi, quando o Criador molda um ser humano,

---

120. SAIDI. *Women's Authority*, p. 131.

não é possível saber o que há em seu interior até que ele ou ela esteja completamente formado. Pela mesma razão, as ceramistas Babessi não permitiam que estranhos vissem como elas fechavam o fundo de suas cerâmicas[121]. Os Babessi estão geograficamente distantes dos falantes Sabi, do centro-leste da África, e do povo Asu, do leste do continente, e as suas línguas pertencem a distintos ramos profundos dos Bantu, que divergiram uns dos outros cerca de cinco mil anos atrás. Essas ideias compartilhadas que eles preservam em seus idiomas e culturas revelam um conjunto de visões acerca do Criador e da criação que provavelmente remontam às primeiras fases da história e da cosmovisão Bantu.

Assim como o Criador, as ceramistas Bantu consideravam que o seu trabalho integrava os reinos do etéreo e do temporal para produzir algo ao mesmo tempo utilitário e sagrado. As ceramistas não apenas dominavam as habilidades tecnológicas; elas também observavam obrigações espirituais em sua aplicação prática. Até os dias de hoje, das comunidades Bantu Bafia nos campos do atual Camarões àquelas no centro-leste da África, as ceramistas cumprem um conjunto de observâncias religiosas durante o processo de produção da cerâmica. Na Zâmbia moderna, por exemplo, as fontes de argila são consideradas locais sagrados aos quais apenas as ceramistas mais experientes, mães ou avós, podem ter acesso. Nesses mesmos locais, elas produzem uma primeira cerâmica cerimonial com aquela argila. A primeira cerâmica que uma ceramista produz representa um ato de gratidão, uma oferenda ao Criador. Entre outras observâncias espirituais, as ceramistas consideravam que, durante a menstruação, as mulheres estavam em um estado temporário de poder. Nesse estado, elas não deviam fabricar cerâmicas e uma mulher não devia ter relações sexuais pelo menos um dia antes da produção ou, caso contrário, ao serem queimadas, as cerâmicas rachariam. Nem a menstruação

---

121. FORNI, S. "Containers of Life: Pottery and Social Relations in the Grassfields". *African Arts*, 4, n. 1, 2007, p. 44.

nem a sexualidade devem ser interpretadas como meros tabus ou superstições. Nas visões Bantu, as energias ou forças ligadas às capacidades humanas de reprodução, incluindo o ciclo menstrual e a prática sexual, poderiam prejudicar a produção.

Em contraste com a produção de cerâmica, que era uma tecnologia controlada por mulheres, a produção de ferro era um processo científico controlado pelos homens. Há cerca de 2.500 anos, os falantes Bantu na região dos Grandes Lagos incorporaram a produção de ferro ao seu conhecimento tecnológico e aplicaram essas habilidades na criação de novos tipos de instrumentos agrícolas, especialmente enxadas e machados de ferro, e novos tipos de armas. Em 500 a.c., essa tecnologia já havia começado a se espalhar nas direções oeste e sul, para o restante da África de língua Bantu. O processo tecnológico para transformação de minério em metal envolvia o seu aquecimento a temperaturas elevadas (aproximadamente 1200°C), em uma atmosfera com pelo menos 75% de monóxido de carbono. O monóxido de carbono separava o oxigênio nos fragmentos de minério de ferro, reduzindo o óxido de ferro ao ferro metálico. No interior da fundição, comumente chamada de fornalha, era queimado carvão, mas, para obter a temperatura necessária, os fundidores empregavam rapazes e meninos para manusear foles e injetar oxigênio nas fornalhas; ou, no método de corrente natural, eles inseriam tubos com tampões até o fundo da fornalha e manipulavam os tampões para permitir a entrada da quantidade adequada de oxigênio e atingir a temperatura necessária para criar o ferro metálico. Às vezes, os produtores de ferro conseguiam obter uma temperatura tão elevada que eles transformavam o minério de ferro em aço carbono, muitos séculos antes de isso ser feito nas fábricas europeias[122].

_____

122. Para mais informações sobre a fundição do ferro nas regiões Nigero- -congolesas e Bantu na África, cf. *The Blooms of Banjeli: Technology and Gender in African Iron-making*, dirigido por Carlyn Saltman com Candice Goucher e Eugenia Herbert (Watertown, Mass: Documentary Educational Resources, 1986). • *The Tree of Iron*, dirigido por Peter O'Neill e Frank

Em toda a África de língua Bantu, os produtores de ferro construíram uma variedade de fornalhas. Com alguma frequência, elas tinham características físicas e espirituais ginecomórficas. Segundo a antropóloga Eugenia Herbert, nas sociedades de língua Bantu produtoras de ferro, as mulheres geralmente coletavam o minério e, em algumas sociedades, como os Fipa e os Haya da Tanzânia, as mulheres contribuíam para a construção da fornalha[123]. A fornalha era mais do que um lugar para fundir o ferro; a fundição do ferro era metaforicamente comparada a uma mulher dando à luz. Distintas sociedades expressavam essa concepção em maneiras diferentes de decorar a fornalha. Em algumas regiões, os fabricantes de fornalhas moldavam seios simbólicos na superfície externa de uma fundição; outros posicionavam a fornalha de modo a imitar a posição de uma mulher dando à luz. Em outras sociedades, os fundidores se dirigiam ritualmente à fornalha usando palavras e canções reservadas a uma mulher durante o trabalho de parto.

Um grupo diverso de falantes Bantu da Zâmbia, Malauí, Zimbábue, Moçambique e Tanzânia, cruzando a RDC até Angola, construiu fornalhas de fundição ginecomórficas. A distribuição desse tipo de fornalha está associada a um conjunto particular de palavras para a fundição e a metalurgia. Juntas, essas características traçam uma das principais rotas de difusão da produção de ferro a partir da região do Vale do Rift Ocidental, no leste da África, neste caso em direção oeste, cruzando o cinturão de savana do sul até o Oceano Atlântico, em Angola.

Que os homens controlavam a produção do ferro e a metalurgia é um fato incontestável até os dias de hoje. No entanto, por

---

Muhly Jr. com Peter Schmidt (Watertown, Mass: Documentary Educational Resources, 1988). Cf. tb. HERBERT, E.W. *Iron, Gender, and Power*: Rituals of Transformation in African Societies. Bloomington: Indiana University Press, 1994, p. 224. • SCHMIDT, P.R. (ed.). *The Culture and Technology of African Iron Production*. Gainesville: University Press of Florida, 1996.
123. HERBERT. *Iron*, p. 25-31.

outro lado, os rituais, as tradições e os costumes culturais associados à produção do ferro provavelmente foram inspirados nas crenças e na ciência, muito mais antigas, usadas nos processos e tradições das mulheres com a cerâmica. Em suas respectivas atividades, homens e mulheres observavam as restrições necessárias para proteger a fundição do poder da atividade sexual e da menstruação, que poderiam facilmente dissipar a energia e prejudicar a produção bem-sucedida do ferro. A associação mais antiga das mulheres como as extratoras, do solo, da argila utilizada em seu trabalho de cerâmica, também se estendia para outro aspecto, como já observado: muitas vezes, eram as mulheres que extraíam o minério de ferro do solo e, em alguns casos, contribuíam com o fornecimento de argila para a construção da fornalha.

No início e em meados do primeiro milênio a.c., no leste da África, o ferro era um material relativamente raro, provavelmente mais valorizado para a fabricação de adornos pessoais do que de ferramentas. Duas raízes de palavras antigas para o ferro ilustram essa conclusão. Uma raiz, *-uma, tornou-se a palavra comum para ferro entre as comunidades Kaskazi do norte, falantes Mashariki, no início do primeiro milênio a.c. Na língua Bantu antiga, essa palavra era o substantivo que designava os "pertences" de uma pessoa, no geral, e assumiu o significado mais restrito de "objetos de valor" durante a terceira fase das expansões Bantu, no segundo milênio a.c. Na mesma época ou possivelmente no final do primeiro milênio a.c., algumas das comunidades Kusi do sul, também falantes Mashariki, adotaram uma raiz diferente para o ferro, *tImbi, cujo sentido original era "miçangas".

Por volta de 500 a.C., no entanto, o ferro se tornou um material conhecido e amplamente cobiçado, primeiro na região dos Grandes Lagos e, depois, progressivamente, abrangendo toda a África Bantu nos quinhentos anos seguintes. Os ferreiros produziam ferramentas que auxiliavam o trabalho das pessoas e que geraram impactos duradouros na paisagem. A difusão de palavras para uma ferramenta nova, a enxada de ferro, revela que os ferreiros na região dos Grandes Lagos, na África Oriental, provavelmente inventaram esse objeto em meados do primeiro milênio a.c. Daquela região, a enxada de ferro se espalhou pelo sul e pelo oeste, até os demais povos Bantu[124]. Com essa ferramenta, as mulheres agricultoras aumentaram sua capacidade de escavar os solos da savana e preparar os campos. Outro produto útil, o machado de ferro, permitia não só que os homens cortassem árvores verdes – algo que os machados de pedra faziam quase tão bem –, mas também que homens e mulheres cortassem madeira seca, desmatassem com mais eficiência as áreas de floresta e coletassem madeira para a construção e para o fogo. A adoção dessas ferramentas utilitárias alterou a dinâmica social e as relações de produção também, em particular porque as mulheres deixaram de fabricar as suas próprias ferramentas agrícolas e passaram a depender de uma tecnologia controlada pelos homens, a produção do ferro, para enxadas e machados.

A difusão dos povos Bantu disseminou ideias e práticas relativas à fundição do ferro e à metalurgia, em direção oeste, até as costas equatorial e sul do Atlântico no terceiro século a.c., chegando ao sul da África quase na mesma época (quarta fase). A adição das tecnologias da fundição de ferro e da metalurgia acrescentou um produto importante ao comércio Bantu-Batwa nas regiões de floresta equatorial, e a disseminação dessa tecnologia por todo o leste e sul da África desencadeou uma era de crescimento no transporte de mercadorias para o comércio nessas regiões.

Moradia, arquitetura e tecnologias de engenharia

Materiais de construção, tecnologias e estética nos fornecem detalhes profusos sobre os recursos, as interações e o conheci-

---

124. EHRET, C. "The Establishment of Iron-Working in Eastern, Central, and Southern Africa: Linguistic Inferences on Technological History". *Sprache und Geschichte in Afrika*, 16/17, 2001, p. 125-175.

mento dos povos. Atualmente, muitas comunidades Bantu exibem grande diversidade na maneira como constroem e utilizam suas casas e estruturas públicas. Ainda assim, com frequência, há semelhanças perceptíveis em regiões extensas, que têm raízes históricas muito profundas. Nesta seção, a história de palavras-chave, o trabalho de arqueólogos e historiadores da arte e os registros etnográficos, além de documentos escritos, deixam claro que os povos Bantu, apesar de preservarem ideias mais antigas, inovaram e adaptaram estilos de moradia no decorrer das expansões.

A grande variedade de estilos e materiais de construção das casas refletem não apenas a inventividade Bantu na adaptação aos ambientes ao seu redor ou aos materiais disponíveis, mas também sua flexibilidade na adoção de tecnologias e estilos de construção dos seus vizinhos. Na era proto-Bantu, as pessoas construíam casas retangulares com telhados de duas águas feitos de palha de palmeira trançada (primeira fase). Suas técnicas de engenharia levavam em consideração o ambiente. A construção desses telhados impedia que as chuvas fortes se acumulassem e pressionassem suas estruturas. Há cerca de três mil anos, os primeiros Mashariki Bantu que migraram para a região dos Grandes Lagos africanos provavelmente ainda construíam esse tipo de casa retangular com telhados de duas águas, que existe até os dias de hoje. Foi somente quando eles começaram a se estabelecer em novos ambientes, onde fazia sentido mudar suas estruturas, que eles começaram a implementar técnicas e arquiteturas alternativas.

Por volta de 500 a.C., se não antes, muitas comunidades descendentes Bantu passaram a construir casas redondas com telhados cônicos, um estilo que eles aprenderam com os vizinhos de língua Nilo-saariana, na região dos Grandes Lagos. Paralelamente a esta mudança arquitetônica, os Mashariki Bantu incorporaram uma nova palavra para "casa", *-umba, que é usada atualmente onde quer que esse tipo de casa seja construído. Eles também começaram a cobrir seus telhados com gramíneas, como evidenciado na criação de um verbo para "cobrir com palha",

209

-bimb, que, até então, era um verbo geral nas línguas Bantu com o significado de "cobrir".

Nem todas as antigas comunidades Mashariki abriram mão da velha casa retangular com telhado de duas águas, coberto de palmeiras trançadas. Os descendentes de um conjunto de comunidades Mashariki, os Bantus do litoral nordeste, que se estabeleceram no primeiro milênio d.c. nas áreas ao longo da costa do Oceano Índico entre os rios Tana e Rufiji, mantêm esse estilo de construção até os dias de hoje. Outro grupo de antigas comunidades Mashariki, que migraram para as regiões norte e norte-central da atual Tanzânia no início do primeiro milênio d.c., também construíam casas retangulares. Mas, diferentemente dos Bantu do litoral nordeste, eles adotaram de seus vizinhos Cuchitas do sul nessas áreas um outro estilo de casa retangular, com um telhado de palha plano, coberto com uma grossa camada de argila. A diversidade de habitações encontrada atualmente entre os povos Bantu não surpreende, considerando que os Bantu migraram para uma diversidade de regiões novas, deparando-se com novos ambientes e tomando de empréstimo o que gostavam de seus novos vizinhos. Durante séculos, esses diferentes tipos de casas, com telhados de colmo ou trançados, continuaram sendo os estilos predominantes entre as pessoas comuns do campo.

No final do primeiro milênio d.C., um grupo Bantu do litoral nordeste, conhecido como Swahili, envolveu-se em empreendimentos comerciais transoceânicos que trouxeram novos níveis de acumulação de riqueza e influenciaram as economias políticas, a religião e os modos de vida. Na costa leste da África, em parte como resultado do comércio internacional no Oceano Índico, as comunidades Swahili estabeleceram cidades-estados e começaram a praticar o Islã formalmente, como parte dessa transformação, por volta de 700 d.C. Atualmente, na costa leste da África, arqueólogos identificaram as ruínas de pelo menos setenta e cinco cidades-estados, cuja riqueza dependia tanto da produção bem-sucedida de alimentos para consumo próprio quanto do comércio no Oceano Índico. Muitas das vilas e cidades comerciais daquela época, como Lamu e Mombasa, continuam sendo, ainda hoje, centros comerciais e urbanos prósperos.

O povo Swahili construía suas casas e mesquitas, de estilo distintivo, com o coral que mergulhadores habilidosos cortavam e moldavam embaixo d'água, enquanto ainda era flexível. Eles, então, o levavam para a superfície para secar e o transformavam em materiais de construção porosos e duradouros, ideais para proteger as pessoas do clima quente e úmido da costa leste da África. Extensas florestas de mangue cercavam os assentamentos Swahili. Os construtores Swahili utilizavam troncos dos manguezais como vigas de telhado e vigas de suporte para as casas de coral. Suas paredes grossas e isoladas mantêm as temperaturas internas frescas. Os construtores selavam as paredes com um gesso calcário branco para proteger da deterioração que o calor e a umidade tropicais podiam facilmente causar.

Os artesãos e especialistas* Swahili também transformaram as tradições decorativas Bantu em uma forma estética única que é amplamente reconhecida como característica dos Swahili. Desde a era proto-Bantu, os povos de língua Bantu eram célebres escultores de madeira, especializando-se na criação de formas humanas, animais e de espíritos. Os escultores Swahili muçulmanos direcionaram seus talentos para a criação de portas e móveis de madeira, ornamentados com flores e desenhos abstratos, que as pessoas apreciavam muito por sua estética valiosa. Tornou-se comum as classes de comerciantes Swahili habitarem casas cada vez mais detalhadamente decoradas. E, no caso das famílias mais ricas, suas casas foram equipadas com tecnologia de encanamento interno por volta do século XIV. Apesar de conhecidas por suas

---

* O original, *craft specialists*, tem um sentido ambíguo aqui. *"Craft"* pode ser traduzido como "artesanato", "ofício (manual)" ou "embarcações". Como todas são leituras possíveis (afinal, as canoas e embarcações eram produzidas e entalhadas em madeira), optou-se por manter o substantivo genérico [N.T.].

tecnologias de coral, madeira e encanamento, as casas Swahili continuaram adotando, embora de forma mais complexa, a planta retangular dos ancestrais Bantu do litoral nordeste, mas acrescentaram a ela um novo tipo de telhado plano, adotado do Oriente Médio por meio de seus contatos comerciais no Oceano Índico.

Embora os mercadores abastados e outras elites vivessem em casas opulentas, as pessoas Swahili comuns, nas cidades costeiras, continuaram a viver em habitações retangulares tradicionais com telhado de duas águas. O geógrafo marroquino Ibn Battuta, que viajou pelo mundo islâmico da África Ocidental até a China no início do século XIII, descreveu Kilwa, uma cidade-Estado Swahili responsável pelo comércio do ouro do sul da África no Oceano Índico, como uma das cidades mais impressionantes que ele já tinha visto[125].

Ao sul do Rio Zambeze e afastados do litoral, ficavam os territórios do Império Zimbábue. Os governantes desse Estado controlavam o comércio do ouro do sul da África, que atravessava a cidade do Grande Zimbábue pelo Porto de Sofala até a cidade Swahili de Kilwa, entre o século XIII e o início do século XV d.C. Os engenheiros Shona desenvolveram novas técnicas de cortar pedras para construir os monumentos colossais do Grande Zimbábue. Situado em um vale cercado por colinas, com uma paisagem de rochedos enormes, ele era a residência do governante do império. Os trabalhadores começaram o processo de construção, que duraria mais de um século, no final do século XIII. Ao longo do século e meio seguinte, os chefes subordinados do império construíram suas próprias cidades de pedra menores, também conhecidas como *zimbábues*. No total, havia mais de duzentas dessas pequenas capitais provinciais e locais.

A maior estrutura do Grande Zimbábue, o Grande Recinto, é uma elipse construída com milhões de pedras de granito moldadas

---

125. BATTUTA, I. "The East Africa Journey". In: HAMDUN, S. & KING, N. (eds.). *Ibn Battuta in Black Africa*. Princeton, NJ: Markus Wiener Publishers, 2003, p. 22.

e encaixadas sem argamassa, com grandes pássaros de pedra esculpida no topo. Com base na análise etnoarqueológica, os grandes pássaros de pedra tinham um significado espiritual para o povo Shona. A construção do recinto, que permaneceu parcialmente intacta por mais de setecentos anos, tem aproximadamente 250 metros de comprimento, 11 metros de altura e 5 metros de espessura em certos lugares. As estruturas do Grande Zimbábue foram construídas com o mesmo tipo de granito que as cercava e pareciam fazer parte da paisagem. Assim como a construção com corais e manguezais dos Swahili, ele é um exemplo de como os arquitetos e engenheiros dessas várias regiões incorporavam elementos do ambiente local e novos processos tecnológicos em seus projetos e construções.

Arqueólogos estimam que cerca de 18.000 pessoas possam ter vivido no vale e nas estruturas ao redor do Grande Recinto. Nas ruínas dessa cidade, arqueólogos encontraram contas de vidro e porcelana da China e da Pérsia, além de moedas de ouro, atestando a vasta extensão do comércio de longa distância conectando a costa leste da África, o interior do sul da África e o mundo mais amplo ao redor do Oceano Índico.

Além da estrutura das casas, o mobiliário doméstico fornece elementos sobre a história da vida cotidiana e a disseminação de ideias e práticas apreciadas. Os antigos falantes Bantu usavam as fibras disponíveis para tecer esteiras para dormir. No leste da África, os Mashariki Bantu interagiram com as populações Cuchitas do sul e, no final do primeiro milênio a.C. ou início do primeiro milênio d.C., muitas comunidades Bantu adotaram um novo tipo de mobília, um tipo de cama elevada criado pelos Cuchitas do sul. Dos falantes Bantu do leste da África, o uso desse tipo de cama se difundiu pelo oeste, no primeiro milênio d.C., até os povos de língua Bantu do cinturão de savana do sul.

Outro tipo de mobília nova para os Bantu que migraram para o leste da África, no primeiro milênio a.C., eram os bancos de três

213

pés feitos de blocos únicos de madeira. A escultura dos bancos se encaixava bem na antiga tradição de marcenaria Bantu, mas o desenho desses bancos veio dos povos Nilo-saarianos com quem os Bantu se encontraram na região dos Grandes Lagos. Da região dos Grandes Lagos, a prática de fazer esses bancos se difundiu para o oeste, até os povos Bantu da floresta tropical e das savanas do sul[126].

Muitos africanos utilizam encostos de cabeça, esculpidos de um único bloco de madeira, como auxiliares do sono. Ao se deitar para dormir, o encosto de cabeça era colocado sob uma das orelhas e ao longo da lateral do queixo para apoiar toda a cabeça. Nessa posição, os nervos da pessoa ficam um pouco anestesiados pela pressão, o que, segundo os usuários, produz um agradável efeito tranquilizante que induz ao sono profundo. Os povos de língua Bantu que chegaram à região dos Grandes Lagos, no início do primeiro milênio a.c., provavelmente testemunharam pela primeira vez o uso dos encostos de cabeça entre os seus vizinhos de língua Nilo-saariana. Encostos de cabeça também fornecem evidência das influências e interações culturais nas quais os povos africanos se envolveram. As descobertas mais antigas se encontram no Egito antigo e na Núbia, onde os povos Nilo-saarianos da Bacia do médio Nilo esculpiam encostos de cabeça de madeira simples e elegantes, ao passo que as comunidades Bantu aplicaram suas habilidades refinadas de escultura em madeira e acrescentaram desenhos esquemáticos e figurativos em seus encostos de cabeça esculpidos. Eventualmente, eles incluíam nas peças representações de animais ou até mesmo de ancestrais. Por volta de 500 d.C., encostos de cabeça em madeira eram usados desde os povos Bantu dos Grandes Lagos até as savanas do sul e as florestas equatoriais a oeste.

---

126. EHRET. *Classical*, p. 119.

Vestuário e arte corporal

Os historiadores da arte argumentam que a primeira tela para a arte no mundo foi o corpo humano. Nesse sentido, sabemos que os povos de língua Bantu da África Central criaram uma arte corporal detalhada[127]. Os povos Bantu também faziam roupas e joias desenhadas a partir dos materiais disponíveis localmente. Os povos Bantu criadores de gado e cabras usavam peles de animais para a fabricação de roupas; os povos nas áreas de florestas e matas fabricavam tecidos felpudos de cortiça; e aqueles em áreas com palmeiras de ráfia teciam roupas e outros produtos das fibras de ráfia, decorando suas tecelagens com formas geométricas marcantes. Os tecelões também costuravam miçangas e conchas nas roupas para decorá-las de formas atraentes.

Muitos povos Bantu faziam arte corporal apelando à estética do tempo e do lugar, mas também para marcar eventos socioculturais, como os ritos de transição ou as conexões de linhagem de uma pessoa, e para a cura. A estética corporal era culturalmente determinada e podia ser permanente, semipermanente ou temporária. A pintura corporal era um elemento de cerimônias importantes em muitas regiões da África de língua Bantu. A argila branca está presente em muitas partes do mundo de língua Bantu (discutida no capítulo 3). A pintura com argila branca significa um estado de transformação, como a passagem de uma fase da vida para outra. Outra pintura corporal era utilizada nas danças e celebrações com máscaras. As mulheres Bantu muçulmanas que viviam na costa leste da África decoravam seus corpos com hena, uma tradição adaptada de parceiros comerciais do Oceano Índico. Especialmente em casamentos, as mulheres faziam desenhos elegantes e depois os pintavam com diferentes tipos de hena.

A hena sai com água, enquanto as marcas em relevo e os desenhos de cicatrizes na pele, chamados pelos pesquisadores de

---

127. SCHILDKROUT, E. "Inscribing the Body". *Annual Review of Anthropology*, 33, 2004, p. 319.

escarificação, eram uma forma permanente de arte corporal entre muitos povos Bantu na África Central. Essa estética de sobreposição de marcas de beleza e o processo de modificação corporal eram uma forma de criar identidade pessoal, geracional e comunitária. Embora a maioria dos povos Bantu do leste e do sul da África não pratique mais a escarificação, o costume é difundido em amplas regiões de populações Bantu. Por exemplo, na República Democrática do Congo, são praticantes desse tipo de arte os povos Yombe, Bakutu e Topoke, do oeste da RDC; e os Yasayama, Luba e Tabwa, do leste do país; os Safwa, da Tanzânia; e os Shona, do Zimbábue. Os artistas corporais usavam lâminas afiadas para fazer incisões finas, nas quais ele ou ela derramava fuligem e o suco de uma fruta, formando uma cor preta e brilhante nas incisões, para criar um desenho de pequenas cicatrizes na pele. Os Luba chamavam essa forma de escarificação de *ntapo*, um termo descritivo que também era usado para as artes decorativas em cabaças, cerâmicas, esteiras, cestas, paredes de casas e qualquer insígnia real. As mulheres jovens começavam a fazer essa arte corporal após passar pela iniciação. Cada mulher escolhia desenhos culturalmente específicos, que ela ia acumulando no decorrer de sua vida à medida que se tornasse mãe e avó. Para os Luba, essas operações aumentavam o *status* e a beleza de uma mulher. A mulher adulta que não tinha cicatrizes podia ser ridicularizada. Em épocas mais recentes, ela podia ser chamada de "homem", "bananeira" ou "cogumelo pegajoso"[128]. Em suas estátuas esculpidas de mulheres, os artistas Luba e Tabwa incluem ornamentos de arte corporal muito visíveis, capturando a importância dessa prática nas celebrações da maternidade (cf. Figura 4.2).

Se a arte corporal era tanto uma tecnologia quanto uma forma de arte amplamente praticadas nas comunidades Bantu, o mesmo acontecia com o processamento de diferentes materiais

---

128. ROBERTS, M.N. "Luba Art". In: ROBERTS, M.N.; ROBERTS, A.F. & CHILDS, T.S. *Memory*: Luba Art and the Making of History, catálogo de exibição do Centro de Arte Africana. Munique: Prestel, 1996, p. 98-112 [Catálogo de exibição do Centro de Arte Africana, Nova York].

Figura 4.2 Estátua de madeira Tabwa representando uma mulher grávida da Província de Catanga, República Democrática do Congo. Essas estátuas expressam a posição reverenciada das mães entre esses povos matrilineares. Penteados e escarificações elaborados indicam que uma mulher da região é mãe. Suas pernas encurtadas simbolizam a posição de cócoras das mulheres durante o parto.

Escultor desconhecido. Foto de Anne Manmiller. Da coleção particular de C. Saidi.

para o vestuário. Os fabricantes de roupas tratavam e processavam as peles de vários animais, de modo a torná-las macias o bastante para roupas confortáveis. A fabricação do tecido de cortiça foi uma das tecnologias mais antigas que os povos ancestrais Nigero-congoleses, antepassados dos Bantu, inventaram há mais de oito mil anos. Os proto-Bantu, que herdaram esse conhecimento, já produziam tecidos de cortiça há cinco mil anos, como indicam as evidências culturais comparadas e a existência de um termo proto-Bantu, *-kando[129].

---

129. VANSINA. Paths, p.293.

Eles produziam os tecidos *-*kando* descascando a cortiça interna de árvores de *Ficus* específicas, tratando quimicamente a cortiça descascada e, finalmente, pilando-a. Depois, eles tingiam pedaços do tecido processado e costurado para desenhar padrões. Infelizmente, em climas tropicais, os tecidos de cortiça, assim como outros materiais orgânicos, se deterioram com o tempo e, por isso, os arqueólogos encontraram, até hoje, apenas alguns vestígios de um tecido mais antigo em túmulos que datam de cerca de 500 d.C. Registros escritos dos últimos quinhentos anos revelam que os tecidos de cortiça eram cobiçados, o que os tornava uma mercadoria desejada nos mercados regionais, transregionais e globais. No século XV, visitantes estrangeiros observaram em relatos escritos que o tecido de cortiça havia atingido o *status* de moeda corrente em algumas sociedades. Em séculos mais recentes, o tecido de cortiça aparece em tapeçarias de parede e almofadas icônicas tanto na decoração da era colonial quanto no *design* de interiores de alto padrão atual.

Outro tipo de tecido que os tecelões Bantu produziam, provavelmente, desde a era proto-Bantu era o tecido de ráfia, um material suave, macio e durável. Viajantes portugueses e holandeses, no século XVII, destacaram a beleza do tecido de ráfia usado pela elite dos reinos Tyo e Laongo, nas áreas ao norte do baixo Rio Congo. Eles descreveram o tecido como semelhante ao veludo ou à seda[130]. Os tecelões, geralmente homens, fabricavam o tecido de ráfia das submembranas das frondes de palmeira, um material flexível que podia ser tingido com facilidade. O tecido de ráfia tinha padrões complexos bordados nele. No Reino Kuba do século XVII, localizado no interior do continente, ao longo dos rios Kasai e Sankuru, os homens cultivavam a palmeira de ráfia e fabricavam o tecido. As mulheres decoravam a ráfia com desenhos geométricos bordados e transformavam o tecido em diver-

---

130. BLIER, S.P. "Imaging Otherness in Ivory: African Portrayals of the Portuguese ca. 1492". *The Art Bulletin*, 75, n. 3, set./1993, p. 376.

sos itens, incluindo saias cerimoniais, tecidos rituais, ornamentos de cabeça e cestaria[131].

Entre os Bantu da floresta equatorial e das regiões ocidentais da savana do sul, o tecido de ráfia era utilizado tanto como produto têxtil quanto como moeda, e também era essencial para os trajes cerimoniais (cf. Figura 3.1). No Reino Kongo, o tecido de ráfia se transformou em moeda corrente por volta de 1575 d.c., quando os portugueses assumiram o controle da principal fonte de moeda local, as conchas de búzios[132]. Documentos da época revelam que a ráfia podia ser utilizada como pagamento de taxas e multas nos reinos centralizados da região. No Reino Kongo, o tecido de ráfia também era utilizado para pagar o dote da noiva e impostos aos governantes centrais.

Em meados do século XVII, a importância do tecido de ráfia como moeda corrente foi posta em xeque no sudoeste da África Bantu. Essa mudança ocorreu à medida que os tecidos de algodão importados da Ásia e da Europa entraram na moda e se tornaram itens desejados. Embora o algodão fosse quase exclusivamente reservado àqueles com poder político, ele se tornou amplamente valorizado. Ao contrário da ráfia, que os artesãos locais controlavam e produziam, o algodão se tornou uma importação barata que trouxe consigo alguns desequilíbrios econômicos de longo prazo. A ráfia ainda era usada em cerimônias, mas vestir roupas de algodão importado se tornou um símbolo de *status* para as elites. No longo prazo, essa mudança econômica teve impactos deletérios para a rentabilidade da tecnologia e da produção locais.

Esculpindo espíritos: trabalho em madeira

Como a discussão sobre os encostos de cabeça e portas na seção "Moradia, arquitetura e tecnologias de engenharia" indica,

---

131. ADAMS, M. "Kuba Embroidered Cloth". *African Arts*, 12, nov./1978, p. 20.
132. MARTIN, P.M. "Power, Cloth and Currency on the Loango Coast". *African Economic History*, n. 15, 1986, p. 4.

os povos de língua Bantu se destacavam na produção de bens que eram tanto utilitários quanto artísticos. Em regiões de língua Bantu que se estendiam da costa do Atlântico até o leste da África, os escultores eram famosos por suas criações artísticas em madeira. A tecnologia da madeira tinha aplicações utilitárias e implicações culturais. As tecnologias de escultura em madeira foram fundamentais para o desenvolvimento do transporte a barco, a escultura de máscaras e outros objetos para observâncias religiosas, a confecção de instrumentos musicais, os materiais de construção, a produção têxtil, os utensílios de cozinha, as práticas medicinais e as ferramentas agrícolas, até onde é possível retraçar a história Bantu. Esculturas simbólicas que honravam os ancestrais, produzidas em maneira estilizada, eram historicamente importantes porque considerava-se que a sua energia espiritual tinha impactos positivos na vida dos vivos. Devido à crença de que os ancestrais podiam afetar o destino dos vivos, as esculturas de ancestrais eram extremamente importantes e os escultores muitas vezes produziam esculturas de pessoas influentes após o seu falecimento. O povo Kongo, de Angola e da República Democrática do Congo modernas, criava retratos de antepassados que eram chamados de *tumba*. Essas imagens humanas de madeira expressavam tristeza e simbolizavam uma pessoa que olhava para dentro, para o seu papel como espírito. O povo Kuba, no auge do seu reino, produzia as *ndop*, esculturas estilizadas de líderes ainda vivos, que eram mantidas nas casas de mulheres grávidas até depois do parto. Quando um governante morria, o povo Kuba acreditava que o seu espírito continuava a residir na *ndop*. Futuros governantes tinham que exibir esse símbolo em cerimônias oficiais para que o líder ancestral pudesse garantir o sucesso dos vivos[133].

Arte rupestre

Embora, historicamente, os homens fossem os principais produtores das artes esculpidas em madeira, as mulheres Bantu

---

133. ADAMS, M. "Eighteenth Century Kuba King Figures". *African Arts*, 21, n. 3, mai./1988, p. 34-35.

eram as criadoras de um tipo específico de arte rupestre associado à iniciação feminina. No centro-leste da África, essa arte utilizava figuras geométricas e símbolos para representar objetos concretos e ideias abstratas. As artistas Bantu que produziam arte rupestre para a iniciação feminina também incorporaram uma variedade de imagens adotadas de artistas Batwa. Diferentemente dos Batwa, que usavam vários pigmentos de cor, as mulheres Mashariki Bantu geralmente utilizavam apenas a argila branca porque essa era a cor ritual e o material ritual das questões espirituais, desde a história antiga, entre os povos de língua Bantu. Mas, em partes da África Central, as mulheres de língua Bantu combinavam elementos das duas tradições artísticas, incorporando as cores e muitos dos signos e símbolos que os Batwa usavam em sua arte. Nas cerimônias de iniciação feminina, a iniciada era coberta de argila branca, mas a arte em paredes ou pedras que as mulheres mais velhas produziam para essas cerimônias incluía desenhos em vermelho e preto, aplicando e incorporando a tecnologia de fabricação desses pigmentos que os Batwa haviam desenvolvido anteriormente.

Conclusão

Da agricultura à cerâmica, os metais e a arte rupestre, os povos Bantu inventaram e transformaram tecnologias, técnicas e abordagens científicas para lidar com a diversidade de ambientes nos quais eles se estabeleceram. Eles também adotaram, readaptaram e influenciaram diversas práticas dos povos que encontraram, em diferentes regiões e épocas. Por meio das artes, das crenças e da tecnologia produtiva, os exemplos deste capítulo ilustram como essas atividades estavam interligadas nas cosmovisões Bantu. Os falantes das línguas Bantu desenvolveram grande variação cultural e, ainda assim, preservaram uma forte tradição histórica Bantu, na qual os indivíduos reconheciam as forças espirituais do Criador, os ancestrais, os espíritos territoriais e a energia reprodutiva. Trata-se de mudanças e continuidades para as quais os pesquisadores encontram evidência em registros linguísticos, etnográficos e arqueológicos ao longo de muitas gerações e em diferentes regiões. Da criação de trabalhos em madeira ornamentada à fabricação de tecidos de cortiça elaborados, os desenvolvimentos históricos entre os povos Bantu fornecem evidência tanto das semelhanças de suas origens históricas quanto da diversidade de formas em que eles introduziram mudanças e transformações nos diferentes mundos para os quais se expandiram.

ARTIGO: ARTES AFRICANAS, MUSEUS E PICASSO

Há muito tempo a arte das sociedades Bantu integra coleções de Londres a Bangkok, de Honolulu à Cidade do Cabo. Mas o que é menos conhecido é o fato de que os artistas Bantu influenciaram de forma significativa a obra do artista espanhol Pablo Picasso, possivelmente o pintor mais famoso do século XX. Em 1907, Picasso teria declarado, enquanto observava artes africanas que incluíam máscaras Bantu: "Eu entendi porque me tornei um pintor. Sozinho naquele museu, cercado por máscaras"[134]. Em 2006, o governo sul-africano, juntamente com o governo da França, onde Picasso residiu por muito tempo, patrocinaram uma exposição intitulada "Picasso e a África". A exposição apresentava sessenta pinturas de Picasso colocadas lado a lado com a arte africana que as teria inspirado. Enquanto Picasso, que reconhecia abertamente como a arte africana o havia inspirado, é reverenciado como um artista magistral, os curadores profissionais insistem em classificar a arte africana como "primitiva ou tribal". Por que será? Convidamos os leitores a dedicar algum tempo para analisar as coleções de arte africana em museus. É interessante buscar os detalhes e temas da arte africana antiga e moderna. Um excelente lugar para esse tipo de visita é o Museu Nacional de Arte Africana da Smithsonian Institution, no National Mall, em Washington, DC. Talvez você reconheça possíveis influências africanas na obra de artistas ocidentais que você admira há muito tempo.

---

134. LEIGHTEN, P. "The White Peril and L'Art negre: Picasso, Primitivism, and Anti-colonialism". *The Art Bulletin*, 72, n. 4, dez./1990, p. 625.

Leituras complementares

ADAMS, M. "Kuba Embroidered Cloth". *African Arts*, 12, n. 1, nov./1978, p. 24-39, 106-107.

DEWEY, W. *Sleeping Beauties, Fowler Museum of Cultural History*. Los Angeles: University of California, 1993.

EHRET, C. *An African Classical Age*: Eastern and Southern Africa in World History, 1000 BCE to AD 400. Charlottesville: University of Virginia Press, 1998.

FORNI, S. "Containers of Life: Pottery and Social Relations in the Grassfields (Cameroon)". *African Arts*, 40, n. 1, 2007, p. 42-53.

HERBERT, E. *Iron, Gender and Power*: Rituals of Transformation in African Societies. Bloomington: Indiana University Press, 1993.

ROBERTS, M.N. "The King Is a Woman Shaping Power in Luba Royal Arts". *African Arts*, 46, n. 3, 2013, p. 68-81.

SIMON, K. & MacGAFFEY, W. "Northern Kongo Ancestor Figures". *African Arts*, 28, n. 2, 1995, p. 48-53, 91.

5

Negociando a hospitalidade

Após os capítulos anteriores detalharem alguns eventos e processos relevantes da antiga história Bantu, além das invenções históricas, divergências e variações que diferentes comunidades de língua Bantu exploraram ao longo do tempo, este capítulo final foca na hospitalidade. Uma questão importante levantada pelos pesquisadores é a de como as comunidades Bantu difundiram com sucesso suas culturas e línguas, em uma área geográfica tão grande, sem recorrer à violência generalizada. Embora os Bantu certamente enfrentaram adversidades, a hospitalidade é uma teoria baseada em evidências que fornece um marco para explicar a resiliência linguística e cultural Bantu na *longue durée*. Muitas comunidades de língua Bantu concebiam a hospitalidade como uma estratégia importante para a construção de relações e como um imperativo moral. Elas adotavam a hospitalidade como estratégia ao se estabelecerem em novas áreas onde, frequentemente, encontravam-se com populações pioneiras. Este foco reúne uma série de tendências históricas e eventos importantes discutidos nos capítulos anteriores. Na cosmovisão dos povos de língua Bantu, a hospitalidade tem sido, persistentemente, um elemento central aos conceitos de construção de relações. O objetivo deste capítulo é demonstrar como histórias de diferentes épocas podem oferecer lições importantes sobre as estratégias adotadas pelas comunidades de língua Bantu para socializar indivíduos, incorporar pessoas de fora e defender-se contra a violência, a pobreza, o colapso comunitário, a deterioração política e outros desafios sociais.

Saudando e acolhendo os visitantes

A hospitalidade pode ser definida como uma forma de acolher os visitantes, sejam eles membros da comunidade ou pessoas de fora. Euphrase Kezilahabi, um renomado romancista da Tanzânia, observa que "as saudações entre os Kerebe definem o parentesco e a boa vizinhança. Elas também delineiam o caráter e traçam as linhas de relações. As saudações são uma manifestação de humanidade e respeito pelas outras pessoas, conhecidas e desconhecidas. "Visitar" e "saudar" são definidos pela mesma palavra, *kubwacha*. Uma visita (saudação) revela o quanto um parente valoriza uma relação e sugere como ele ou ela deseja que essa relação continue. Trata-se da mais alta manifestação de amor e solidariedade em meio à luta pela sobrevivência"[135]. Kezilahabi argumenta que o exemplo dos Kerebe é representativo da forma como muitas comunidades de língua Bantu se relacionam com parentes e vizinhos. Embora a história demonstre que o passado não é isento de conflito e contestação, o sentido mais geral do argumento de Kezilahabi é válido. Bastante comuns entre muitos falantes Bantu, as saudações devidas podem ser identificadas como parte de um paradigma da hospitalidade. Historicamente, as antigas comunidades de língua Bantu conceberam e adotaram um conjunto de práticas que privilegiavam a construção das relações, refletidas na importância do acolhimento e evidenciadas em uma série de ações que as pessoas realizavam.

Certamente, a hospitalidade começa quando as pessoas recebem as outras com saudações, mas ela vai muito além do mo-

---

135. KEZILAHABI, E. "A Phenomenological Interpretation of Kerebe Greetings". *Journal of African Cultural Studies*, 14, n. 2, 2001, p. 181-193.

mento inicial do encontro e inclui a oferta de comida, alojamento, abrigo, companhia, ideias, conselhos, conversas, proteção, uma atmosfera de inclusão generosa e homenagens aos pioneiros e espíritos ancestrais. Historicamente, na África de língua Bantu, as comunidades praticavam a hospitalidade para estender a generosidade às pessoas de fora, mas esse sistema de valores também era utilizado como uma ferramenta de controle social tanto dos membros da comunidade quanto de estrangeiros. As expectativas com relação à hospitalidade se tornaram uma forma de proteção contra comportamentos antissociais como a cobiça, a exclusão, a busca do interesse individual em detrimento das necessidades da comunidade, a maldade e a inveja contra outros membros da comunidade e a busca excessiva de poder. Os padrões acerca do que constituíam atos de hospitalidade e da quantidade e qualidade suficientes de generosidade variavam, mas, comumente, esse era um valor central nas economias morais e expectativas sociais de muitas comunidades de língua Bantu. A hospitalidade é uma lente através da qual é possível compreender as cosmovisões e as práticas dos falantes Bantu na *longue durée*. Os princípios da hospitalidade parecem conectar e relacionar-se com as várias dimensões da vida dos povos Bantu, discutidas nos capítulos anteriores. Alguns exemplos incluem as relações entre os ancestrais e os vivos, o empréstimo e o compartilhamento de tecnologias científicas, o valor colocado na integração de novos e antigos membros para criar e recriar um senso de pertencimento, o respeito aos pioneiros da terra, práticas sociais como as iniciações e a abordagem heterárquica em muitas esferas da vida, enfatizando a construção de relações laterais. As raízes profundas da hospitalidade ainda não foram totalmente compreendidas, mas, considerando os 5.500 anos cobertos neste livro e os papéis fundamentais que os migrantes Bantu – pioneiros nas regiões de fronteira – desempenharam em diferentes fases dessa história, o valor preservado das saudações e da hospitalidade, em muitas gerações e paisagens sociais diferentes, faz bastante sentido.

O conjunto de evidências sugere que os princípios, difusos e persistentes, associados à hospitalidade remontam a cerca de 3.500 a.C. (primeira fase). Certamente, ao longo do tempo, as comunidades elaboraram e transformaram essas práticas de diversas formas. Estrangeiros (desconhecidos) e visitantes (conhecidos) eram, em muitos casos, designados pela mesma raiz, *-génI[136]. No entanto, há evidências de que, ao longo do tempo, as comunidades elaboraram a ideia e a prática à sua maneira. De fato, desde os primórdios dessa história, os descendentes nigero--congoleses, que migraram para o sul e o leste em direção à floresta equatorial e que se tornariam "Bantu", entraram em contato com "estranhos", particularmente de uma origem histórica profunda, o povo Batwa. Mas as comunidades Bantu que migraram para o leste, no primeiro milênio a.c. (quarta fase) e no primeiro milênio d.c. (quinta fase), estabeleceram relações regulares com uma ampla gama de culturas e comunidades muito diferentes. Esses encontros provavelmente demandaram estratégias que permitissem aos Bantu se estabelecerem em áreas habitadas ou em uso por outros povos. A construção da hospitalidade como um valor social importante teria sido uma tática para mediar as relações sociais entre os pioneiros e os recém-chegados. O termo "pioneiro" tem vários significados na história das expansões Bantu. Ele se refere aos primeiros povos que fizeram uso econômico ou social de um território. O termo também designa um grupo que precedeu a outros, sendo assim pioneiros em relação aos que chegaram depois. Os recém-chegados seriam aqueles que migraram para um território já ocupado por outra população humana. A hospitalidade era um meio de incorporar ambos, recém-chegados ou pioneiros. Ela era um meio de integrar populações diversas, seja formando um novo híbrido ou tornando-se comunidades coexistentes que, embora tivessem influência mútua, permaneciam culturalmente distintas.

---

136. GUTHRIE, M. *Comparative Bantu*. Vol. 3, cols. 805. • FOURSHEY, C.S. "Stranger Come Heal Thy Host". *African Historical Review*, 44, n. 2, 2012, p. 18-54.

Podemos abordar as relações sociais dos povos agrícolas Bantu recém-chegados com pioneiros como os caçadores-coletores Batwa (África Central), os Cuchitas pastoris (África Oriental) e os sudaneses agropastoris (África Oriental) de diversas maneiras. Uma vez que os falantes Bantu eram essencialmente populações nigero-congolesas que migraram da África Ocidental para o centro, o leste e o sul da África, em cada fase dessa história, os Bantu eram, em um primeiro momento, recém-chegados. À medida que seus assentamentos se estabeleceram e se difundiram, no último milênio a.C. e no primeiro milênio d.C., muitas comunidades Bantu passaram a ter o *status* relativo de pioneiros em relação aos migrantes posteriores. Conflitos e tensões territoriais certamente estavam presentes nessas relações. Em tais contextos, o mutualismo ou a reciprocidade frequentemente entravam em jogo, conforme os membros da comunidade e forasteiros se adaptavam uns aos outros e construíam relações de benefício mútuo. As normas sociais relativas à hospitalidade regiam os padrões de propriedade e respeitabilidade entre os membros da comunidade e serviam como um meio de manter certa distância social dos forasteiros, sem aliená-los completamente. A hospitalidade proporcionava um espaço de oportunidade e de segurança no qual os anfitriões e visitantes podiam se familiarizar com as qualidades uns dos outros.

Hospitalidade na cultura material, em provérbios e saudações

Provérbios e outros dados históricos sugerem que a hospitalidade é um aspecto importante em muitas partes da África. As descrições atuais comuns do Congo, Angola, Ruanda, Burundi, Moçambique e Quênia como zonas de conflito, e de Botsuana, Tanzânia, África do Sul, Zimbábue, Zâmbia e Uganda como países devastados por doenças ou pela pobreza, obscurecem o papel positivo que a hospitalidade ainda cumpre, fortalecendo as relações sociais e econômicas e permitindo algum grau de prosperidade.

Certamente, a exclusão, a opressão e o conflito foram e ainda são realidades em algumas circunstâncias, mas a abordagem predominante em relação aos estrangeiros e às pessoas de fora tem sido trazê-los para o interior das comunidades Bantu por meio de estratégias diversas que constroem todos os tipos de redes – pessoais, sociais, econômicas, políticas e culturais.

No século XIX, os Kuba, que habitavam a região da atual República Democrática do Congo (RDC), demonstravam hospitalidade aos visitantes oferecendo-lhes vinho de palma servido em taças de madeira detalhadamente esculpidas. Esses vasilhames artesanais lindamente trabalhados eram objetos materiais valorizados, com os quais os visitantes homenageados se embriagavam. Mais importante, esses utensílios e seus conteúdos simbolizavam a hospitalidade e as relações, e ajudavam a impor *status* e refinamento. Nesse sentido, as taças e o vinho de palma forjavam laços sociais que tinham diversos impactos políticos e econômicos. As taças Kuba do século XIX oferecem uma pista a respeito da história da hospitalidade entre alguns povos Bantu, em épocas mais recentes, e do papel que a bebida desempenhava na transmissão cortês de valores sociais. De fato, a reputação de uma pessoa dependia muito do quão hospitaleira ela demonstrava ser ao receber visitantes. Oferecer alimento e demonstrações generosas de culinária para expressar a própria hospitalidade era muito importante, além da troca de saudações apropriadas e sofisticadas e dos intercâmbios verbais.

Entre os Kerebe, um povo Bantu mais ao leste, na região do Lago Nyanza, no noroeste da Tanzânia, há uma expressão para "obrigado" que reflete a importância da hospitalidade verbal nessa sociedade. Eles dizem *Wakola kuzima*, que significa "Você fez bem"; ou *Wasemazya*, que significa "Você fez coisas boas acontecerem". A resposta neste caso é *wasemezya kusima*, que significa "Obrigado a você também, por causar coisas boas com seus agradecimentos". A reciprocidade está implícita nesses intercâmbios verbais. *Wasemezya* expressa uma relação de causalidade. Aquele que saúda legitima e valoriza a existência humana do outro; os visitantes respondem usando a palavra no contexto de uma frase diferente, *Wasemezya kwizatubwacha*, que significa "Você fez bem em vir e nos saudar". Ontologicamente, a existência de uma pessoa depende da interação com os outros por meio de saudações que reconhecem a sua existência. Acredita-se que aquele que compartilha generosidade para ajudar os outros gera benefícios sociais.

No sul da Tanzânia, uma saudação Fipa aos recém-chegados é *Tuteesi Ta!*, cujo significado enfático é "Bem-vindo, estamos estabelecidos!" A expressão sugere tanto um acolhimento, que inclui o recém-chegado em "nós", mas também reforça a base sólida daquele que o recebe[137]. Entre os Waswahili, povo Bantu da costa do Oceano Índico, no leste da África, a saudação *Karibu* convida os forasteiros a se aproximarem como uma forma de receber os visitantes com generosidade. A efusão de hospitalidade Swahili era famosa entre os viajantes na África Oriental. Assim como os Kerebe, os falantes Kiswahili têm um provérbio – "*Mgeni njoo, mwenyeji apone*" – que afirma que o estrangeiro ou visitante ou pessoa de fora traz prosperidade e benefícios. A tradução é "Estrangeiro, venha, para que o anfitrião possa curar-se e prosperar". A expressão é cheia de significado sobre o valor das pessoas de fora para uma comunidade. As saudações têm grande importância em todas essas comunidades, as manifestações de hospitalidade são parte fundamental das práticas de saudação, e essas práticas contextualizam, histórica e culturalmente, valores sociais.

O povo Fipa também faz uso de uma série de provérbios que refletem o benefício que, segundo eles, os estrangeiros trazem para suas comunidades. Um provérbio revelador diz: "Jovem, não fira a cobra negra, você não sabe se ela produzirá uma abundância de peixes negros comestíveis". A lição implícita no provérbio

---

137. WILLIS, R. *A State in the Making*. Bloomington: Indiana University Press, 1981, p. xvii.

é a de que os indivíduos não devem fazer mal a estranhos apenas por medo de suas diferenças. Ser gentil com estranhos e evitar causar-lhes danos são dois valores-chave nos quais os indivíduos são socializados através desse e de outros provérbios. Cobrir o vasto espectro de todos os provérbios associados à hospitalidade que existem na variedade de línguas Bantu é tarefa impossível. Mas os exemplos, de muitas sociedades, são abundantes e eles revelam como a hospitalidade é ampla e profundamente valorizada nas comunidades Bantu, em toda a África Subsaariana[138].

Hospitalidade insuficiente: tradições orais de migração

Esses valores também permeiam muitas tradições orais conhecidas, que destacam a hospitalidade como uma importante ferramenta social e política. Uma tradição oral Fipa do século XVII fornece elementos interessantes para analisar a hospitalidade nos níveis social e político. Ao sair para caçar, o chefe Milansi deixou a sua esposa, Natalakalika, responsável por cuidar do seu banco, um símbolo de poder político; Milansi disse a Natalakalika que, enquanto ele estivesse fora, ninguém deveria ter acesso a ele.

Após sua partida, três mulheres *Twaci* desconhecidas chegaram. A esposa do chefe lhes deu as boas-vindas, oferecendo a cada uma um banco para se sentar. Mas uma delas se recusou a aceitar o assento que lhe foi oferecido. Ela queria o banco do chefe. Natalakalika hesitou, mas lhe deu o banco por se tratar de uma hóspede.

Quando o chefe Milansi retornou, ele viu seu banco ocupado e, assim, o seu poder desafiado. Por estar sujo e hirsuto, quando as mulheres *Twaci* perguntaram até onde seu reino se esten-

---

138. WILLIS, R. *There Was a Certain Man, Spoken Art of the Fipa*. Oxford: Clarendon Press, 1978, p. 112.

dia, ele mal conseguiu erguer o braço para demonstrar a extensão de sua autoridade, pois temia expor suas axilas peludas. Então, ele fez um círculo modesto para indicar a área protegida por seu domínio. Em resposta, uma das mulheres apontou amplamente a paisagem para declarar o restante da terra sob o domínio *Twaci*. Desolado, o chefe Milansi buscou a orientação de um ancião Fipa, Wayesi, que respondeu: "Você estará sujeito a elas, mas elas o protegerão. Que não haja conflitos". Então, o território Fipa passou a ter duas capitais reais, Itwelele sob o domínio de Milansi, que detinha o poder ritual, e o restante sob o comando das mulheres *Twaci* estrangeiras, que tinham autoridade política e eram responsáveis pela proteção de Milansi. Todas as mulheres *Twaci* se casaram com homens do território Fipa[139].

As mulheres *Twaci* e suas interações com o chefe e Natalakalika simbolizam a importância primordial da hospitalidade para os Fipa. Em tensão com os valores da hospitalidade estava o fato de que o banco tinha uma importância histórica e social mais antiga (cf. Figura 5.1). Claramente, essa história justifica uma mudança de dinastia. O que essa história também revela é que os valores da hospitalidade permitiam aos pioneiros legitimar a sua acomodação à nova autoridade política, ao mesmo tempo em que afirmavam a sua agência ritual e social no interior da nova ordem política. Dessa forma, essa tradição oral revela não apenas ideias duradouras a respeito da organização social, das relações sociais, do gênero, da higiene e das matrilinhagens, mas também ideias inovadoras sobre a incorporação espacial, social e política de outros povos.

A força das relações sociais e econômicas, em um mundo caracterizado pela mobilidade, significava que o pertencimento tinha de ser concebido de outras formas que não dependessem apenas do grupo de parentesco ou do local de nascimento, uma ideia que os estudiosos da cidadania chamam de pertencimento

---

139. WILLIS. *State*, p. 20-23.

Figura 5.1 Banco antropomórfico de três pés. Povo Nyamwezi, Tanzânia. Madeira, 134 x 34 x 41cm.

Foto: Hervé Lewandowski. Local: Musée du Quai Branly, Paris, França. Créditos da foto: © RMN-Grand Palais/Art Resource, NY Image Reference: ART488114. Tamanho da imagem: 4.096 X 5.318 px.

fundado "no sangue ou no solo". Embora nas primeiras fases de formação e consolidação das expansões e identidades Bantu as comunidades fossem pequenas, elas cresceram com o passar do tempo, em parte porque se tornaram agrícolas e sedentárias, mas também porque foram bem-sucedidas na incorporação de forasteiros. No leste, centro, sul e centro-oeste da África, as sociedades Bantu utilizavam a hospitalidade, as alianças interculturais, as sociedades exclusivas e as organizações geracionais para fortalecer os vínculos sociais e as instituições sociais e políticas.

Como observado anteriormente, os provérbios e as tradições orais das regiões de língua Bantu na África Subsaariana revelam que a hospitalidade dirigida aos estrangeiros e forasteiros era, em diferentes graus, um valor importante para os falantes das línguas Bantu. Nesta grande porção da África, havia a crença de que os estrangeiros podiam, potencialmente, aumentar o conhecimento ou contribuir para o desenvolvimento social de maneiras importantes. Essa visão aparece com frequência nas histórias orais. As tradições Fipa, em particular, sugerem que as mulheres frequentemente desempenhavam papéis de destaque na formação de instituições e alianças políticas.

Heterarquias da hospitalidade e vínculos sociais

Ao retraçar as mudanças históricas nas palavras utilizadas para identificar a filiação linear e o pertencimento coletivo, é possível acessar as características mutáveis da história política Bantu. Reconstruir os nomes dos papéis de liderança dados às pessoas que ocupam cargos de autoridade, bem como os nomes utilizados para designar as unidades coletivas, também possibilita apreender as dinâmicas da heterarquia política ao longo do tempo. Uma posição de prestígio, preservada até os dias de hoje, *mukumu*, remonta ao período proto-Bantu (primeira fase), quando as comunidades Bantu emergentes se organizavam em pequenos sistemas de aldeias descentralizados. Naqueles tempos, o *mukumu*, então definido como chefe-sacerdote da linhagem, exercia a autoridade política e espiritual no interior da matrilinhagem. Apesar da sua influência na sociedade civil, o *mukumu* não detinha a autoridade política absoluta. Na tradição histórica Bantu da heterarquia, o corpo de anciãos e chefes das associações detinha a autoridade que moderava o poder do *mukumu*. *Mukumu* podia ser uma mulher ou um homem, muito provavelmente anciãos da linhagem, mediadores espirituais reconhecidos e respeitados, reverenciados pelo conhecimento especializado que lhes dava acesso ao reino etéreo dos ancestrais. Através do *mukumu* os membros vivos recebiam orientação sobre como melhor defender suas linhagens. Isso poderia significar, por exemplo, mediar a resolução de conflitos locais ou resolver desafios ambientais que ameaçavam suas fontes de alimento. Sua autoridade ritual local, de pequena escala, lhes assegurava influência política nas antigas comunidades Bantu próximas.

Em diferentes contextos históricos, essas comunidades, originalmente de pequena escala, reinventaram os seus valores política, cultural, econômica e intelectualmente para atender às suas novas necessidades. À medida que os povos de língua Bantu se expandiram para novos ambientes e se estabeleceram em uma variedade de zonas climáticas, e o tamanho e a diversidade das comunidades Bantu cresceram, o papel do *mukumu* se transformou, em diversas regiões, em um cargo mais plenamente político. Atualmente, *mukumu* ainda é uma palavra difundida em línguas Bantu remotas, em alguns casos preservando o significado de chefe ritual do clã, como entre os Gogo da Tanzânia Central, mas, em outros, ele designa o governante de uma chefatura ou de um reino pequeno, frequentemente associado a ideias de riqueza ou honra[140]. Com o passar do tempo, em alguns contextos, surgiu a necessidade ou a conveniência de outros papéis de liderança e grupos coletivos.

No último milênio a.C. (quarta fase), quando os Bantu se estabeleceram na região dos Grandes Lagos, na África Oriental, surgiram novos contextos que incluíam a interação com povos de origem não-Bantu. Em seus contextos cada vez mais diversos, algumas comunidades Bantu da Savana Oriental começaram a reconceber a liderança e o pertencimento. Esse processo se intensificou quando suas comunidades descendentes começaram a espalhar seus assentamentos na direção sul, para as áreas de

---

140. VANSINA. *Paths*, p. 274.

savana a oeste do Lago Tanganica. Nesses ambientes, o tamanho das matrilinhagens cresceu e novas matrilinhagens migraram das comunidades já estabelecidas. Algumas comunidades Bantu da Savana forjaram uma ideologia adequada a uma escala maior de relações políticas e sociais, em um território mais amplo. Elas inovaram o conceito de uma unidade maior do que uma matrilinhagem. Elas passaram a se identificar como parte de uma ampla rede de matrilinhagens que formavam um matriclã. Em consequência, as matrilinhagens compartilhavam uma identidade e um senso de filiação através do matriclã. Evidências nesse sentido são encontradas no desenvolvimento de um tipo de função política e ritual no interior do matriclã. Esse novo papel foi chamado de *mwami*, que deriva da raiz verbal *-yam-*, que significa "convocar". O *mwami* assumiu diferentes feições, da região central até o leste da África, e era responsável por reunir a comunidade em geral, oferecer orientação e anunciar decisões[141]. Esse novo tipo de liderança era particularmente relevante no nível do clã. Ele acrescentava uma dimensão de autoridade além do *mukumu*, chefe de um sistema de linhagem local que, em diferentes regiões e períodos, era com bastante frequência matrilinear.

A função do *mwami* do clã não necessariamente substituía o chefe-sacerdote da linhagem. Devido a uma clara ideologia heterárquica, a função podia coexistir com outras figuras de autoridade e prestígio. Para aqueles que adotaram a ideia de um líder cujo papel era manter os vínculos de um matriclã, as pessoas tiveram de aceitar um tipo de líder um pouco mais distante, um guia espiritual e político de uma região geograficamente mais ampla. Nesse sentido, a liderança espiritual fundada na linhagem era localizada e pessoal.

Outro exemplo de elaboração de unidades políticas, no segundo milênio d.C., na região central da atual Tanzânia, vem do

---

141. EHRET. *Classical*, p. 146-147. • SCHOENBRUN. *Green Place*, p. 103-105. • VANSINA. *Paths*, p. 183-186.

povo Ruvu, de descendência Bantu, que cunhou um novo termo, *ikungugo*, para designar um grupo de matriclãs relacionados (*-kolo*). Esse desenvolvimento revela que os descendentes Ruvu viram a necessidade de reconhecer um grupo de parentesco ainda maior do que o matriclã. O termo *ikungugo* deriva de um verbo proto-Bantu, *-kung-*, que significa "amarrar", no sentido de juntar as coisas. Essa metáfora é explícita na elaboração de uma unidade coletiva na qual suas matrilinhagens, que compunham os matriclãs, agora constituíam o longínquo *ikungugo*. Essa mudança histórica na escala da filiação política significava que as pessoas estavam agora envolvidas em três camadas de pertencimento – a linhagem, o clã e o *ikungugo*. O fato de essa mudança ter se desenvolvido entre falantes Sagala, Kagulu, Vidunda e Gogo, intensamente envolvidos com povos culturalmente distintos, de origens sudanesas e cuchitas, em uma região extensa, pode sugerir que essa era uma estratégia local utilizada para incorporar pessoas de fora às suas comunidades. Ao que tudo indica, na tradição Bantu, um ancião *ikungugo* detinha influência espiritual e política. Nos relatos orais Vidunda, uma anciã ou ancião *ikungugo* liderava cerimônias de caráter religioso que honravam seu ancestral fundador. Em 1883, J.T. Last, um geógrafo que estudava a região, observou a eficiência das subdivisões da unidade *ikungugo* entre os Sagala, ao eleger líderes para representar seus interesses coletivos[142].

Deparados com a diversidade crescente, a identidade e a visão dos povos a respeito de si próprios certamente se tornou uma questão mais complexa. A liderança política em regimes de múltiplas linhagens ou múltiplos clãs exigia um líder cuja autoridade reconhecidamente abrangesse desafios e perspectivas sociais e regionais mais amplos, além da importância, na tradição Bantu, de que eles tivessem autoridade espiritual e política.

---

142. GONZALES. *Societies*, cap. 3, n. 58.

Contatos imediatos: interações com os não-Bantu

Os principais encontros interculturais nas duas primeiras fases das expansões Bantu, que remontam até meados do quarto milênio a.c., envolveram os povos Batwa e Bantu. Em séculos recentes, particularmente nas eras do comércio atlântico e do domínio colonial, os caçadores-coletores Batwa foram frequentemente relegados ao *status* de servos pelas comunidades agrícolas Bantu vizinhas. Mas, antigamente, suas relações parecem ter sido diversas. O termo "Batwa" deriva de uma raiz Bantu, *-túá*, traduzida como "vizinhos" (*Ba-* é um prefixo plural para pessoa em muitas línguas Bantu). Os significados que as comunidades Bantu aplicaram à raiz *-túá* no oeste, no centro e no leste da África, em diferentes épocas, apontam para a dinâmica das relações entre os Batwa e os Bantu. Ao longo da história, o significado da raiz *-túá* variou entre "pigmeu", "habitante do mato", "grupo étnico vizinho", "grupo desprezado" e "chefe"[143]. Esses significados, de uma pessoa de pouco *status* social a outra de grande prestígio, refletem a história diversa entre esses grupos. Além disso, as tradições orais e práticas locais que honram os Batwa, como pioneiros e fontes de conhecimento, revelam a complexidade histórica das relações Batwa-Bantu. Embora os relatos escritos que sugerem que os Bantu marginalizavam os Batwa nas eras atlântica e colonial sejam frequentemente citados, a historiadora Klieman observa que os Bantu das regiões de floresta haviam aceitado, há muito tempo, a autoridade dos Batwa como fontes de conhecimento vital. Os Bantu reconheciam a sua própria posição de recém-chegados, em contraste com a precedência Batwa e a sua generosidade de compartilhar território e conhecimento. Em termos históricos, os Batwa eram cultural, linguística e economicamente diferentes de seus anfitriões[144]. Os Bantu reafirmavam a

---

143. *Comparative Bantu*. Vol. 4, cols. 1.804, 1.805, e p. 467.
144. KLIEMAN. *Pygmies*, p. 67-70.

sua interdependência das comunidades Batwa através de metáforas, da memória histórica e de laços reais de hospitalidade. Ao longo dos milênios, em função do comércio mutuamente benéfico e da interdependência econômica em diferentes subambientes – entre as comunidades agrícolas Bantu, nas margens dos rios e áreas intercalares de savana no interior da floresta, e os Batwa na floresta equatorial propriamente dita – essas relações foram reafirmadas e recriadas. Essas relações resultaram na formação de comunidades multiétnicas que, Batwa ou Bantu, se tornaram falantes das línguas Bantu[145]. Embora os Bantu dependessem dos Batwa para prosperar nas regiões de floresta, sua cultura e sua língua se tornaram dominantes nas comunidades Batwa.

Um exemplo atual desse mutualismo é a relação complexa que os Baka e os Bangando desenvolveram na bacia do Rio Congo, no sudeste de Camarões – logo ao leste do lugar de origem das primeiras comunidades Bantu emergentes, há 5.500 anos. Antropólogos e historiadores muitas vezes se apoiaram em ideias essencialistas acerca dos Batwa da África Central como "pigmeus", indivíduos primitivos de baixa estatura que vagavam, caçavam e coletavam recursos nas florestas. Ao mesmo tempo, a literatura sobre essas regiões também muitas vezes apresenta visões igualmente essencialistas acerca dos povos de línguas Bantu, como invasores que se estabeleciam em um local, cultivavam lavouras, produziam cultura e marginalizavam os Batwa. Os Baka e os Bangando não ficaram imunes a essas figuras de linguagem problemáticas – os Baka sendo frequentemente descritos como povos não-Bantu nômades, caçadores-coletores "tradicionais" resistentes à mudança, e os Bangando como agricultores Bantu, dominantes e sedentários. Na realidade, eles habitavam as mes-

---

145. RUPP, S. "Multiangular Identities among Congo River Basin Forest Peoples". In: HEWLETT, B.S. (ed.). *Hunter Gatherers of the Congo Basin*: Cultures, Histories, and Biology of the Pygmies. New Brunswick, NJ: Transaction Publishers, 2014, p. 277-298. • KLIEMAN. *Pygmies*, p. 19-20.

mas aldeias, casavam entre si e exerciam uma variedade de profissões para as quais não havia restrições étnicas. Eles formavam alianças e comunidades interétnicas. Relações Bantu-Batwa semelhantes provavelmente também ocorreram na história de mundos sociais e políticos tão diversos quanto o Reino Kuba dos séculos XVII a XIX, no sul da RDC; o Reino Bolia dos séculos XII a XX, no centro-oeste da RDC; as chefaturas Fipa dos séculos XVIII a XX; e entre os povos Sabi da região do Lago Bangweulu, no oeste da Zâmbia, desde o século X.

Na África Oriental, as interações entre povos de línguas Nilo-saariana, Bantu e Afro-asiática se fundavam em solidariedades que cruzavam fronteiras étnicas, linguísticas, econômicas e de parentesco. Quando os falantes Bantu se estabeleceram no norte da África Oriental, no primeiro milênio a.c., eles combinaram as tradições de plantio de tubérculos e leguminosas da África Ocidental e a criação de gado em pequena escala com o cultivo de grãos da savana africana. Quando as comunidades Bantu migraram para o sul da África, no final do primeiro milênio a.c. e início do primeiro milênio d.c., eles mantiveram a ênfase no cultivo de grãos. Lá, por muitos séculos, eles mantiveram contato constante com caçadores-coletores Khoisan e com criadores de gado Khoikhoi, como evidenciam os empréstimos culturais e linguísticos. Com os Khoikhoi, eles estabeleceram relações interculturais duradouras e casamentos mistos. No longo prazo, eles incorporaram um grande número de indivíduos Khoikhoi às suas sociedades. Por outro lado, em consequência, eles incorporaram novas formas de criação de gado à sua prática econômica. Em função das influências culturais Khoikhoi, as comunidades de língua Bantu do sul da África se distinguiram econômica, social e linguisticamente de outros povos Bantu.

Raramente, os contatos entre africanos são vistos como exemplos de intercâmbio cultural. No entanto, a África Bantu oferece uma oportunidade para desconstruir a ênfase posta na interação intercultural restrita aos encontros de europeus e asiáticos com africanos. Na realidade, os mesmos elementos que comumente descrevem a interação intercultural – o encontro, a troca e os hibridismos – são temas recorrentes nas histórias Nilo-saariana, Afro-asiática, Khoisan, Batwa e Bantu. Suas comunidades mantinham relações regulares. De fato, os falantes Bantu e de outras origens linguísticas e culturais com os quais interagiam se inspiravam nas ideias promissoras aprendidas de seus vizinhos, produzindo uma série de resultados. A adesão dos falantes Bantu aos valores fundados na hospitalidade foi um fator importante na sua capacidade de integração com falantes não-Bantu, ao longo de cinco milênios. Há uma lição importante a ser tirada das histórias Bantu sobre as expansões populacionais. Elas não necessariamente se baseiam na conquista. Apesar de os falantes Bantu terem ocupado grande parte da África Subsaariana, ao que tudo indica, eles não dominaram os povos de outras origens culturais e linguísticas com violência. Em vez disso, eles adotavam a hospitalidade e elaboravam essa estratégia ao migrarem para novas terras já habitadas por outros povos. A sua visão de mundo determinou como eles integraram, emprestaram e se adaptaram a ideias econômicas, políticas, religiosas e sociais úteis de outras comunidades.

Embora esses processos históricos não devam ser considerados idílicos e isentos de contestação e disputa, por outro lado, o valor e a utilidade da hospitalidade teriam proporcionado maior flexibilidade na condução das interações e relações sociais. Evidências de séculos recentes revelam o quanto os povos Bantu valorizavam a hospitalidade como um processo fundamental para a sustentabilidade da comunidade. Através das relações de parentesco e de amizade, forjavam-se espaços de pertencimento que acomodavam membros da comunidade e forasteiros. Não é possível sabermos as formas específicas em que a hospitalidade se desenvolveu em períodos históricos remotos no passado. Esses detalhes estão além do alcance da tradição oral e não há registros escritos para o período. Mas dados linguísticos e arqueológicos evidenciam a longa história da hospitalidade como um meio de se relacionar com povos de diferentes culturas e economias. Ancestrais Ovimbundu, Huambo, Luena e de outros povos Bantu da Savana da região entre o Oceano Atlântico e o Rio Zambeze, por exemplo, incorporaram os Khwe, os Kwadi e os Batwa, coletores e misto de caçadores e pastores, combinando as práticas de pastoreio e coleta desses povos às suas formas de subsistência agrícola para criar sistemas agropastoris diversificados.

De modo semelhante, na África Oriental, três tradições distintas – Bantu, Nilota e Cuchita – se encontraram. Os ancestrais Luyia, Gusii, Gikuyu e de outras comunidades de língua Bantu interagiram e se relacionaram com os Kalenjin e os Tato, Nilotas do sul, e com os Tale, Cuchitas do sul. Essas populações aprenderam, umas com as outras, tecnologias e métodos úteis para a subsistência e a produção de excedentes. Assim como em seus primeiros encontros com os Batwa na floresta, os Bantu, que em épocas posteriores tiveram acesso ao gado e ao conhecimento da criação de gado através das comunidades de língua Nilo-saariana e Cuchita nas regiões de savana, provavelmente empregavam táticas sofisticadas de hospitalidade e generosidade. A relação patrono-cliente, tão comum desde o século XVI nas comunidades Bantu da região dos Grandes Lagos, criadoras de gado, centralizadas e frequentemente patriarcais e patrilineares, pode ser, na verdade, interpretada como uma forma de hospitalidade. Porém, ela reforçava as hierarquias de *status* político e social, contrastando com o poder mais difuso e as formas laterais de *status* que geralmente caracterizavam as comunidades descentralizadas.

A hospitalidade era um ideal Bantu antigo. O seu valor prático e estratégico auxiliava a sua busca por um modo de vida e uma sociedade produtivos, em seus encontros com populações pioneiras resultantes de múltiplos movimentos populacionais. Os intercâmbios interculturais provavelmente facilitaram e favoreceram diversas atividades e tiveram impactos duradouros em suas histórias.

Honrando antepassados: observância religiosa como hospitalidade

O pertencimento político e social Bantu se fundava em epistemologias que estabeleciam laços entre as gerações falecidas e os vivos. Isso era reforçado pelas filosofias e práticas da hospitalidade. Os altares e templos que honravam os mortos assumiam uma variedade de formas. As observâncias rituais conexas, nesses locais, não apenas conectavam os vivos com seus ancestrais ou com espíritos territoriais, mas também envolviam atos destinados a transmitir generosidade e cordialidade das gerações vivas para os espíritos. Oferendas de comida e bebida aos espíritos ancestrais e territoriais espelhavam a hospitalidade oferecida aos hóspedes vivos na forma de alimento, cuidado e proteção.

Interseções das ideologias e práticas religiosas e políticas são evidentes nas histórias dos santuários, desde os tempos antigos até os mais recentes, em áreas bastante distantes habitadas por comunidades Bantu. Por exemplo, na região dos Grandes Lagos, no leste da África, no início do primeiro milênio d.C., sacerdotisas e sacerdotes lideravam grupos de possessão espiritual chamados *mbándwa*. Os sacerdotes e sacerdotisas *mbándwa* curavam aqueles que haviam sido possuídos (*kubándwa*) por uma doença causada por um espírito. O trabalho desses curandeiros e comunidades religiosas era remover aflições e seus rituais de cura *kubándwa* eram realizados em templos específicos[146]. No início do século XX, os templos e encantamentos

---

146. SCHOENBRUN. *Green Place*, p. 266-269.

espirituais administrados por seus guardiões reforçaram o apoio, no campo, à rebelião Maji Maji contra o domínio colonial, no sul de Tanganica, em 1904-1907. Do final do século XX vêm os exemplos dos santuários da Colina de Matobo – Njila, Dula e Dzilo. Esses templos eram locais oraculares politicamente importantes, utilizados pelos reis Torwa e Rozwi do Zimbábue, entre os séculos XV e XIX, mas eles ganharam destaque durante as lutas políticas pela independência do Zimbábue, nas décadas de 1970 e 1980.

A miscigenação cultural reiterada em toda a região centro--oeste, central, sul e leste da África, à medida que as comunidades de língua Bantu se expandiram para novas áreas, revela que os falantes Bantu aceitaram a sua interdependência das comunidades com quais se encontraram. Os Bantu que migravam para outras regiões dependiam de algum tipo de acomodação nas sociedades que já ocupavam o território, fossem elas coletoras, caçadoras, pastoris ou agrícolas. A existência de uma antiga raiz Bantu comum, *-túá, para designar aqueles que já habitavam uma região, expressa a importância que eles atribuíam aos pioneiros e à realização das acomodações necessárias, rituais e outras, a esses povos. O povo Bantu compreendia a necessidade de se relacionar com as comunidades de pioneiros porque esses povos conheciam os espíritos da terra e sabiam como lidar com eles. Até que uma comunidade Bantu se estabelecesse em uma área por várias gerações e seus anciãos tivessem morrido e sido enterrados ali, os únicos espíritos ancestrais – os *-dlmu, protetores e vinculadores dos povos à terra – teriam sido os dos pioneiros.

Muitas comunidades Bantu reconheceram os pioneiros com os quais se encontraram não só como os proprietários ancestrais da terra, mas também como importantes agentes religiosos. Como discutido nos capítulos 2 e 3, com bastante frequência, a política, a religião e o conhecimento estavam interligados e se reforçavam mutuamente nas comunidades Bantu. Embora não seja impossível dissociá-los, eles fazem muito mais sentido quando analisados conjuntamente.

Através dos mares: estrangeiros não africanos

Há exemplos notáveis de populações costeiras Bantu acolhendo estrangeiros de além-mar[147]. O Reino Kongo fornece um exemplo particularmente intrigante nos séculos XV e XVI, nas primeiras décadas do comércio atlântico. O Reino Kongo usou de grande hospitalidade como uma ferramenta diplomática para forjar relações econômicas primeiro com os portugueses e, depois, com outros estados da Europa Ocidental e firmas comerciais. Os portugueses, holandeses, franceses e outros europeus que chegaram à Ilha de Loango e aos portos costeiros do Reino Kongo eram muito diferentes culturalmente e, no entanto, eles foram tratados com generosidade, assim como os estrangeiros do continente africano haviam sido acolhidos historicamente. Os governantes Kongo, em particular, viram o valor potencial de construir essa nova rede e permitir a esses estrangeiros um espaço e um papel no tecido social. As elites Kongo adotaram e adaptaram a ideologia, as crenças e as práticas católicas como benefícios que elas poderiam obter desses estrangeiros.

Em suma, entre os povos Bantu, a política se fundava em ideias práticas e religiosas. A religião e a ética influenciavam as relações políticas e sociais. No século XI d.C., uma antiga raiz

---

147. Exemplos também podem ser encontrados em documentos de viagem europeus e árabes. Os viajantes se encontraram com os Swahili e os proto-Swahili Bantu no século X. Ao que tudo indica, Al-Masudi fez relatos sobre os Swahili do sul e Ibn Battuta, que se encontrou com os Swahili do extremo norte, descreveu como eles recebiam os comerciantes estrangeiros. Para os documentos antigos sobre as populações Swahili da África Oriental, cf. FREEMAN-GRENVILLE, G.S.P. *The East African Coast*: Select Documents from the First Century to the Early Nineteenth Century. Oxford: Oxford University Press, 1962, p. 14-31.

Bantu, -gàn-, que significa "narrar/contar histórias", era usada na região do Lago Malebo, na África Central. Quando o Reino Kongo se fundiu em um Estado centralizado, o título do líder era *nkáni* (derivado da raiz -*gàn*-). O *nkáni* tinha a responsabilidade de usar o poder criativo da fala para manter a paz entre diversos grupos sociais vagamente relacionados e frouxamente filiados entre si. Em essência, esses líderes precisavam ser habilidosos no discurso diplomático, outra manifestação de hospitalidade dirigida aos forasteiros. Além disso, os *nkáni* faziam a mediação com os espíritos ancestrais. Em mais uma demonstração do papel da autoridade heterárquica na esfera doméstica, líderes religiosos conhecidos como *kitomi*, intermediários entre os espíritos territoriais e o bem-estar da comunidade, apoiavam e equilibravam o poder do *nkáni*[148]. Embora as ideias religiosas locais continuassem a influenciar as populações plebeias e a elite, os governantes também incorporaram a ideologia católica representada em insígnias, símbolos e retóricas que reforçavam seu poder e autoridade tanto em sua própria sociedade quanto aos olhos de seus hóspedes estrangeiros e parceiros comerciais.

Quatrocentos anos após a chegada dos portugueses católicos no centro-oeste da África, viajantes europeus e missionários cristãos no leste da África Central, no final do século XIX e início do século XX, como J. Frederic Elton, Joseph Thompson e Edward Coode Hore, se queixavam da hospitalidade "excessiva" da região como um obstáculo às suas expedições e objetivos. Thompson declarou que, apesar das percepções europeias de que os africanos estavam constantemente em guerra entre si e com pessoas de fora, "em quase todos os lugares, eu fui recebido com genuína hospitalidade e cordialidade"[149].

---

148. EHRET. *Civilizations*, p. 262, 352. • VANSINA. *Paths*, p. 146-148.
149. THOMSON, J. *To the Central African Lakes and Back, East Central Africa Expedition 1878-1880*. Vol. I. 2. ed. Londres: Frank Cass and Co, 1968, p. vii-viii. • FOURSHEY. "Stranger Come Heal Thy Host", p. 18-54.

Respeitabilidade e atos antissociais: categorias hospitaleiras e inospitaleiras

A hospitalidade, como um valor social e político essencial e uma forma de abordar o mundo, é evidenciada em conjuntos de palavras e práticas Bantu antigas que expressam de maneira explícita noções de hospitabilidade e sua antítese. Raízes Bantu como "generosidade", *-gàb-, "honrar", -dèm-, e "receber", *-támb-, destacam a presença antiga e duradoura desses valores[150]. Por outro lado, é importante ressaltar que a ausência de qualidades associadas à hospitalidade também está presente em ideias igualmente antigas. Isso é evidenciado nas palavras utilizadas para descrever pessoas antissociais, incluindo "mal/maldade", *-bí, "feitiçaria", *-dòg-, "mesquinharia", *-yIm-, e "vergonha", *-cónI-. Acreditava-se que pessoas com essas características maléficas causavam perturbações, doenças e conflitos. Os exemplos sintetizam os elementos da cosmovisão Bantu relativos à etiologia do bem e do mal, discutidos no capítulo 2.

Provérbios registrados nos séculos XIX e XX fornecem outra fonte rica de evidências culturais que atestam a expectativa com relação às práticas de hospitalidade. Um exemplo de um provérbio regional comum na região sul do Lago Tanganica, nas fronteiras entre o leste e o centro-oeste da África, é *"Não temos*

---

150. GUTHRIE. *Comparative Bantu*. Vol. 3, p. 201, cols. 755-757. Cf. tb. *Comparative Bantu*. Vol. 4: "dádiva" e "dar/doar". Vol. 2, 23. • GUTHRIE. *Comparative Bantu*. Vol. 3, p. 146, cols. 527 e 530. Vol. 2, "pesado", p. 23. • GUTHRIE. *Comparative Bantu*. Vol. 4, p. 89, cols. 1.656, "receber". No período Bantu da savana, *-tamb-, uma derivação da raiz "oferecer", tem ampla distribuição (cols. 1.655 e 1.656); proto-Bantu das florestas de savana, -tamb-, "oferecer"; proto-Mashariki, -támb- ou -támbik-, "oferecer em sacrifício (abatendo ou matando) para curar os doentes"; Shambaa, *tambiko, ma-*, "sacrifício", *kutambika*, "sacrificar"; proto-Ruvu, -tambik-, "veneração ritual para cura ou prosperidade"; Bemba, -tambika (tambike), v.t. "oferecer, distribuir a"; -tambikisha, "chamar de longe"; Runyankore/Rukiga, *abatâmbi*, s. "curandeiros"; *eitambiro*, s. "lugar de oferendas". • NURSE & HINNEBUSCH. *Swahili and Sabaki*, p. 608. • SCHOENBRUN. *Historical Reconstruction*, p. 239-240.

nenhuma comida' fez com que o homem caminhasse até o anoitecer"[151]. O provérbio sugere o desprezo por pessoas que possam colocar em perigo um viajante ao se recusarem a acomodar, alimentar ou acolher um hóspede, independentemente do quão pouco o anfitrião possa oferecer. Forçar um visitante a seguir viagem depois do entardecer, à noite, com todos os perigos que isso implicava, contrariava o sistema de valores. Assim, o provérbio ensina que é uma expectativa e um dever social oferecer abrigo e comida para todos os visitantes. Ao estabelecer um padrão normativo de hospitalidade, uma comunidade garantia a sua segurança, no longo prazo, e benefícios, no curto prazo, para todos. A economia moral se baseava em uma ideia de circulação: atos de hospitalidade generosa seriam retribuídos.

Os forasteiros, potencialmente, traziam consigo novas e diferentes perspectivas, tecnologias e abordagens sociais. Novos conhecimentos e práticas podiam gerar inovações que revigoravam e fortaleciam o anfitrião. Nessa visão de mundo, um anfitrião tinha um interesse pessoal no bem-estar de estrangeiros e visitantes. O estrangeiro/visitante deveria ser acolhido como uma fonte de mediação em circunstâncias vulneráveis. Certamente, as estratégias políticas variaram ao longo do tempo e do espaço à medida que as comunidades de língua Bantu se expandiram pelo continente. Ao invés de simplesmente precipitar-se em competição tensa e conflito perene, as comunidades Bantu viam bom-senso em incorporar pessoas de fora. Os líderes comunitários reconheciam os recursos e vantagens que a hospitalidade poderia trazer. Líderes diligentes incentivavam os membros da comunidade a praticarem e exercerem a hospitalidade, a generosidade e a beneficência de todas as formas possíveis. A hospitalidade era um valor que refletia a reputação, a honra, o caráter moral e a

---

151. Citamos o provérbio original completo, "'Não temos nenhuma comida' fez com que o homem caminhasse até o anoitecer", que inclui uma citação no corpo da frase. Para facilitar a leitura, a fala das pessoas, "Não temos nenhuma comida", foi posta em itálico.

boa vontade de alguém. Indivíduos inospitaleiros podiam ser excluídos de posições de liderança ou evitados como desajustados sociais ou malfeitores.

Conclusão

Apesar das semelhanças notáveis entre as culturas e línguas de descendência Bantu, derivadas de uma antiga história Bantu comum, há grande diversidade sociocultural entre as populações. Essa diversidade deriva, em parte, da inovação nas comunidades ao longo do tempo. Mas ela também é o resultado dos novos ambientes e dos encontros com novos grupos de pessoas que falavam línguas completamente diferentes, com vidas culturais distintas e economias até então desconhecidas. Entre 1000 e 500 a.C., povos de línguas Bantu migraram das florestas equatoriais e começaram a povoar as matas, savanas e regiões de terras altas no centro, leste e sul da África. Ao se mudarem para novos territórios e encontrarem outros povos, eles preservaram muitas de suas abordagens linguísticas, culturais e econômicas. No entanto, com frequência, eles também adotaram as tecnologias dos povos com os quais se encontraram, o que, em alguns casos, revolucionou suas práticas agrícolas, tecnologias científicas e ideologias abstratas. Munidos de uma combinação muitas vezes vantajosa de conhecimento, ferramentas e práticas econômicas, sociais e culturais, eles se estabeleceram em uma ampla variedade de ambientes e paisagens. Esses processos históricos muitas vezes resultaram na incorporação de forasteiros às comunidades. Embora a interação entre os Bantu e não-Bantu tenha produzido novos elementos culturais híbridos, ela também implicou o apagamento cultural. Em grande parte da África Subsaariana predominam as culturas e línguas derivadas do Bantu.

O período entre 400 a.C. e 1000 d.C. (quarta e quinta fases) foi especialmente um período de consolidação política e demográfica. Depois de 1000 d.C., algumas sociedades de língua

Bantu embarcaram em novas direções de mudança política que levaram ao surgimento de estados grandes e politicamente centralizados, como o Grande Zimbábue, no sudeste do continente, o Reino Kitara, na região dos Grandes Lagos africanos, o Reino Upemba, na região do alto Rio Lualaba, na Bacia do Congo, o Reino Feti, no alto Rio Kunene, em Angola, e os reinos Tyo e Kongo, respectivamente, nas áreas ao norte e ao sul do baixo Rio Congo. Essas sociedades criaram formas de organização política e de autoridade inexistentes entre os Bantu ou outros povos ao sul do equador, em períodos anteriores. Contudo, a grande maioria dos povos Bantu ainda preservaria instituições políticas mais descentralizadas nos oito séculos seguintes.

No longo período entre 1000 e 1800 d.C., os povos Bantu interagiram cada vez mais com pessoas de fora do continente. Na África Oriental, o grande crescimento do comércio através das cidades-estados Swahili, por volta de 800 d.C. em diante, ampliou o envolvimento dos povos do leste da África com as redes de comércio do Oceano Índico já estabelecidas desde o último século ou dois a.C. Entre 1000 e 1800 d.C., mercadorias chegavam até os povos Bantu africanos vindas do sudeste da Ásia e da China. No oeste e centro-oeste da África, os contatos globais tiveram início no final do século XV, pelas rotas comerciais então emergentes do Atlântico. Por fim, essas rotas alcançaram o leste da Ásia e, a partir de 1492, o hemisfério ocidental.

A abordagem política dos povos Bantu, de conceder um lugar de honra àqueles com os quais se encontravam, é uma alternativa digna de nota às muitas narrativas de conquista comuns na história. A hospitalidade cumpriu um papel fundamental no sucesso das expansões Bantu por um território tão vasto. A forma de construção dos estados centralizados se baseava em práticas duradouras de hospitalidade. No processo de centralização, líderes diligentes buscavam capitalizar o valor que estrangeiros e imigrantes agregavam. Eles entenderam que, quanto mais pessoas eles influenciassem, mais autoridade real eles potencialmente exerciam. Por sua vez, os líderes que se destacavam pela hospitalidade aumentavam a sua reputação, legitimando, assim, a sua posição de poder. Isso fomentava a lealdade dos novos membros. De diversas maneiras, a hospitalidade continuou a ser um valor social e político importante e uma prática indispensável. O corpo de evidências atesta claramente que a hospitalidade é um valor profundamente arraigado e que, de diferentes formas, ela manteve sua relevância na *longue durée* da história Bantu. Contudo, a hospitalidade é um valor frágil; portanto, ela só sobreviveu quando e onde os povos a reinventaram e continuaram a cultivá-la.

ARTIGO: HOSPITALIDADE, HOSTILIDADE E REFUGIADOS

Em 1982, em um discurso intitulado "Um visitante sempre traz alegria", o ex-presidente da Tanzânia, Julius Kambarage Nyerere, discutiu a importância da hospitalidade na construção do Estado-nação pós-colonial, demonstrando o valor duradouro dessa prática em contextos muito recentes. De forma inteligente, Nyerere se apoiou em valores históricos e transformou a hospitalidade, de uma ética localizada e própria da comunidade de língua Bantu, em um ideal nacional[152]. Esse exemplo reflete as conexões e tensões históricas entre a hospitalidade, a construção da sociedade, a estabilidade, a violência e a política (cf. p. 24 e 26, mapas 1 e 2).

Uma década após o discurso de Nyerere, um genocídio, um exemplo devastador de hostilidade, ocorreu no país vizinho, Ruanda. Esse genocídio foi parte de uma série histórica mais longa de episódios. A violência do Estado colonial, primeiro alemão, depois belga, criou enormes divisões socioeconômicas e fronteiras rígidas de classe que eclodiram, nas décadas de 1950 e 1960, na violência no Burundi e em Ruanda, principalmente contra a maioria Hutu, considerada etnicamente inferior e uma ameaça potencial ao domínio da classe dominante Tutsi. Apoiando-se nos paradigmas ocidentais de etnicidade e "tribo", a violência e o genocídio entre Tutsi e Hutu contrariavam os princípios de hospitalidade expressos nas relações patro-

---

152. Discurso de Julius Kambarage Nyerere, em publicação compilada pela Tanzania Tourist Corporation (TTC). • RELAÇÕES PÚBLICAS. *Karibu Tanzania*. Dar es Salaam: Tanzania Tourist Corporation, 1983, p. 2.

no-cliente que existiam entre agricultores, pastores e caçadores-coletores em Ruanda e no Burundi, nos séculos anteriores[153].

Da mesma forma, nos processos que levaram ao genocídio de Ruanda, em 1994, os Hutu se apoiaram no legado colonial das categorias impostas de "etnia", "raça" e "tribo". Em sua resposta aos episódios anteriores de terror, os Hutu lançaram ataques principalmente contra aqueles que eram identificados com a etnia Tutsi. Embora eles não fossem necessariamente grupos étnicos distintos, os Hutu e os Tutsi certamente passaram a se enquadrar em diferentes classes sociais que se transformaram ao longo do tempo. Durante muito tempo, os Hutu e os Tutsi mantiveram relações patrono-cliente, além de casamentos mistos e intercâmbios. Os episódios de violência no século XX destacam que é possível haver momentos de ruptura e fratura, mesmo em sociedades que valorizam a hospitalidade e a construção de relações entre pessoas da comunidade e de fora dela. Durante o genocídio, grandes grupos de refugiados cruzaram as fronteiras da Tanzânia, da Zâmbia, do Congo, de Uganda e até do Malauí. Saturadas de refugiados, muitas dessas nações estavam ansiosas para repatriar aqueles que haviam escapado. Após o genocídio, as poderosas palavras do ex-presidente não necessariamente guiaram as decisões do Estado pós-Nyerere. A Tanzânia permitiu que um pequeno número de refugiados ruandeses se estabelecesse no oeste do país. No entanto, essa assistência limitada também deve ser entendida no contexto mais amplo do apoio consistente, de longa data, que a Tanzânia oferece a exilados e refugiados. Entre eles, os sul-africanos que receberam terras em Morogoro, na Tanzânia, entre as décadas de 1970 e 1990; o acolhimento de 100.000 burundianos, desde a década de 1970 até os dias de hoje; e a concessão de cidadania e terras aos Somali Bantu em Tanga, na Tanzânia, nos anos de 2000. Nas últimas seis décadas, o Quênia, a Tanzânia e Uganda criaram espaços para acolher refugiados das nações vizinhas, mas também trabalharam, como membros da Comunidade da África Oriental, em uma série de questões para facilitar a migração entre os três países, com graus variáveis de sucesso. Embora em constante transformação e, talvez, crescentemente ameaçada à medida que as sociedades se tornam mais urbanas e mercantilizadas, no século XXI, a hospitalidade como um valor preserva a sua importância em muitas comunidades de língua Bantu.

---

153. Ruanda e o Burundi possuem três comunidades principais que se diferenciam historicamente por suas práticas econômicas e seu *status* social. São elas: os Hutu (agricultores), os Tutsi (pastores) e os Twa (caçadores-coletores). Todas são falantes da língua Kinyarwanda.

Leituras complementares

ELLIS, S. & HAAR, G.T. *Worlds of Power*: Religious Thought and Political Practice in Africa. Oxford: Oxford University Press, 2004.

FOURSHEY, C.C. "Stranger Come Heal Thy Host". *African Historical Review*, 44, n. 2, 2012, p. 18-54.

KLIEMAN, K. *The Pygmies Were Our Compass*. Portsmouth, NH: Heinemann, 2003.

NURSE, D. & SPEAR, T. *The Swahili* – Reconstructing the History and Language of an African Society, 800-1500. Filadélfia: University of Pennsylvania Press, 1985.

PARKER, S. *The Nature of Entrustment*. Princeton, NJ: Princeton University Press, 2007.

RANGER, T. *Voices from the Rocks*: Nature, Culture, and History in the Matopos Hills. Bloomington: Indiana University Press, 1999.

VANSINA, J. *How Societies Are Born*: Governance in West Central Africa Before 1600. Charlottesville: University of Virginia Press, 2004.

WHITAKER, B.E. "Refugees in Western Tanzania: The Distribution of Burdens and Benefits among Local Hosts". *Journal of Refugee Studies*, 15, n. 4, dez./2002, p. 339-358.

WILMSEN, E.N. *A Land Filled with Flies*: A Political Economy of the Kalahari. Chicago: The University of Chicago Press, 1989.

SOBRE AS AUTORAS

Catherine Cymone Fourshey é professora-associada de História e Relações Internacionais na Universidade de Bucknell. O trabalho publicado de Fourshey tem foco na agricultura, na hospitalidade, na migração e nas interseções entre meio ambiente, economia e política na Tanzânia pré-colonial. Ela realizou pesquisas e tem publicações sobre gênero na África, em espaços pré-coloniais e coloniais. Publicou artigos no *African Historical Review*, *International Journal of African Historical Studies*, *JENdA* e *Ufahamu*. Está terminando um manuscrito do livro intitulado *Strangers, Immigrants, and the Established: Hospitality as State-Building Mechanism in Southwest Tanzania, 300-1900 CE* [Estrangeiros, imigrantes e os estabelecidos: hospitalidade como mecanismo de construção do Estado no sudoeste da Tanzânia, 300-1900 d.C.]. Além disso, Fourshey tem conduzido pesquisas sobre a história dos imigrantes/refugiados na Tanzânia, conhecidos nos círculos de ajuda e desenvolvimento internacional como "os Somali Bantu". Recebeu financiamento e bolsas de pesquisa da Associação Americana de Mulheres Universitárias, da Fundação Fulbright, do Fundo Nacional para as Humanidades e da Universidade de Notre Dame. Ela é do Condado de Marin, na Califórnia, e possui bacharelado em Ciência Política, mestrado e doutorado em História pela Ucla.

Rhonda M. Gonzales é professora de História Africana e Diáspora Africana, e vice-reitora adjunta de Iniciativas Estratégicas na Universidade do Texas, em Santo Antônio. O Fundo Nacional para as Humanidades, a Fundação Andrew Mellon, a Fundação Ford e a Associação Histórica Americana apoiaram sua pesquisa sobre mulheres e seus papéis na manutenção e na transformação da sociedade através da religião, da medicina e da economia na África pré-colonial e na diáspora africana no México. Como graduada de primeira geração, ela se dedica a idealizar e implementar programas e boas práticas para apoiar a representação diversa de minorias sub-representadas e a permanência de estudantes de primeira geração, de transferência e de baixo *status* socioeconômico, e de ciências, tecnologia, engenharia e matemática, ao longo da graduação no ensino superior. Recebeu financiamento de Título V do Departamento de Educação, no valor de US$ 3.25 milhões, para implementar quatro programas de êxito estudantil na Universidade do Texas, em San Antonio: *F2G&G, RTE, Alamo Runners* [Maratonistas de Alamo], e *Math Matters* [Matemática Importa]. Ela é de Long Beach, na Califórnia. Possui bacharelado em Sociologia, mestrado e doutorado em História pela Ucla.

Christine Saidi é professora-associada de História Mundial e História da África na Universidade de Kutztown (universidade estadual que atende a estudantes de primeira geração). Saidi recebeu três prestigiosas bolsas de pesquisa da Fundação Fulbright, financiamentos do Conselho de Pesquisa em Ciências Sociais e da *Woodrow Wilson Women's Studies*, e uma bolsa de pesquisa do Fundo Nacional para as Humanidades. Teve um papel decisivo no estabelecimento do Centro para o Estudo de Gênero na África, no Centro de Estudos Africanos da Ucla. Conduziu pesquisas na Somália e no Arquivo dos Padres Brancos*, em Roma, e, posteriormente, na Zâmbia e no Congo, como Pesquisadora Sênior da Fulbright. Tem domínio da escrita em francês, italiano e na língua Bemba. É autora de muitos artigos acadêmicos e de um livro, coautora de um livro e, atualmente, está escrevendo em coautoria um livro didático sobre a história das mulheres africanas. Christine Saidi é de Los Angeles, Califórnia. Possui bacharelado em História, mestrado em Estudos Africanos e doutorado em História pela Ucla.

---

* Mais conhecidos como a Sociedade dos Missionários da África [N.T.].

256

Índice analítico

Adaptação 99, 124, 128
Afins 107s.
África do Sul 55s., 86, 222
Afro-asiático 27, 241
Agricultor(a) 140, 192-199, 208
Agricultura 43s., 48, 84, 121, 129, 151, 186-191, 239
Al-Masudi 246n. 147
Altar 112, 244; cf. tb. Templo/santuário
Amendoim 47, 187
Amizade 242, 248
Ancestral/antepassado 89-114, 116-120, 138-140, 144-146, 160, 180-182, 202, 214, 217, 220, 227, 229, 235-245
Ancestralidade 91
Anciãos 92, 101s., 115, 119s., 125-128, 130-143, 145, 154, 161s., 166-169, 175, 233, 235, 245
Angola 57s., 87, 97, 109, 133n. 62, 156, 167, 171, 229, 251
Antropomórfico 234
Apicultura 43
Araruta 195
Arco 48, 182
Argila 199-203, 210, 215
    crua 165
    objeto 178, 200, 218
    ritual da 204
Arqueologia 22, 35, 41, 54, 58, 66, 76s., 84, 90, 198
Arquitetura 16, 29, 208
    casa 209-211; cf. tb. *-umba*

técnica de construção 64
telhado cônico 209
telhado de colmo 209s.; cf. tb. * -bimb-
telhado de duas águas 209-211
telhado plano 212
telhado trançado 209
Arte corporal 215s.; cf. tb. Hena
Arte rupestre 99-103, 165, 183, 220
esquemática 99-101, 177s.
figurativa 175
Asu 203s.
Atlântico(a) 155, 167
costa 47, 54, 58
era 171
oceano 62, 168
rotas de comércio 239, 246, 251
tráfico de escravos 156, 194
Austronésios 15, 191
Autoridade 64, 81, 90-92, 96, 107, 120, 122, 170, 175, 198,
238s., 246-250
complementar 116
de gênero 92, 125-131, 233
geracional 130-132
matrilinear 136-139
Avançado(a) 121s.
aprendizagem 151s., 170-177
desenvolvimento 121, 219-222, 235, 238
Avestruz
casca de ovo 197

Babessi 203
Bafia 204
Baka 240
Bakutu 216
BaMbwidi-mbodila 97
Banana 192-195
banana-da-terra 191s.
Banco 213, 232-235

Bangando 240
Bangweulu, lago 241
Bantu
definição 36s.; cf. tb. *-ntu
Bantu da Savana 49-53, 56s., 60s., 75, 95-97, 110, 116s., 119, 133n. 62, 135s., 141, 148, 162, 166, 237, 243
Bantu da Savana Ocidental 133
região da savana ocidental 75
Banuunguli 158
Batibo, H.M. 23
Batwa 39, 50, 52, 75, 97, 100-103, 165, 175, 188, 208, 228s., 239-242
comércio com 188s., 208, 240
Bayeye 158
Bemba 51, 82, 101s., 139, 147s., 163s., 171
Bilíngue 178
Bolia, reino 241
Bornéu 190
Botatwe 51, 56s., 59s., 143, 148, 199
Botsuana 24, 229
Bumbudye 173-176, 179
Burundi 24, 153n. 72, 252s.
Bushongo 110, 147
Bwami 173, 176

Cabaça 47, 216
Cabra 47, 53, 58, 151, 186, 191
Caça 47s., 60s., 100, 102, 151s., 158-160, 167, 180, 186, 196s., 232, 240
Caçador 140, 158, 183, 199, 229, 245
Caçador-coletor 47, 50, 55s., 199, 229, 239-241
comércio com 50, 53, 64
Cama 213
Camarões 17s., 30, 89, 153n. 72, 186, 204
lugar de origem Bantu 37, 40s.
Cana-de-açúcar 191, 195
Canoa 43, 45, 189s.

Capim-pé-de-galinha 195
Capoeira 87
Casamento 108, 115s., 119, 135-139, 167, 170, 215
  misto 119, 241, 253
Cassai, rio 56, 59, 77, 167
Catanga 56s., 74, 77s., 172, 176n. 96, 199, 217
Catolicismo 15
Cerâmica 16, 29, 43, 76-78, 101, 111, 164, 171s., 183, 185,
  199-205, 207
  forno 111, 114, 201
Ceramista 164s., 171s., 183, 201; cf. tb. *-bumba*
Cerimônia 101, 139s., 142s., 228
  casamento 167
  graduação 159, 169s.
  iniciação feminina 163s., 167, 221
Cesta(o) 43, 219
  cerimonial 164
  de pesca 152, 158, 189
Chaga 133n., 62, 142, 153n. 72, 164-167, 178, 195
Charada/enigma 81s., 153
Chefe 125, 145n. 70, 165, 174, 198, 212, 232-238
  instrumento do 181
  morte do 180
Chewa 115, 139s., 143, 147s., 157-160
China 212s.
Chisungu 101s.
Chokwe 147
Ciência 29, 54, 185-191, 196-201, 207
Circuncisão 141s.
  feminina 120
  masculina 140s., 143; cf. tb. *-alam-*; *-alik-*; *-túá*; *-nkunka*
Citemene 102, 198
Clã 80, 161-164, 170, 175, 180, 198, 236-240; cf. tb. Parentesco
Cobiça 81, 227
Cobra 158-160, 231
Cobre 198
  cinturão de 74

Coleta 100, 102, 196s., 240-243
Comércio 50, 64, 156, 178, 183, 188-191, 240
  Atlântico 87, 156, 171, 194, 239, 246, 251
  interior 171, 190
  Oceano Índico 62-64, 123, 251
  rota fluvial 58
  século XVI 124s.
  século XIX 128s., 167
  Swahili 246n. 147, 251
Comunicação 151s., 156s., 172, 175-181, 183
  com espíritos 94, 170, 227, 244-247
Congo 15, 17s., 25, 31, 42, 44s., 47, 51, 56, 73, 76s., 97, 156s.,
  171, 176
  bacia do 26, 47, 50, 181, 183, 191, 195, 198, 251
  rio 45, 173, 181, 218, 240, 251
Coral 211s.
  recife 63
Cosmopolita 192
Cosmovisão 29, 35, 74, 80, 82, 98, 132s., 156, 160, 163,
  225, 227
  Bantu 35, 73s., 96s., 103-107, 152-154, 185, 203-221, 242,
  246-249
  matrilinear 116s., 119s., 126, 135s.
  não-Bantu 38
  patrilinear 127s.
Cuchita(s)
  do sul 55, 75, 105, 119, 142
  língua 55
  população 210-214
Cultivo(s)
  asiáticos 190-195
  intercalar 193
  plantio 40-44, 46s., 51, 53, 55, 57-59, 86, 127, 158-160,
  186-199, 241
Curandeiro 106, 147, 158, 172, 248n. 150

Dança 84, 87, 94, 97, 134n. 64, 140, 215; cf. tb. *-bĩn; *-bĩnà;
  *-goma
De Maret, P. 76

261

Desch-Obi, M.T.J. 87
Desenho
  arte 185, 202, 215
  geométrico 100, 214, 218, 221
  padrão 77, 100, 103, 218
  símbolo 206, 219
Deus 63, 73s., 104s., 121, 146, 181, 200, 203; cf. tb. *-amb-;
  *-ded-; *-jambe; *-lung-; *-yambe
  Criador 104s., 121, 146, 185, 203s., 221
DNA mitocondrial 114
Doença do sono 195; cf. tb. Tsé-tsé, mosca
Dula 245
Dzilo 245

Educação 21, 25, 35, 101, 119, 151-157, 160-164, 167-175,
  177, 179, 183, 201
  ensino 153; cf. tb. *-dag-
Egito 214
Ehret, C. 18, 28
Encosto de cabeça 214
Engenharia 15, 111, 209, 219
Enxada 205, 207s.
Epistemologia 181
Escarificação 216
Esotérico 151, 168, 177, 183
Espírito 93, 98s., 100s., 103-107, 110, 120s., 135, 140, 154,
  156, 169, 175, 181, 201, 221; cf. tb. *-dedia; *-kitI; *-simbi
  ancestral 83-85, 93-98, 100s., 103s., 106, 109-111, 114, 116s.,
  135, 145s., 164, 227, 247
  territorial 47, 50, 63, 93, 98-107, 110s., 117, 121, 169, 189,
  244-247
Esteira 213, 216
Estética 29, 76, 186, 202, 208, 211, 215s.
Estrangeiro 81, 205, 228-235, 249-252
Etnografia 16, 28, 35, 41, 47, 66, 72, 90, 92, 96, 99-103, 107,
  113-115, 123, 127s., 131s., 137-142, 151, 153

Fases da vida 107, 130-144, 161-167, 170, 215; cf. tb. *-yadi
Feijão-frade 41, 47
Feitiçaria 106, 147; cf. tb. *-dog-; *-log-
Ferreiro 171, 181, 207
Ferro 16, 45, 48, 110s., 114, 140, 171, 178, 181, 183, 199s.
 ferramenta 53, 58, 60
 fundição do 52s.
 metalurgia 54, 58, 196
Feto 166s.
Ficus 218
Fipa 206, 231-233, 235
Flecha 48, 102
 envenenada 48
Floresta tropical 38, 40s., 44s., 47, 49s., 54, 56, 58s., 75, 85,
 100, 104, 171, 187-191, 240-250
Fornalha 205-207
 ginecomórfica 206
Frango 191
Funeral 159s.

Gabão 31, 42, 100, 109-112, 147, 189
Gado 53, 55s., 58, 61, 86, 151, 189, 191, 195-198, 241
 criação 113, 117-122, 189, 191, 196, 215, 241
 doença do sono 195
 herança 127
Galinha-d'angola 47, 186, 191
Genocídio 252s.
Gikuyu 112n. 47, 142, 243
 Agikuyu 128
 Kikuyu 79s., 128n. 58, 147, 153n. 72
Glotocronologia 68s., 71s., 77
Gogo 84, 118-121, 134n. 64, 142, 153n. 72, 236, 238
Grande(s)
 Casamento 167
 Lagos 112s., 135, 147, 158s., 189, 192, 200, 205, 207-209,
 214, 243s., 251

Recinto 212s.
Zimbábue 198, 251
Gusii 153n. 72, 243

Haya 81s., 206
Hena 215; cf. tb. Arte corporal
Herborista 183
Heterarquia 21, 29, 89-92, 117, 124, 131, 136, 144, 235
Hibridismo cultural 62
Hierarquia 175
Highveld 198
História 84s., 97, 101, 152-155; cf. tb. *-gano
    contação de 29; cf. tb. *-gan
    contador de 153s., 157
Hospitalidade 16, 21s., 30, 173, 225s.
Huambo 243
Hutu 252s.

Ibn Battuta 212, 246n. 147
Identidade 92, 98, 107-109, 125, 127, 138, 159, 174, 176,
    216, 237s.
Ideograma 179
Ikoku 157s., 160
Ila 51, 112n. 47, 121-123, 148, 153n. 72
Índico, Oceano 51, 59, 62-64, 123, 190, 210-213, 231, 251
Indonésia 190s., 194
Inhame 16, 41, 43s., 47, 53, 187s., 192-195
Iniciação 29, 91, 132s., 136-142, 167s., 178s., 221
    dança com máscaras 140, 159s.
    feminina/mulheres 97-103, 108, 120, 126, 138, 156, 159,
        163-166; cf. tb. *-nyamkungui; *-simbi
    masculina/homens 140-143, 162; cf. tb. *-alam-; *-alik-;
        *-kunk-; *-tib-
Inovação 16, 23, 29, 39, 43, 56, 74, 86, 92, 97, 104, 116, 120s.,
    135, 186, 192, 250
Islã 144, 177, 210

Kagulu 238
Kalenjin 243
Kamanji 175
Kanda 124-126
Kaskazi 54-56, 59s., 64, 95s., 104s., 133, 134n. 63, 142, 147, 162n. 82, 190, 199, 207
Kerebe 226, 230s.
Kezilahabi, E. 226
Khoikhoi 56, 196s., 241
Khoisan 25, 51s., 56s., 75, 86, 196s., 241
Khwe 243
Kikuyu; cf. Gikuyu
Kilwa 212
Kiswahili 134n. 64, 153n. 72, 231; cf. tb. Swahili
Kitara 251
Kitomi 247
Kivu, lago 176
Klieman, K. 28, 39, 44s., 110-112, 195, 239
Kongo (reino) 97, 124s., 156, 181, 219
  KiKongo 146s.
  Kongo (reino) 124, 246s.
  Kongo 124
  mwissikongo 125s.
Kuba 18, 172, 218-220, 230, 241
Kumbi 143
Kunda 181
Kunene, rio 57, 251
Kusi 54-56, 59s., 63, 75, 95, 115, 148, 162n. 82, 196s., 207
Kwadi 243

Lago 174
Lamu 211
Lega 110, 147, 174, 176
Legumes 193, 241
Lenje 51
Leza 73s., 105, 148; cf. tb. * -ded-

265

Limpopo, rio 63, 197
Língua
  KiKongo 146s.
  materna 69
Linguística histórica 104
Linhagem 29, 83, 89, 161, 164, 167, 170, 198, 215, 237s.;
  cf. tb. Parentesco
Lista de cem palavras 78
Loango, ilha 246
Longue durée 22, 93, 108, 117, 137, 143, 171, 185, 192, 200,
  225, 227, 252
Lualaba, rio 57, 59, 251
Luba 51, 56s., 59, 64, 77s., 95, 173-175, 178s., 216
Luena 243
Lukala 175
Lukasa 175, 179
Lunda 64, 124, 146, 153n. 72, 167, 176
Luyia 142, 243
Lydenburg 202s.

Machado 43, 187, 205
Mãe 114s., 119s., 122, 127-129, 135, 164-169, 176; cf. tb.
  *-nya
  avó 95s., 114, 136, 204, 216
  evitação da sogra; cf. tb. Mako
  gravidez 216s., 220
  irmão da mãe 81, 122
  maternidade 114-116, 119, 126, 133-135, 158, 165, 216
  rainha-mãe 145
  sogra 116, 126, 139-148
Maji 121n. 51, 245
Makishi 168n. 88, 169
  -kishi 168n. 88
  likishi 168s.
Mako 139; cf. tb. Mãe, evitação da sogra
Mal 94, 105-107, 147, 248; cf. tb. **-dog-*
Malagasy 190-192

Malauí 31, 55, 101, 103, 110, 139, 143, 157, 253
Malebo, Lago 247
Mangue 211, 213
Marfim 167, 197
Marido mulher 128
Máscara 84, 140, 159s., 168s., 220, 222
Mashariki 51-54, 56-60, 62, 75, 162n. 82, 198, 207, 209s.
Mata 27, 29, 196, 215, 250
Matemática 179s.
Matobo
colinas de 245
Matrilinear 80, 96, 108-116, 159, 164, 167, 197, 217, 237;
cf. tb. *-cuka; *-gàndá
grupo de sororidade 135-139; cf. tb. *-bumba
matriclã 123, 125, 128, 144, 147
matrilinhagem 92, 98, 108-117, 122, 135-139, 144s., 233,
235; cf. tb. *-bIn
Mbándwa 244
Mbira 181s.
Mbundu 147
Kimbundu (falantes) 87
Ovimbundu (povo Mbundu do sul) 243
Mbusa 164s.
Nachimbusa 164
Meinhof, C. 17, 27, 70
Menstruação 163, 169, 204s.
Miçanga 175, 179, 197, 207, 215
Migração 16, 21, 23, 29, 37, 41, 75, 81, 85, 114, 232, 253
Milheto-pérola 53, 58, 195s.
Mito 79, 111, 153-155
Mlao 143
Moçambique 31, 55, 59, 109, 123, 128, 143
Mombasa 211
Mongo 47, 109, 111, 146
Monções 60
regimes de vento 190
Moradia 208-213, 219

267

Mrego 166, 178
Mukanda 168s.
Mukumu 235s.
Multilíngue 178
Música 84, 87, 154-160, 171, 180-182
   canção 154s.; cf. tb. **-dag-*
   cantar 155
   instrumentos musicais 161, 220
Mutualismo 229, 240
Mwadi 167, 170; cf. tb. **-yadi*
Mwami 237
Mwari 63
Mwene 63
Mweru, lago 102, 173

Nakabumba 203
Ndop 220
Ngoma 156; cf. tb. **-goma*
Ngulu 176
Nguni 123, 142, 163, 197s.
Níger, rio 25
Nigéria 17s., 37
Nigero-congolês 104, 146, 199, 217, 228s.
Nilo, rio 189
Nilo-saariano 25, 51, 86, 214
   falantes 52s., 57, 75, 189, 209, 214, 242s.
Nilotas do sul 105, 243
Njila 51, 57-60, 75, 87, 133n. 62, 162n. 82, 245
Nkáni 247
Noiva 133n. 62, 135
   dote 127, 130, 219
   serviço de 125, 129, 137-139
Núbia 214
Nyamwezi 234
Nyandarua, cadeia de 194

Nyanja 133n. 62, 148
  Manyanja 147s.
Nyanza 135
  lago 113, 153n. 72, 195, 230
  leste 153n. 72
  norte 135
  proto-Nyanza do norte 135
Nyau 140, 159s.
Nyerere 252s.
Nyong, rio 40, 44, 86, 189
Nyong-Lomami 44s., 141
Nyumba ya misambwa 101
Nzadi-Kwa 95s.

Orange, rio 86
Ouro 63s., 212s.
Ovelha 57, 191, 196
  criador de 56s., 196

Pai 114s., 122s., 128, 137, 140, 167, 176
  paternidade 140
Palmeira oleaginosa 41, 47
Pare, Montanha 203
Parentesco 29, 38, 92s., 115, 126, 129-131, 139, 147, 175,
  226, 242; cf. tb. Clã; Linhagem
Parto 133, 217, 220
Pastagem 190, 195
Patrilinear 80, 108s., 115-130, 134, 142, 164s., 197, 243
Patrilinhagem 113, 115-120, 122, 127-129; cf. tb. *-lòngò
Patrono-cliente
  relações 243, 252s.
Pérsia 213
Pertencimento 29, 57, 89, 157, 233-238, 244
  histórias de 96, 235
  linhagem 107-109, 238
  social 95, 124, 144, 227, 244

Pesca 48, 121-124, 186-190
  água rasa 158
  anzol 43s.
  armadilha 43s., 152, 160
  cesta 152, 158, 189
Picasso, P. 222
Pioneiro 30, 37, 39, 50, 86, 93, 99-101, 110, 117, 120, 225-233, 239
Poliginia 127, 130
Porco-espinho 158-160
Protolíngua 69
Proto-Bantu 25, 37-41, 59, 83-85, 89-97, 104-109, 117, 140s., 146s., 152-157, 162, 167s., 177, 186, 200, 209s., 235
  do litoral nordeste 119
Proto-Botatwe 74
Proto-Kaskazi 133
Proto-Mashariki 51, 53s., 162
Proto-Sabi 73s.
Proto-Savana 95
Provérbio 79, 82, 94, 108, 153, 176, 229-232, 248s.
Punu 157, 189

Quênia 31, 37, 55, 59, 80, 128, 142, 153n. 72, 253

Recém-chegado 175, 228-231, 239
Reciprocidade 30, 229s.
Rede 29
  econômica 63-65, 191, 194, 250
  social 39, 59, 81, 89-92, 131, 173, 230, 237, 246
Refugiado 123, 252s.
Renfrew, C. 71, 72n. 13
Rozwi 245
Ruanda 18, 31, 153n. 72, 252s.
Rufiji, rio 86, 210
Rukiga 134n. 64, 248n. 150
Runyankore 248n. 150
Ruvu 134n. 64, 135, 142s., 163, 238

Sabaki 63

Sabi 51, 56s., 59, 73s., 77s., 101s., 105, 112, 124, 136s., 143, 148, 163, 167, 175, 198, 203, 241

Safwa 155, 216

Sagala 238

Samba 156

Sanaga, rio 42, 45, 86

Sangha-Kwa 112, 132, 147

Sangha-Nzadi 46-50

Sankuru, rio 45, 218

Saudação 226-232

Savana 27s., 41, 43, 45s., 50s., 54, 58s., 75, 85, 118, 143, 171, 187s., 240, 243

   Central 60, 75, 95

Schoenbrun, David 23n. 2, 28, 72n. 12

Senioridade 92, 131s., 136-138, 170

Sexualidade 127, 130, 170, 205

Shambala 153n. 72

Shona 63, 153n. 72, 179, 181, 198, 202, 212, 216

Símbolo 100-102, 133, 220

Smithsonian 222

Sociedade secreta 139

Sofala 212

Sona 179s.

Songye 95

Sorgo 16, 53, 58, 195s.

Sotho 142, 155, 197s.

Stephens, R. 72n. 13

Sudão Central 52s.

Sukuma 146, 153n. 72, 158s.

Swadesh, M. 68, 70, 72n. 12

Swahili 51, 54, 63, 134n. 64, 153n. 72, 156; cf. tb. Kiswahili

Swazi 182

Tabwa 153n. 72, 216s.

Tale

   Cuchitas do sul 243

Tambor 155-158, 180; cf. tb. *Ngoma*

Tanganica, lago 49, 54, 58s., 237, 248

Tanzânia 31, 55, 59, 81, 84, 86, 100, 109s., 118s., 123, 134, 142s., 155, 157, 163, 165, 203, 206, 216, 230, 234, 236, 252

Taro 191, 195

Tato
  Nilotas do sul 243

Tecelagem 171, 215

Tecido 169, 215
  de algodão 219
  de cortiça 171, 215-218
  de ráfia 171, 183, 195
  moeda corrente 171, 218s.

Tecnologia 25, 29, 53s., 59, 84-86, 171, 185

Templo/santuário 93, 99-101, 244s.; cf. tb. Altar

Tetela 109, 153n. 72

Thagiicu 155, 194

Tonga 51

Topoke 216

Torwa 245

Tradição oral 28, 35, 41, 47, 50, 54, 78-85, 92, 101-113, 115, 119, 140, 151, 154, 157s., 175, 178-182, 203, 232-238

Transição 74, 80, 93, 119, 122, 127s., 131, 134, 136, 161-170, 215

Tsé-tsé
  mosca 195s.; cf. tb. Doença do sono

Tubérculos
  cultivo de 53, 190

Tumba 220

Tutsi 252s.

Twacii 232s.

Tyo 251

Ubutwa 173-176

Uganda 31, 72n. 13, 100s., 155, 180, 253

Ukule 168-170

Unilinear 109

Unqangala 182
Upemba, Depressão 76s.
Útero 115, 168

Vansina, J. 18, 28, 78n. 17, 83n. 23, 195
Vergonha 248
Vidunda 134n. 64, 238

Wumbu 109

Xhosa 147
 isiXhosa 196

Yao 128s., 143, 146s., 153n. 72
Yasayama 216
Yombe 216

Zambeze, rio 57, 59, 212, 243
Zâmbia 31, 57-59, 74, 77s., 82n. 22, 100-103, 121-124, 139,
 143, 145, 163, 185, 199, 241
Zimbábue(s) 31, 63-65, 179, 212, 216, 245
Zulu 147, 182
 isiZulu 196
 KwaZulu-Natal 198
 reino 198

* * *

*-alam- 141; cf. tb. Circuncisão; Iniciação; **-nkunka*
*-alik- 141; cf. tb. Circuncisão; Iniciação
*-amb- 73, 146; cf. tb. Deus; **Nyambe*

*-bimb- 210; cf. tb. Arquitetura, telhado de colmo
*-bIn- 155; cf. tb. Dança
*-bInà 155; cf. tb. Dança
*bu-logi 106; cf. tb. Mal; Feitiçaria
*-bumba 135s.; cf. tb. Ceramista

*-cuka 109s., 114, 147; cf. tb. Matrilinear, matrilinhagem

*-dag- 153; cf. tb. Música, canção
*-ded- 73, 148; cf. tb. Leza; Deus
  *-dedi 73
*-dÍmù 83s., 93, 96, 111, 146, 245; cf. tb. Espírito
  *-dímo 83n. 23; cf. tb. Ancestral/antepassado
  *-zimu 121n. 51, 146
*-dog- 147, 248; cf. tb. Mal; Feitiçaria

*-gan- 152s.; cf. tb. História, contação de
*-gàndá 111-114, 147; cf. tb. Matrilinear, matrilinhagem
*-gàngà 106, 147; cf. tb. Curandeiro
*-gano 152s.; cf. tb. História
*-gole 133s.
*-goma 155, 156n. 74; cf. tb. Dança; Ngoma

*-jambe 146; cf. tb. Deus

*-kitI 169; cf. tb. Makishi; Espírito
*-kódò 94-96, 109, 148; cf. tb. Ancestral/antepassado; Matrilinear,
  matrilinhagem
*-kólò 96s., 148, 238; cf. tb. Matrilinear, matriclã
*-kud- 168; cf. tb. Iniciação, masculina/homens
*-kúdà 162
*-kul- 141
  *-kula 141
*-kunda 181
*-kung- 162n. 82, 238
*-kunk- 162n. 82; cf. tb. Iniciação

*li-uba 105, 148; cf. tb. Deus, Criador
*-log- 106; cf. tb. Feitiçaria
*-lòngò 117-119; cf. tb. Patrilinhagem
*-lung- 105; cf. tb. Deus

Mu-lungu 104; cf. tb. Deus

-nkunka 141; cf. tb. Circuncisão
-ntu 70; cf. tb. Bantu
-nya 168; cf. tb. Mãe
* Nyambe* 73, 104, 146; cf. tb. Deus
-nyamkungui 162; cf. tb. Iniciação, feminina/mulheres

-simbi 97s.; cf. tb. Espírito; Iniciação, feminina/mulheres

-tib- 141; cf. tb. Iniciação, masculina/homens
-túá 50, 239, 245; cf. tb. Batwa

-umba 209; cf. tb. Arquitetura, casa

-yadi 133-136, 159, 163, 167-170; cf. tb. Fases da vida; Mwadi
-yambe 146; cf. tb. Deus
-yímb- 155; cf. tb. Música, cantar
-yímbo 155; cf. tb. Música, canção

Índice geral

Sumário, 5

Mapas, figuras e tabelas, 7

Nota sobre grafias, 9

Agradecimentos, 11

Prefácio, 15

Introdução, 21

1 Reconstruindo as expansões Bantu, 35
Quem são os Bantu?, 36
Fases das expansões Bantu, 37
Primeira fase: 3500 a.C.-3000 a.C., 40
Segunda fase: 3000 a.C.-2000 a.C., 44
Terceira fase: 2000 a.C.-1000 a.C., 48
Quarta fase: 1000 a.C.-500 d.C., 51
Quinta fase: 500 d.C.-1800 d.C., 60
Métodos utilizados para reconstruir a história Bantu antiga, 65
As palavras como evidência histórica, 66
A genética como evidência histórica, 74
A arqueologia como evidência histórica, 76
A tradição oral como evidência histórica, 78
A etnografia como evidência histórica, 82
Conclusão, 84
Artigo: Capoeira, 87

2 Historicizando a linhagem, o pertencimento e a heterarquia, 89
Linhagem e religião, 92
Pertencimento: linhagem, clãs e afins, 107
Ascendendo: envelhecimento, anciãos e fases da vida, 130

Conclusão, 143
Artigo: Uma história oral Kaonde, 145

3 Educando as gerações, 151
A *performance* como educação, 152
Tradições e transições, 161
Aprendizagem avançada, 170
Comunicação na tradição histórica Bantu, 177
Conclusão, 182

4 Criando tecnologia e arte, 185
Produção de alimentos, 186
Bananas, 192
Cerâmica e ferro, 199
Moradia, arquitetura e tecnologias de engenharia, 208
Vestuário e arte corporal, 215
Esculpindo espíritos: trabalho em madeira, 219
Arte rupestre, 220
Conclusão, 221
Artigo: Artes africanas, museus e Picasso, 222

5 Negociando a hospitalidade, 225
Saudando e acolhendo os visitantes, 226
Hospitalidade na cultura material, em provérbios e
saudações, 229
Hospitalidade insuficiente: tradições orais de migração, 232
Heterarquias da hospitalidade e vínculos sociais, 235
Contatos imediatos: interações com os não-Bantu, 239
Honrando antepassados: observância religiosa como
hospitalidade, 244
Através dos mares: estrangeiros não africanos, 246
Respeitabilidade e atos antissociais: categorias hospitaleiras e
inospitaleiras, 248
Conclusão, 250
Artigo: Hospitalidade, hostilidade e refugiados, 252

Sobre as autoras, 255

Índice analítico, 257

COLEÇÃO ÁFRICA E OS AFRICANOS

ACESSE A
COLEÇÃO
COMPLETA
PELO SITE

LIVRARIAVOZES.COM.BR/COLECOES/AFRICA-E-AFRICANOS

Conecte-se conosco:

f facebook.com/editoravozes

◉ @editoravozes

𝕏 @editora_vozes

▶ youtube.com/editoravozes

✆ +55 24 2233-9033

www.vozes.com.br

Conheça nossas lojas:
www.livrariavozes.com.br

Belo Horizonte – Brasília – Campinas – Cuiabá – Curitiba
Fortaleza – Juiz de Fora – Petrópolis – Recife – São Paulo

EDITORA VOZES LTDA.
Rua Frei Luís, 100 – Centro – Cep 25689-900 – Petrópolis, RJ
Tel.: (24) 2233-9000 – E-mail: vendas@vozes.com.br